edition suhrkamp 2837

Nach Aktionen von Klimaschützern oder Schlägereien in Schwimmbädern werden regelmäßig Forderungen laut, nun müsse »mit der vollen Härte des Rechtsstaats durchgegriffen« werden. Gemeint ist damit: Schluss mit Entschuldigungen und Sozialarbeiter-Romantik, dafür robustes Auftreten der Polizei, Ausschöpfen des Strafrahmens vor Gericht – kurz: »Law and Order«-Politik.

Dabei gerät in Vergessenheit, dass »Rechtsstaat« eigentlich etwas ganz anderes bedeutet, nämlich die Bindung staatlichen Handelns an das Gesetz. Maximilian Pichl analysiert, aus welchen Gründen und mit welchen Strategien politische Akteure die skizzierte Umdeutung betreiben und welche Folgen sie hat. Entgegen setzt Pichl diesen Bestrebungen die lange Geschichte juristischer Kämpfe, in denen sich Anwälte und Aktivisten für eine Begrenzung politischer Willkür eingesetzt haben.

Maximilian Pichl, geboren 1987, ist Rechts- und Politikwissenschaftler. Er ist Professor für Soziales Recht als Gegenstand der Sozialen Arbeit an der Hochschule RheinMain. Zuletzt erschien von ihm *Untersuchung im Rechtsstaat* (2022) über die Untersuchungsausschüsse zur NSU-Mordserie. Er ist Mitherausgeber des jährlichen Berichts *Recht gegen rechts.*

Maximilian Pichl

Law statt Order

Der Kampf um den Rechtsstaat

Suhrkamp

Klimaneutral
Druckprodukt
ClimatePartner.com/14438-2110-1001

Erste Auflage 2024
edition suhrkamp 2837
Originalausgabe

Umschlag gestaltet nach einem Konzept
von Willy Fleckhaus: Rolf Staudt
Satz: Satz-Offizin Hümmer GmbH, Waldbüttelbrunn
Druck: C. H. Beck, Nördlingen
Printed in Germany
978-3-518-12837-4

www.suhrkamp.de

Inhalt

1
Ubiquitär
Die Allgegenwärtigkeit des Rechtsstaates

Am 6. Februar 2023 fand in Hessen der »Tag des Rechtsstaats« statt. Das von gleich drei Landesministerien federführend entwickelte Format sollte Schülerinnen und Schüler über den Rechtsstaat aufklären. Einen Kerngedanken, der diesem zugrunde liegt, beschrieb Ministerpräsident Boris Rhein (CDU) in seinem Grußwort wie folgt: »Er sorgt dafür, dass alle Bürgerinnen und Bürger eines Landes die gleichen Rechte haben und dass diese Grundrechte eingehalten werden, auch vom Staat.«[1] Im Rahmen einer begleitenden Projektwoche durften die Schüler:innen unter anderem Amtsgerichte besuchen, mit Justizpersonal sprechen und Gerichtsverhandlungen simulieren. Aber am »Tag des Rechtsstaats« ging es nicht nur um die Justiz. Auf dem Platz vor der Frankfurter Paulskirche, der »Wiege der deutschen Demokratie« (John F. Kennedy),[2] hatten die Veranstalter Infostände aufgebaut. Dort konnten sich die Besucherinnen und Besucher unter anderem einen Streifenwagen von innen ansehen und in Erfahrung bringen, was ein polizeiliches Überfallkommando macht. Innenminister Peter Beuth (CDU), der auf dem Paulsplatz interviewt wurde, sah darin »praktische Demokratieerziehung«.[3] Aber was das Innenleben eines Streifenwagens mit Rechtsstaatlichkeit zu tun hat, wurde an keiner Stelle erklärt. Auch nicht, warum man an den Ständen der Polizei Brillen ausprobieren konnte, die den Konsum von Drogen simulieren sollten. Was nehmen Schülerinnen und Schüler von so einer Veranstaltung mit, wenn sie laut dem Ankündigungsflyer in den Präsidien die Presse- und Öffentlichkeitsarbeit der Polizei näher kennenlernen oder einen Einblick darin erhalten, wie an einem Tatort Spuren gesichert werden? Steht dabei der eigentliche Gehalt des Rechtsstaats im Vordergrund?

Bei dem Projekttag ging es um eine niedrigschwellige Wissensvermittlung an junge Menschen. Doch die Art und Weise, wie der Rechtsstaat dort präsentiert wurde, ist symptomatisch für eine öffentliche Debatte, in der einerseits der Begriff allgegenwärtig ist, andererseits aber große Konfusion darüber herrscht, was genau darunter zu verstehen ist. Wie selten zuvor in der bundesrepublikanischen Geschichte führen Politiker:innen und auch Journalist:innen diesen Ausdruck inflationär im Munde. Mit dem von *Zeit Online* entwickelten Tool »Darüber spricht der Bundestag« lassen sich sämtliche zwischen den Jahren 1949 und 2019 im deutschen Parlament gehaltenen Reden auf die Verwendung einzelner Ausdrücke hin analysieren und grafisch aufbereiten.[4] In eine Suchmaske kann man Begriffe eingeben, und daraufhin erstellt das Tool ein Kurvendiagramm, das anzeigt, wie oft ein Wort gebraucht wurde. Als Datengrundlage dienen die über 4200 Plenarprotokolle des Deutschen Bundestags. »Rechtsstaat« spielte in allen Wahlperioden in den Beiträgen der Abgeordneten eine gewisse Rolle. In der Zeit nach 1949 blieb die Verwendung zunächst aber auf einem eher unauffälligen Niveau. Ab Mitte der siebziger Jahre nahm sie dann zu, um im Jahr 1977 einen ersten Höchstwert zu erreichen. Die Gründe hierfür waren der »Deutsche Herbst«, der Terror der Roten Armee Fraktion (RAF) und die Reaktionen des Staates. In dieser Zeit vollzog sich ein Bedeutungswandel des Begriffs. Seither wird er mit dem Bereich der Sicherheitspolitik verknüpft.

Der nächste Höhepunkt wurde kurz nach dem Fall der Mauer und der Auflösung der Sowjetunion in den Jahren 1991/92 erreicht. Die Abgeordneten stritten über die Wiedervereinigung und das neue Selbstverständnis der Berliner Republik, auch um sich vom Erbe des realsozialistischen Deutschlands abzugrenzen. Prägende Debatten drehten sich um die Fragen, ob und wann SED-Unrechtstaten verjährten und wie die Verfolgten des Stalinismus und des DDR-Regimes rehabilitiert und entschädigt werden konnten. Relevant ist in diesem Zusammenhang aber auch der Anstieg rechter Gewalt zu jener Zeit. Man denke etwa an den Brandanschlag von Mölln im Jahr 1992, bei dem drei Menschen ums Leben kamen. »Es wäre ein falsches Verständnis von Liberalität«, sagte damals Bundeskanzler Helmut Kohl (CDU), »wenn der Rechtsstaat an der Verfolgung politisch motivierter Terroristen gehindert würde. Ein Staat, der das Recht nicht mehr durchsetzt, verliert das Vertrauen seiner Bürger.«[5] Bereits hier wird der Begriff »Rechtsstaat« im Sinne einer schärferen strafrechtlichen Verfolgung verwendet, so wie es heutzutage in vielen politischen Debatten selbstverständlich ist.

In den darauf folgenden Jahren wurde es im Parlament etwas ruhiger um den Rechtsstaat. Ab 2013 stieg die

Kurve dann aber wieder steil an und erreichte im Jahr 2018 einen erstaunlichen Höhepunkt. Auch der Sicherheitsbegriff fiel in dieser Zeit sehr oft in den Bundestagsdebatten. Ähnlich wie andere prägende Schlagwörter der 2010er Jahre – »Mindestlohn«, »Digitalisierung«, »Klimaschutz« – gehört »Rechtsstaat« mittlerweile zu einem Dauerbrenner in den politischen Auseinandersetzungen im Parlament.

Abb. 1: Der Rechtsstaatsbegriff in den Debatten des Bundestags

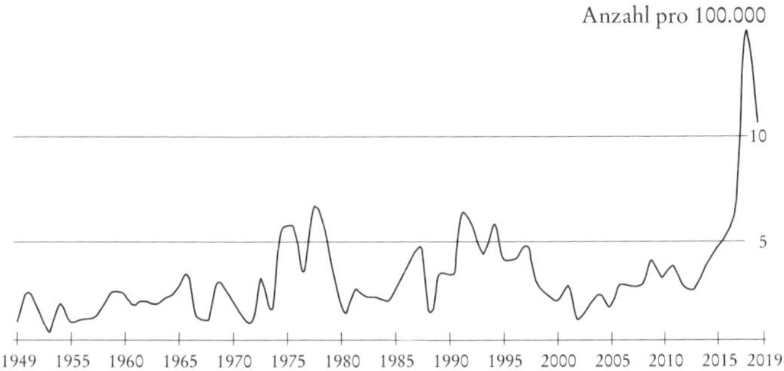

Die Grafik zeigt die jährliche Nennung pro 100000 Wörter. Quelle: *Zeit Online* 2023.

Woher diese Prominenz? Nun, das scheint unter anderem damit zusammenzuhängen, dass viele den Rechtsstaat in akuter und großer Gefahr sehen. In den Bahnhofsbuchhandlungen und auf den Sachbuchbestsellerlisten finden sich immer wieder Bücher, die eine »Justiz-Apokalypse« prognostizieren, wenn nicht schnell gehandelt wird.[6] Die meisten dieser Werke stammen von Aktiven und Ehemaligen aus dem Justizapparat. Ihre markanten Titel verschaffen ihren Urhebern – in der Regel männliche Autoren – regelmäßig Talkshowauftritte, in denen sie dann ihre Thesen einer breiten Öffentlichkeit präsentieren. Der ehemalige Bundesverfassungsrichter Hans-Jürgen Papier hat sein 2019 erschienenes Buch, in dem er beschreibt, wie der Rechtsstaat angeblich ausgehöhlt wird, schlicht *Die Warnung* genannt. Zwei Jahre später war diese Warnung anscheinend ungehört verhallt. Jedenfalls sah Oberstaatsanwalt Ralph Knispel den *Rechtsstaat am Ende*. Beim ehemaligen Vorsitzenden des Deutschen Richterbundes Jens Gnisa ist es die *Gerechtigkeit* (2017), die zur Disposition steht, weil Haftbefehle nicht vollstreckt würden. Amtsrichter Thorsten Schleif hat mittlerweile schon zwei Bücher herausgebracht, die das »Versagen der Justiz« im Titel (2019 und 2022) tragen.

Die Gefahren für den Rechtsstaat sehen diese Richter und Staatsanwälte in einer laschen Strafjustiz, renitenten Angeklagten, welche die Gerichte nicht respektieren würden, Parallelgesellschaften und unkontrollierten Grenzen. Härtere Strafurteile oder mehr Personal für Justiz und Polizei sollen diese Probleme lösen, um dem Rechtsstaat Respekt zu verschaffen. Andere Gefahren kommen indes gar nicht vor: Angriffe auf die Unabhängigkeit der Justiz durch rechte Bewegungen und Parteien, eine Politik, die Geflüchtete in Europa entrechtet, Innenministerien und Polizeibehörden, die die Versammlungsfreiheit aushöhlen, oder die soziale Frage im Rechtsstaat sind blinde Flecken in diesen Werken.[7]

Wenn sich der öffentliche Blick nach Ungarn, Israel oder in die USA wendet, wo autoritäre Akteur:innen, Parteien und Bewegungen seit einigen Jahren die Unabhängigkeit der Justiz immer wieder angreifen, Gerichte nach ihrem eigenen parteipolitischen Gusto besetzen oder die Kompetenzen von Verfassungsgerichten beschneiden, dann ist in den Zeitungen und politischen Stellungnahmen schnell klar, worum es bei Rechtsstaatlichkeit geht. In Bezug auf Deutschland herrscht kaum Klarheit. Für die erwähnten Richter und Staatsanwälte scheint jedenfalls weniger der Rechtsstaat im Vordergrund zu stehen als vielmehr eine ordnungspolitische Grundhaltung, nämlich: »Law and Order«. Ihnen ist daran gelegen, die Härte und Durchsetzungskraft der Behörden und Justiz zu steigern. Wenn sie von »Rechtsstaat« sprechen, dann meinen sie einen Staat, der die Gesetze mit robusten Mitteln durchsetzt. Vielleicht am deutlichsten hat diese Einstellung unlängst der ehemalige Bundeskanzler Gerhard Schröder von der SPD zum Ausdruck gebracht: »Rechtsstaat heißt nicht, vor allem Minderheiten zu schützen«, ließ er Journalisten von der *Süddeutschen Zeitung* wissen, »sondern die Mehrheit zu schützen vor Kriminalität.«[8]

In der politischen Öffentlichkeit hat diese Tonalität spürbar verfangen. Wer in einer Online-Suchmaschine nach der Formel »Härte des Rechtsstaats« sucht, bekommt Zehntausende von Treffern. Um die Drastik noch zu steigern, wird gerne auch von der »vollen Härte des Rechtsstaats« gesprochen. Diese Formulierungen werden partei- und medienübergreifend und zu unterschiedlichen Anlässen verwendet. Bundespräsident Frank-Walter Steinmeier (SPD) stellte sich nach den Jugendkrawallen in Stuttgart während des Pandemiesommers 2020 demonstrativ hinter die Polizei. »Gewalt, Vandalismus, schiere Brutalität [...] müssen mit aller Härte des Rechtsstaats verfolgt und bestraft werden«;[9] Carsten Knop, einer der Herausgeber der *Frankfurter Allgemeinen Zeitung*, forderte zum Schutz der Polizei die »volle Härte des Rechtsstaats, der das Gewaltmonopol hat – am besten in Kombination mit schärferen Gesetzen«;[10] Bayerns Innenminister Joachim Herrmann (CSU) brachte die »Härte des Rechtsstaats« gegen Flüchtlinge in Anschlag, die alkoholisiert und prügelnd durch Amberg gelaufen sein sollen;[11] die »volle Härte des Rechtsstaats« verlangte Ex-Innenminister Horst Seehofer (CSU) gegen Demonstranten, die antisemitische Parolen rufen;[12] in einem Kommentar für den Sender Deutsche Welle forderte der Journalist Tobias Oelmaier allen Ernstes, Fußballfans, die den TSG-Hoffenheim-Mäzen Dietmar Hopp angefeindet hatten, sollten »mit der vollen Härte des Rechtsstaats« vor Gericht gestellt und ins Gefängnis gebracht werden;[13] Bundesinnenministerin Nancy Faeser (SPD) beschwor bei zahlreichen Gelegenheiten die »Härte des Rechtsstaats«, etwa gegen rücksichtslose Autofahrer (2022), Reichsbürger (2022) oder Organisierte Kriminalität (2023); und auch in der »liberalen« FDP findet diese Rhetorik Anklang, wenn beispielsweise Generalsekretär Bijan Djir-Sarai anlässlich der Blockadeaktionen von Klimaaktivist:innen am Berliner Flughafen BER in der Presse verlautbaren ließ, dass »Protestaktionen dieser Art vollkommen illegitim sind« und die »volle Härte des Rechtsstaates greifen« müsse.[14]

Die Liste lässt sich beliebig erweitern. Klar ist, dass »Rechtsstaat« in diesen Zitaten als ein Synonym für ganz andere Begriffe verwendet wird. Gemeint ist »mit aller Härte der Polizei«, »die volle Härte des Gewaltmonopols« oder auch »die volle Härte der Strafgesetze«. Doch auf diese Formulierungen wird verzichtet, von einigen Akteur:innen strategisch bewusst, von anderen möglicherweise unbewusst. Wer in aktuellen politischen Diskussionen vom Rechtsstaat spreche, schreibt der Journalist und Jurist Markus Sehl, »will davon profitieren, dass der Begriff unpolitisch klingt, wie eine Bestandsaufnahme, ein Best-of der rechtlichen Instrumente«.[15] Er steht vermeintlich auf der richtigen Seite und muss sich politisch nicht mehr weiter erklären. Es geht ja »nur« darum, das Recht konsequent anzuwenden.

Tatsächlich aber benutzen die Apologet:innen der »Law and Order«-Politik den Ausdruck dann, wenn die rechtliche Lage nicht so eindeutig ist und sich aus dem Strafrecht nicht sicher ableiten lässt, dass Angeklagte schnell bestraft werden sollten. Mit dem Aufruf des Rechtsstaats geht nicht selten das stille Kommando an die Justiz einher, entgegen den zentralen Prinzipien des Strafrechts zu handeln, wie dem Ultima-Ratio-Prinzip (Strafrecht soll nur als letztes Mittel eingesetzt werden) oder dem Verhältnismäßigkeitsgrundsatz (jede Strafe muss in einem angemessenen und grundrechtsschonenden Verhältnis zum verfolgten legitimen Zweck stehen). Gleichzeitig wird eine Botschaft an die breite Öffentlichkeit gesendet. Die Politik signalisiert, dass sie alles unter Kontrolle hat und handlungsbereit ist. In öffentlichen Debatten entfaltet dieser diskursive Zug eine enorme Wirkung, weil die Behauptung, der Rechtsstaat sei in Gefahr oder Rechtsstaatlichkeit werde verletzt, impliziert, »dass der Bruch einer bestimmten Rechtsregel zugleich eine Erschütterung des Rechts als Ganzem darstellt«.[16]

Aber was ist unter dem Begriff »Rechtsstaat« eigentlich zu verstehen? Ein Blick in das Grundgesetz hilft an dieser Stelle nicht recht weiter. Der Ausdruck wird nur in Artikel 28 erwähnt:[17] »Die verfassungsmäßige Ordnung in den Ländern muss den Grundsätzen des republikanischen, demokratischen und sozialen Rechtsstaates im Sinne dieses Grundgesetzes entsprechen.« Was Rechtsstaatlichkeit bedeutet, haben vor allem das Bundesverfassungsgericht in zahlreichen Urteilen und Rechtswissenschaftler:innen in Kommentaren und Fachbeiträgen entwickelt. Einmal abgesehen von Nuancen orientiert sich der Großteil der juristischen Arbeiten an einer liberalen Auslegung, in der die individuellen Freiheitsrechte und deren Schutz in den Mittelpunkt gestellt werden. Ernst-Wolfgang Böckenförde hat den Begriff folgendermaßen interpretiert: Er »zielt stets auf die Begrenzung und Eingrenzung staatlicher Macht und Herrschaft im Interesse der Freiheit der einzelnen, auf den Abbau der Herrschaft von Menschen zugunsten der ›Herrschaft der Gesetze‹; der Primat des Rechts gegenüber der Politik erscheint als immer wiederkehrendes Postulat rechtsstaatlichen Denkens.«[18] Es ist sicherlich auch der deutschen Wortkombination von »Recht« und »Staat« zu verdanken, die es bei vergleichbaren Konzepten im Englischen und Französischen nicht gibt, dass der Terminus zu einer ordnungspolitischen Umdeutung im Alltagssprachgebrauch geradezu einlädt. Aber hinter dem Begriff stehen eine Geschichte und eine Rechtsprechungspraxis, die ihn prägen. Nicht der strafende und ordnende Staat steht im Zentrum rechtsstaatlichen Denkens, sondern gerade die Einhegung staatlicher Macht.

Ein solches herrschaftsbegrenzendes Verständnis von Rechtsstaatlichkeit ist in vielen Ländern der Erde scharfen Attacken ausgesetzt.[19] Tatsächlich lässt sich eine globale Rechtsstaatlichkeitskrise mit Zahlen belegen. Seit 2016 veröffentlicht das unabhängige World Justice Project (WJP) den »Rule of Law Index«, in dem Daten und Informationen aus der ganzen Welt dokumentiert und gesammelt werden, oft eingebracht von Anwaltsvereinigungen aus den jeweiligen Nationalstaaten. Anlässlich der Veröffentlichung des Berichts für das Jahr 2022 erklärte Elizabeth Andersen, die Exekutivdirektorin des WJP, dass »autoritäre Trends, die bereits vor der Pandemie existierten, die Rechtsstaatlichkeit weiter erodieren lassen«.[20] Im fünften Jahr in Folge stellte das WJP einen globalen Rückgang an Rechtsstaatlichkeit fest. Und dieser manifestiert sich auch in Deutschland, Österreich und insbesondere den USA.

Im Mainstream der politik- und rechtswissenschaftlichen Populärliteratur werden zur Analyse dieser Krise gerne die angeblichen »Freunde des Rechtsstaats« von dessen »Feinden« unterschieden.[21] Eine konservative und liberale Mitte wird als Bollwerk gegen die Attacken auf die Rechtsstaatlichkeit ins Feld geführt. Dabei bleibt jedoch unberücksichtigt, dass viele der autoritären Akteur:innen aus ebendieser Mitte kommen.

Nicht nur die Rechtsstaatlichkeit selbst und ihre Institutionen werden attackiert. Auch der einst liberal geprägte Begriff des Rechtsstaats ist so umkämpft wie lange nicht mehr. Publizist:innen und Wissenschaftler:innen warnen eindringlich davor, dass sich sein Inhalt zu verschieben beginnt. In der von »großen Missverständnissen«[22] geprägten Debatte werde der Ausdruck wie bei einem »Rechtsstaatsbingo«[23] »bewusst oder unbewusst vollkommen falsch verstanden und verwendet«.[24] Es dominiere ein »Law-and-Order-Fetischismus«,[25] Rechtsstaat werde mit einem »starken Staat mit starker Zwangsmacht« gleichgesetzt.[26] In der Summe laufe diese »Form populistischer Vereinfachung von Rechtsstaatlichkeit [...] Gefahr, antidemokratisch zu wirken, also hinter die Erkenntnisse genau jenes modernen Staatsdenkens, auf das sie sich beruft, zurückzufallen«.[27]

Der Rechtsstaatsbegriff war stets umkämpft, und seine Bedeutung hat sich im Laufe der Geschichte immer wieder gewandelt. Schon seit dem 19. Jahrhundert, als der Terminus geprägt wurde, unterlag er einem heftigen politischen und staatstheoretischen Streit. In den letzten Jahren hat sich der ordnungspolitische Deutungskampf verschärft. »Rechtsstaat« steht in den öffentlichen Debatten nicht mehr für das Schutzinstrument gegenüber dem Staat und mächtigen Herrschaftsinteressen. Vielmehr wird der Begriff heute immer häufiger verwendet, um das rigorose Handeln des Gewaltmonopols zu legitimieren. Nicht die angeblich fehlende »Härte« ist die Gefahr für den Rechtsstaat, sondern die galoppierende Erosion seines ursprünglichen auf den Schutz des Einzelnen zielenden Gehalts.

Es ist das Anliegen dieses Buches, den Treibern dieser Umdeutung im Sinne eines »Law and Order« nachzuspüren. Anhand zentraler politischer Diskurse der letzten Jahre – über Flüchtlingspolitik, rassistische Polizeigewalt, Klimapolitik, sogenannte Clankriminalität und die europäische Rechtsstaatlichkeitskrise – wird gezeigt, wie ordnungspolitische Verständnisse des Begriffs in das gesamte politische Spektrum eingesickert sind und inwiefern selbst die extreme und die Neue Rechte versuchen, den Ausdruck für ihre Interessen zu kapern. Bei diesen Deutungskämpfen geht es nicht einfach nur um Wörter. Sie haben praktische Konsequenzen in der Politik, der Verwaltung und der Justiz und wirken sich auf Gesetze, Urteile und behördliches Handeln aus.

Mir geht es in diesem Buch nicht allein darum, eine liberale Auslegung des Rechtsstaates zu verteidigen. Der Begriff entstand Ende des 18. Jahrhunderts in einer Zeit gesellschaftlicher Umbrüche. Er war und ist in die kapitalistischen, (neo-)kolonialen und patriarchalen Herrschaftsverhältnisse verstrickt. Die spezifische liberale Rechtsstaatlichkeit war in ihrer Geschichte defizitär, ausschließend und ist auch heute nicht umfassend in der Lage, den multiplen Krisen des 21. Jahrhunderts wie der Klimakatastrophe, der (globalen) sozialen Ungleichheit oder dem Massensterben von Schutzsuchenden auf ihrer Flucht hinreichend zu begegnen. Welches Potenzial hat der Rechtsstaat diesen immanenten Grenzen zum Trotz? Warum lohnt es sich, dass auch progressive Akteur:innen für ihn kämpfen? Und wo liegen die Grenzen, um die man bei diesen Kämpfen wissen muss? Ich möchte das liberale Verständnis des Rechtsstaates verteidigen, um zugleich seine Defizite zu benennen und über es hinauszugehen.

In Kapitel 2 wird zunächst die Geschichte des Rechtsstaats und zugleich die des Rechtsstaatsbegriffs rekonstruiert. Ich stelle dar, wie beide in unterschiedlichen Phasen und Gesellschaftskonstellationen umkämpft waren, welche Vorarbeit ordnungspolitische Akteur:innen geleistet haben, um den Begriff seiner freiheitssichernden Funktion zu entkleiden, und welche Kontinuitäten sich daraus für die Debatten und Kämpfe im 21. Jahrhundert ergeben.

In Kapitel 3 gehe ich dann auf die Umdeutung im Sinne einer »Law and Order«-Politik ein. Diese Bedeutungsverschiebung wird von Akteur:innen unterschiedlicher parteipolitischer Couleur betrieben. Anhand von vier Politikfeldern der inneren Sicherheit – Asyl- und Migrationspolitik, die Kontrolle der Polizei, die Bekämpfung sogenannter Clankriminalität sowie die öffentliche Rhetorik und Strafpolitik gegen Proteste der Klimagerechtigkeitsbewegung – zeige ich auf, wie der Begriff des Rechtsstaates in konkreten politischen Debatten und für bestimmte Maßnahmen zweckentfremdet wird.

Kapitel 4 wendet sich den Debatten in der extremen und der Neuen Rechten zu. Ich zeichne metapolitische Strategien nach, die darauf abzielen, sich den Rechtsstaatsbegriff anzueignen oder gar das Recht zu kapern, um ungehindert die eigenen völkischen Interessen durchzusetzen.

Kapitel 5 geht der Frage nach, wie die Europäische Union auf die virulente innere Rechtsstaatlichkeitskrise reagiert, durch die die Werte der Union untergraben werden. Neben den öffentlich stark diskutierten Zuständen in Polen und Ungarn wird der Blick darauf gelenkt, welche Verantwortung die EU und ihre angeblich liberalen Stützen in den zentraleuropäischen Mitgliedsstaaten tragen. Dabei wird das Ausmaß der europäischen Rechtsstaatlichkeitskrise deutlich.

In Kapitel 6 skizziere ich abschließend, wie der Rechtsstaatsbegriff angesichts einer autoritären Konstellation überhaupt für progressive Akteur:innen relevant sein kann. Warum ist es essenziell, den Rechtsstaat zu verteidigen? Warum und wie sollten progressive Kräfte über ihn hinausgehen?

2
Ursprünge
Wie der Rechtsstaat entstanden ist und wie um ihn gekämpft wurde

Was ist der Rechtsstaat? In vielen öffentlichen Diskussionen herrscht diesbezüglich Unklarheit. Der Begriff entzieht sich einer »einfachen und formelhaften Umschreibung«.[1] Akteur:innen aus dem gesamten politischen Spektrum verwenden ihn auf unterschiedliche Weise, um so ihre je eigenen Anliegen zu legitimieren. Aber nicht nur in der breiten Öffentlichkeit, auch in der Politik- und in der Rechtswissenschaft besteht in dieser Frage keine Einigkeit. »Als Verfassungsprinzip und normative Grundlage [...] teilt der Rechtsstaat die Unbestimmtheit des Grundsätzlichen«, so hat es Günter Frankenberg einmal polemisch formuliert.[2] Es handele sich, schrieb Ernst-Wolfgang Böckenförde, um einen »vage[n]« und nicht »ausdeutbare[n] Schleusenbegriff«, der offen für politischen Wandel sei.[3]

Bei aller Unbestimmtheit ist er aber zugleich nicht beliebig verwendbar, zumindest wenn man ihn auf die theoretischen und historischen Debatten zurückführt, aus denen heraus er entstanden ist. Auch Böckenförde verweist darauf, dass erst die »Kenntnis seiner geschichtlichen Entwicklung« es ermöglicht, den Begriff zu gebrauchen, ohne dass er seine »Kontinuität« verliert und zu einer »bloßen Leerformel« herabsinkt.[4] Also sollen im Folgenden die historischen Ursprünge des Rechtsstaates skizziert werden.

Zu unterscheiden ist dabei zwischen der Begriffs- und der Phänomengeschichte des Rechtsstaats, die nicht immer deckungsgleich sind. Im Staatsrecht, der Rechtsphilosophie und in politischen Debatten wird seit zwei Jahrhunderten lebhaft über den Rechtsstaatsbegriff diskutiert. Zugleich gibt es auch eine empirisch beobachtbare Entwicklung der Rechtsstaatlichkeit, die ebenfalls einem dynamischen Wandel unterliegt. Bei einem Blick in die wechselvolle Geschichte des Begriffs und seines Phänomens ist ein Fokus auf die deutsche Debatte unausweichlich, handelt es sich doch um ein spezifisch deutsches Konzept.[5] Gleichwohl gilt es, die europäische Perspektive zu berücksichtigen. Der Rechtsstaat und seine Institutionen entwickelten sich in Westeuropa in jeweils eigenen politischen Kontexten, doch bestehen wichtige Gemeinsamkeiten. So sind etwa »Rechtsstaat« und »rule of law« zwar nicht das Gleiche, aber beide sollen bestehende Freiheiten sichern und neue ermöglichen. Zugleich ist es wichtig, die europäischen Dimensionen zu beleuchten, weil sich die Krise der Rechtsstaatlichkeit im 21. Jahrhundert und die ordnungspolitische Umdeutung des Rechtsstaatsbegriffs in entscheidender Weise im Rahmen der Europäischen Union abspielen.[6]

Der Rechtsstaat ist untrennbar mit dem modernen Liberalismus verbunden. Dieser war angetreten, ein politisches und ökonomisches System zu entwickeln, das den Feudalismus und das absolutistische Herrschaftsmodell ersetzen sollte. Im Kampf gegen das Ancien Régime sollte eine neue Ordnung für das europäische Bürgertum entstehen. Die liberalen Ideen wurden nicht im luftleeren Raum erdacht: Sie entstanden im Zusammenhang mit den gewaltvollen und revolutionären Umbrüchen im Europa des 17. und 18. Jahrhunderts. Auch die Konturen des deutschen Rechtsstaatsbegriffs etablierten sich in dieser Zeit, orientierten sich an den liberalen philosophischen Vorbildern[7] und standen unter dem Eindruck der Revolutionen in Frankreich und Nordamerika sowie der Kämpfe in Europa zwischen der alten Feudalaristokratie, dem Bürgertum und dem dritten Stand. Der Begriff »lag während der revolutionären Schwellenzeit gleichsam in der Luft«, so Günter Frankenberg.[8]

Nach den Umstürzen oder im Versuch, ihnen zuvorzukommen, rechtfertigten liberale Denker:innen mit dem Begriff des Rechtsstaats die neuen Herrschaftssysteme. Dazu zählte in Teilen auch die deutsche Rechtsstaatstheorie, »die den besonderen deutschen Verhältnissen des 19. Jhs entsprechende Variante der bürgerlichen Staatstheorie«.[9] Das Ziel bestand darin, ein Gegenstück zu despotischen Ordnungssystemen und dem, was man unter »Policey« oder einem Polizeistaat verstand, zu formulieren. »Policey« meinte eine Regierung, die in alle Lebensbereiche, die Bildung, die Gesundheit, die Fürsorge, die Ökonomie eingreifen konnte, um die »Kraft des Staates« zu steigern.[10] Daraus entwickelte sich später die europäische Form der Polizei. Im Unterschied zu einem Rechtsstaat unterliegt ein Polizeistaat keinen Schranken und verleiht sich selbst die Befugnisse, um das Leben der Untertanen zu regulieren.

Rechts- und Staatsphilosophen führten engagierte »Diskurse über das richtige Maß von Herrschaftsgewalt«.[11] Kennzeichnende Merkmale des Rechtsstaates, die sich nach und nach durchsetzten, waren der Schutz des Einzelnen vor dem neu entstandenen Gewaltmonopol, vor willkürlichen Eingriffen der Exekutive ohne gesetzliche Grundlage, freiheitliche Garantien und Rechte gegenüber dem strafenden Staat sowie das Bestimmtheitsgebot, das den Auftrag an das Parlament enthält, Gesetze und insbesondere Strafnormen so klar zu formulieren, dass die Folgen für die Bürger:innen vorhersehbar sind.

Sowohl die englische *rule of law* als auch der französische *état légal* waren nicht nur freiheitsschützend angelegt, sondern besaßen eine demokratische Komponente. In England und Frankreich lässt sich die Herrschaft des Rechts nicht denken, ohne zugleich den Souverän zu benennen, der das Recht setzt, nämlich das Parlament. Nach der gescheiterten demokratischen Revolution von 1848 löste sich der Rechtsstaatsbegriff in Deutschland jedoch von der parlamentarischen Demokratie. Er nahm als »rechtliche Form der konstitutionellen Monarchie« Gestalt an, wie Ulrich K. Preuß geschrieben hat.[12] In den Vordergrund traten »die unpolitischen, individualistischen, staatsfremden Komponenten«, die eine »Abwehr gegen ›polizeistaatliche‹, absolutistische Willkür und Einmischung der Verwaltung in Privatangelegenheiten« sicherstellen sollten.[13] Diese Errungenschaften sollte man nicht geringschätzen. In einer Zeit, als es noch keine Bürgerinnen und Bürger, sondern lediglich »Unterthanen« gab, gingen vom Rechtsstaat freiheitliche Impulse aus, die über den Status quo hinauswiesen. Darin lag schon damals und liegt bis heute sein universelles Potenzial begründet, das sich nicht darin erschöpft, das bürgerliche Eigentum zu sichern.[14]

Ausschluss aus dem Rechtsstaat

Historisch betrachtet hat er dieses Versprechen auf Universalität freilich nie vollständig eingelöst; er war stets durch Ausschlüsse und Ambiguitäten gekennzeichnet. Die liberalen Modelle des Rechtsstaats waren Theorien, die dem sich in politischer und ökonomischer Hinsicht zu einem Machtfaktor entwickelnden Bürgertum Ideen als Waffe in die Hand drückten. »Wie kann eine aufstrebende Klasse wie die Bourgeoisie sich ohne den erforderlichen Kraftakt Zutritt zum offiziellen Establishment verschaffen?«, fragte der Staatsrechtler und Politologe Otto Kirchheimer auf die Entwicklungen im 19. Jahrhundert zurückblickend. »Sie wird, nach klassischem Muster, die Allgemeingültigkeit ihrer Ansprüche behaupten.«[15] Mit dem Begriff des Rechtsstaats versuchte das Bürgertum, seine eigenen Interessen als die aller Klassen zu präsentieren. Doch es blieb bei dieser Behauptung. Tatsächlich entwickelte sich der Rechtsstaat im

18. und 19. Jahrhundert, indem innere und äußere Grenzen gezogen wurden.

In der Zeit vor der Gründung des deutschen Kaiserreichs bildete sich langsam ein Konzept heraus, das *kapitalistisch und bürgerlich* geprägt war. Im Vordergrund stand der Schutz des Privateigentums und hinter diesem die kapitalistische Wirtschaftsordnung. Arbeitsschutzgesetze gab es nicht, wie auch keine für Angehörige der unteren Schichten zugängliche Gerichtsbarkeit. Das Bürgertum wollte seine neu gewonnene ökonomische Freiheit, die zuvor dem Adel vorbehalten gewesen war, mithilfe von Recht und Gesetz absichern.[16] Der Historiker Eckart Kehr hat gezeigt, dass der Kapitalismus zu diesem Zeitpunkt die Formalität des Rechts benötigte, um sich gegen die »unberechenbaren königlichen Eingriffe in die Rechtspflege« zu immunisieren. Später wiederum musste die neu entstandene »allmächtige Bürokratie« eingedämmt werden.[17] Das Bürgertum wollte sich zum einen gegen die um sich greifende und verselbstständigende »Staatsmaschinerie«, wie Karl Marx sie bezeichnet hat,[18] zur Wehr setzen und zum anderen die sich formierende Arbeiter:innenklasse in Schach halten, die den Reichtum vergesellschaften und umverteilen wollte. Der Rechtsstaat sollte dem Bürgertum Schutz bieten vor der sozialen Demokratie. Konfrontiert mit gesellschaftlichen Umwälzungen waren die Eliten zu unterschiedlichen Zeiten aber auch mitunter bereit, demokratische und rechtsstaatliche Prinzipien zu opfern. Die kapitalistische Herrschaftsdimension, die im Konzept des Rechtsstaats stets angelegt war, erklärt, warum gerade kritische und marxistische Theorien stets hochgradig ambivalent auf ihn Bezug genommen haben.[19]

Wie die Besitzlosen und abhängig Beschäftigten waren auch Frauen zunächst vom Schutz durch das Recht ausgeschlossen. Liberale Gesellschaftsvertragstheorien spalteten die Gesellschaft in eine öffentliche und eine private Sphäre. »Der Gesellschaftsvertrag ist eine Geschichte der Freiheit«, schreibt die Politikwissenschaftlerin Carole Pateman. »Der Geschlechtervertrag« hingegen, der die Herrschaft der Männer über die Frauen sicherte, sei »eine Geschichte der Unterwerfung«.[20] Der Rechtsstaat entstand mit einer eindeutig *patriarchalen* Prägung. Er war die Schutzmacht des weißen, männlichen und eigentumsbesitzenden Bürgers. Ironischerweise führte gerade die moderne Trennung von öffentlicher und privater Sphäre zu einer »Verstrickung der Geschlechterungleichheit mit den Grundbegrifflichkeiten des modernen Konstitutionalismus«.[21] »Je eindeutiger es um die Regelung politischer Repräsentation und Partizipation [...] ging, desto rigoroser achtete man darauf, sie Männern vorzubehalten.«[22] Frauen mussten lange für den Schutz vor Willkür, vor Gewalt sowie für den Schutz ihres Eigentums kämpfen. Noch bis 1977 waren sie auf die Zustimmung ihres Ehemanns angewiesen, wenn sie einen Beruf ausüben wollten, und erst seit 1997 ist Vergewaltigung in der Ehe strafbar.

Grenzen zum Ausschluss von Menschen wurden auch nach außen gezogen. Der Rechtsstaat entstand nicht nur als kapitalistische, sondern auch als auf nationales Territorium begrenzte, ja, als *rassistische* und *koloniale* Institution. Er flankierte die imperialistischen und kolonialistischen Abenteuer und den Rassismus als Begleitideologie. Der Rechtsstaat wurde in die »zivilisatorische Mission« des Kolonialismus integriert und angepasst. Dabei ging es um die asymmetrische Verrechtlichung des permanenten Belagerungszustands zu Lasten der Kolonialvölker.[23] Die Mitgliedschaft in einem staatlichen Gemeinwesen, das Schutz verspricht und durchsetzt, ist eine zentrale demokratische Frage.[24] Ausgeschlossen waren die in den Kolonien unterworfenen Indigenen, die einer schrankenlosen Gewalt- und Willkürherrschaft ausgesetzt waren: Ihren Grund und Boden sahen die Kolonisatoren aus Europa nicht als Eigentum an, sondern als Niemandsland (*terra nullius*). Ihnen gegenüber waren »die exekutiven Autoritäten« nicht an »irgendwelche rechtlichen Bindungen oder Grenzen gebunden«.[25]

Die inneren und äußeren Grenzziehungen des Rechtsstaats, seine kapitalistischen, patriarchalen, rassistischen und kolonialen Aspekte, sind in seine Geschichte eingewoben und wirken bis heute fort – sind aber zugleich massiv umkämpft und werden von den Ausgeschlossenen herausgefordert. Sie nehmen das Versprechen der Universalität beim Wort.

Kämpfe um den Rechtsstaat im 19. Jahrhundert

In Deutschland stieß die liberale Kontur der Rechtsstaatlichkeit bei jenen politischen Kräften auf Widerstand, die zunächst der Monarchie die Treue hielten. Sie versuchten, die Machtapparate für ihre Zwecke zu instrumentalisieren. Große Teile des Besitzbürgertums suchten das »Heil und seine Sekurität wiederum bei der Monarchie«.[26] Die »rückständige politische Praxis« in Deutschland brachte die rechtsstaatliche Entwicklung ins Stocken, so die politische Theoretikerin Ingeborg Maus.[27] Weil die demokratische Revolution gescheitert war, war die Forderung nach einem rechtebasierten politischen System in Deutschland nach 1848/49 in einen widersprüchlichen Kompromiss zwischen den bürgerlichen Liberalen und den autoritären Monarchisten eingebettet.[28]

Für einen Militärstaat wie Preußen stellte die Idee des Rechtsstaats ein Problem dar, schließlich wollten die Eliten die Macht der Exekutive, vor allem in Zeiten des Krieges, nicht zu stark eingeschränkt wissen. Bismarck verunglimpfte den von Robert von Mohl in die deutsche Staatslehre eingeführten Terminus als »erfundenen Kunstausdruck«.[29] Doch machten ihn sich die preußischen Konservativen zugleich zu eigen, um mit ihm das Bismarck'sche System im Sinne eines »konservativen Konstitutionalismus« zu legitimieren.[30] Vor allem Friedrich Julius Stahl deutete den Begriff um und versuchte, ihn als Grundlage für eine exekutive Staatstechnik zu verwenden.[31] Während der als »Preußischer Verfassungskonflikt« bekannt gewordenen Konfrontation zwischen König und Parlament in den Jahren 1859 bis 1866 – Wilhelm I. wollte eine Heeresreform durchsetzen, um die Truppenstärke aufzustocken, die liberale Mehrheit des Abgeordnetenhauses war dagegen – fand seine sogenannte »Lückentheorie« Eingang in die Politik. Stahl argumentierte, sofern die Verfassung für einen in Frage stehenden Sachverhalt keine explizite Regelung treffe, könne der Monarch »als eigentlicher Träger der Staatsgewalt« eigenmächtig und ohne Zustimmung des Parlaments entscheiden, um so die »Lücke« zu schließen.[32] Ministerpräsident Bismarck berief sich auf diese Theorie, um als Regierungschef und Vertreter der Krone dem Abgeordnetenhaus sein kennzeichnendes Recht, das Budgetrecht, zu entreißen und die Reform des Heeres ohne parlamentarisch gebilligten Haushalt durchzuführen. Unter Rückgriff auf Stahl wurde der Rechtsstaatsbegriff also gewissermaßen umgedreht und gegen das Parlament gewendet. Die konstitutionelle Monarchie ging aus diesem Konflikt massiv gestärkt hervor.

Die Kämpfe um die Begrenzung exekutiver Herrschaft bei gleichzeitig fortschreitender Durchsetzung rechtsstaatlicher Prinzipien fanden im deutschen Kaiserreich zunehmend vor den Gerichten statt. Im Jahr 1882 fällte das Preußische Oberverwaltungsgericht eine Entscheidung von historischer Tragweite. Im Mittelpunkt stand dabei der Berliner Kreuzberg. Wer in der Hauptstadt von der geschäftigen Bergmannstraße kommend durch die Kreuzbergstraße schlendert, der läuft irgendwann links an einem künstlichen Wasserfall vorbei, der einen kleinen Berg hinabfließt. Am oberen Ende des Hanges befindet sich das Nationaldenkmal für die Befreiungskriege. Das von Karl Friedrich Schinkel entworfene und 1818 bis 1821 erbaute Monument erinnert an die preußischen Soldaten, die in den Kriegen gegen Napoleon ihr Leben verloren. Gekrönt wird das Denkmal von einem Eisernen Kreuz, dem der Berg und damit das heutige Szeneviertel seinen Namen verdankt. Der Aufstieg zur Anlage wird mit einem Panorama der

Stadt belohnt. Aber auch der Blick aus den angrenzenden Straßen ist schön – so schön, dass die Berliner Polizei den Eigentümern der Grundstücke rund um den Kreuzberg per Verordnung verbot, durch die Errichtung von Häusern über einer bestimmten Höhe die Sicht auf den und von dem Hügel zu verbauen. An diesem Ort sollte das patriotische Gedenken im Zentrum stehen. Einem Eigentümer, der ein vierstöckiges Mietshaus errichten wollte, wurde auf dieser Grundlage eine Baugenehmigung verwehrt. Er klagte, und im Juni 1882 gab ihm das Preußische Oberverwaltungsgericht recht: Die Polizei habe sich um die Gefahrenabwehr zu kümmern, nicht um ästhetische Fragen oder Patriotismus.[33] Durch die Entscheidung wurde die alte Idee der Policey als einer allzuständigen Verwaltung endgültig begraben und die Gewaltenteilung gestärkt. Der Richterspruch leitete die »Wende vom absolutistischen Wohlfahrtsstaat zum bürgerlichen Rechtsstaat, von der Policey zur Polizei« ein.[34] Ironischerweise lieferte diese Entscheidung zugleich eine Legitimation des in Entstehung begriffenen modernen Polizeiapparats, indem die Kompetenz zur Gefahrenabwehr gestärkt wurde.

Obgleich das obrigkeitsstaatliche Denken im Kaiserreich dominant blieb, entwickelten sich doch auch Ansätze für ein »Programm des Rechtsstaats«. Dazu gehörten die »Vereinheitlichung der Justiz [...], die Unabhängigkeit der Richter, Öffentlichkeit und Mündlichkeit im Zivil- und Strafprozeß, Schutz vor willkürlicher Verhaftung und grundlegende Rechte von Angeklagten«.[35] Gegen Ende des 19. Jahrhunderts ging es darum, die Rechtsstaatlichkeit in die Verwaltung zu tragen. Ein wichtiger Treiber war die sich neu bildende freie Anwaltschaft, die »an der Seite des revolutionären Bürgertums gegen Feudalismus und Absolutismus« stand.[36] 1871 gründete sich der Deutsche Anwaltsverein, in dessen Reihen viele Anwälte, damals noch keine Frauen, danach strebten, partiell unabhängig vom Staat zu sein, um Ansprüche der Bürger gegen die Staatsapparate durchzusetzen. Die Gerichtsbarkeit entwickelte sich immer mehr zu einem Kampffeld.

Die Herausbildung der freien Anwaltschaft war von überragender Bedeutung für die Kämpfe um den Rechtsstaat: Es waren Anwälte, die den Grundstein dafür legten, dass zunächst das Bürgertum, später aber auch marginalisierte Gruppen juristische Experten an ihrer Seite hatten, die für sie Zugänge zum Schutz durch das Recht verteidigten oder erstritten. Weil sie immer wieder Sand ins Getriebe der Verwaltung streuten, wurde die Anwaltschaft schnell zum Feindbild konservativer Eliten in den Machtapparaten. Immer wieder versuchten sie, deren Handlungsspielräume einzuschränken. Die Vitalität der Anwaltschaft war stets eng mit der Verfasstheit der Rechtsstaatlichkeit verbunden.[37] Der Erste Weltkrieg bereitete einer weiteren progressiven Entwicklung jedoch zunächst ein Ende.

Kämpfe um den Rechtsstaat in der Weimarer Republik

Nach dem Ersten Weltkrieg entstand mit der Weimarer Republik die erste parlamentarische Demokratie in Deutschland. Allerdings war die Reichsverfassung ein »Kompromiß zwischen Bürgerlichen und Sozialdemokraten«,[38] die aus Sorge vor sozialistischen Umsturzversuchen, wie man sie in den Räterepubliken gesehen hatte, die parlamentarische Demokratie beschränkte, etwa durch das mit dem Recht zum Erlass von Notverordnungen ausgestattete Amt des Reichspräsidenten.[39] Dazu kamen enorme soziale Probleme: Die Verfassung löste die soziale Frage nicht hinreichend. Die Konflikte und Spannungen der Republik, zwischen Arbeit und Kapital sowie zwischen Demokratie und Faschismus wirkten sich auch auf die Debatte darüber aus, was den Rechtsstaat eigentlich auszeichnen sollte und welche Befugnisse mit ihm einhergehen sollten. So prägte etwa der Jurist und Staatsrechtler Hermann Heller in seiner Schrift *Rechtsstaat oder Diktatur?* den Begriff des »sozialen Rechtsstaates«.[40]

In den Machtapparaten der Weimarer Republik, in der Bürokratie und der Justiz, verweigerte man sich solchen Forderungen. Durch die »radikale Ausdehnung des richterlichen Prüfungsrechts« erhielt die Justiz eine enorme Macht, die sie gegen das Parlament in Anschlag bringen konnte.[41] Das konservative Bürgertum mobilisierte die Rechtsprechung im eigenen Interesse gegen die Demokratie. »[D]as allgemeine Wahlrecht hatte dem Bürgertum die Grundlage für sein Vertrauen in die rechtsstaatliche Verwaltung entzogen, denn die Gesetze, die die Verwaltung zu vollziehen hatte, waren nicht mehr ohne weiteres bürgerliche Gesetze. [...] Hatte bislang das Gesetz das Eigentum geschützt, so galt es nun, das Eigentum vor dem Gesetz zu schützen.«[42] Große Teile des industriellen Bürgertums sahen die Gefahr, dass sich die arbeitende Klasse als Mehrheit im Parlament organisieren und dann die ökonomische Macht der Eliten beschränken, Eigentum vergesellschaften und Reichtum umverteilen würde.

»Rechtsstaat« wandelte sich von einem Kampfbegriff des Bürgertums gegen den Absolutismus zu einem »Verteidigungsbegriff« gegen die Arbeiter:innenklasse.[43] Zur Zeit der Weimarer Republik war dies gleichbedeutend mit einer Frontstellung gegen die republikanische Demokratie. Teile des Bürgertums, selbst liberaler Couleur, gingen im Kampf gegen den Sozialismus ein verhängnisvolles Bündnis mit monarchistischen und antirepublikanischen Kräften ein, die mit der Demokratie nie ihren Frieden geschlossen hatten. Im Angesicht des drohenden Faschismus waren es sozialistische und republikanische Anwält:innen, die bis zuletzt die rechtsstaatlichen Prinzipien hochhielten und gegenüber einer zunehmenden antirepublikanischen wie antikommunistischen politischen Justiz ihre Mandant:innen effektiv verteidigten. In einer Biografie des republikanischen Anwalts Hans Litten – einer breiteren Öffentlichkeit aus der dritten Staffel von *Babylon Berlin* bekannt – heißt es, dieser habe sich »nicht nur als ›proletarischer Anwalt‹ mittelloser und chancenloser Angeklagter, also als Vertreter einer juristischen Partei innerhalb eines rechtsstaatlichen Verfahrens (verstanden), sondern darüber hinaus als Ankläger einer Justiz, die – nicht nur in seinen Augen – ebendiese rechtsstaatliche Basis ohne Not aufzugeben bereit war«.[44] Eine vergleichbare Position nahm der sozialistische Rechtsanwalt Paul Levi ein, der sich um die »Verteidigung der erreichten republikanischen Staatsform« bemühte.[45]

Menschen wie Litten und Levi waren indes Solitäre in der sozialistischen Bewegung. Nur wenige wollten den Spagat zwischen der Verteidigung des Rechtsstaats und dem Beharren auf eine andere Gesellschaftsordnung schlagen. Paul Levi starb 1930 nach einem Fenstersturz. Die Umstände sind bis heute ungeklärt. Hans Litten wurde in der Nacht des Reichstagsbrandes in »Schutzhaft« genommen. Die nächsten fünf Jahre verbrachte er in unterschiedlichen Gefängnissen und Konzentrationslagern. 1938 wurde er schließlich im KZ Dachau von einem Freund und Mithäftling erhängt aufgefunden. Mit Paul Levi und Hans Litten und vielen anderen verfolgten Jurist:innen verstarb eine republikanische Linke, die beim demokratischen und rechtsstaatlichen Aufbau nach 1945 schmerzlich fehlte, während viele Nationalsozialisten ohne Furcht vor Strafverfolgung oder gesellschaftlichen Ausschluss in juristische Berufe zurückkehrten.

Die Demontage des Rechtsstaats im Nationalsozialismus

Hartnäckig hält sich der Mythos, die Nationalsozialisten hätten die Macht in Deutschland auf legalem Weg errungen. Sie hätten sich des geltenden Rechts bedient, um die Institutionen des Staates zu kapern. In dieser Erzählung schwingt mit, dass ein formales Recht ohne Gerechtigkeitsmaßstäbe nicht wehrhaft sei. Doch dabei handelt es sich um eine »Positivismuslegende«, die wiederholt widerlegt wurde.[46] Tatsächlich entsprachen die zentralen Wegmarken der nationalsozialistischen Machtübernahme – die Reichstagsbrandverordnung und das Ermächtigungsgesetz – »nicht den Kriterien der Weimarer Verfassung« und können nicht »als legal bezeichnet« werden.[47] Sie kamen nur zustande, weil die Nationalsozialisten die formalen Verfahren des Rechtsstaats aushebelten und die wichtigsten Oppositionskräfte ausschalteten. Etliche KPD- und SPD-Abgeordnete befanden sich zum Zeitpunkt der parlamentarischen Debatten und Entscheidungen in Haft oder waren zur Flucht gezwungen worden. »Das Narrativ der Wertungebundenheit und Wehrlosigkeit der Weimarer Republik verdeckt die politischen Entwicklungen und Kräfteverhältnisse der Republik«, schreibt die Politikwissenschaftlerin Sarah Schulz. »Es gab Mechanismen zur Verteidigung der Republik, die aber von einer antiliberalen Tradition der Eliten in Justiz und Bürokratie einseitig ausgelegt und angewendet wurden.«[48] Gerade die formalen Aspekte der Rechtsstaatlichkeit, die streng einzuhaltenden Verfahren, klar bestimmbare Normen oder der Vorbehalt des Gesetzes für jedes Regierungshandeln, waren der NSDAP ein Dorn im Auge.

Den Nationalsozialisten gelang es, die Demokratie und die Rechtsstaatlichkeit vollständig zu demontieren. Und trotzdem arbeiteten sie sich in der Staats- und Verfassungstheorie zum Teil heftig an Begriffen wie Freiheit, Gesetz und auch an dem des Rechtsstaats ab. Warum taten sie das? Interessanterweise konnten sie diese Termini offenbar nicht komplett aufgeben, sondern wollten sie sich aneignen. Die »NS-Rechtstheoretiker setzten alles daran, dem NS-Staat eine über Willkürmaßnahmen hinausreichende normative Struktur zuzuschreiben«, die sie in der »klassischen politischen Philosophie« suchten.[49] Es mag auch an den Zugeständnissen an die bürgerlichen Eliten gelegen haben: Diese sollten in das nationalsozialistische Projekt eingebunden werden, indem ihre Begriffe weiterverwendet wurden, belegt allerdings mit nationalsozialistischen Inhalten.

Carl Schmitt, einer der wortmächtigsten Staatsrechtler jener Zeit, schrieb 1935 für die *Zeitschrift für die gesamte Staatswissenschaft* einen bemerkenswerten Beitrag mit dem Titel »Was bedeutet der Streit um den ›Rechtsstaat‹?«.[50] Eine genaue Lektüre lohnt sich, weil Schmitt dort neben seinen staatstheoretischen Perspektiven auf den Rechtsstaatsbegriff zugleich offen die spezifische Aneignungs- und Umdeutungsstrategie diskutierte, der die Nationalsozialisten folgten. Entsprechende Adaptionen von Schmitts Strategien sind bis heute in der Neuen Rechten und den autoritären Laboren Europas, etwa in Polen oder Ungarn, relevant (siehe Kapitel 4 und 5).

Carl Schmitt bezeichnet den deutschen Rechtsstaat

in seiner Schrift als Gegenbegriff zum Religions- und Weltanschauungs- beziehungsweise Sittlichkeitsstaat.[51] Während Letztere eine normative Grundlage besitzen und religiöse, moralische oder normative Gerechtigkeitsziele formulieren, zeichne sich Ersterer durch eine neutrale und eher technische Form aus, die in einer »Unterwerfung des Staates unter das Recht« münde.[52] Die Wertneutralität ist für Schmitt ein Ärgernis und stellt ein Hindernis für staatliches Handeln dar: »Jede kraftvolle Durchsetzung der konkreten Ordnung, selbst die Verhinderung eines Verbrechens durch die Polizei kann dann nur noch als ›Notrecht‹ des Staates begriffen werden.«[53] Schmitt geht es offenkundig darum, der Exekutive ein schrankenloses Handeln zu ermöglichen. Der Rechtsstaat sei ein Problem für eine nationalsozialistische Staatstheorie und -praxis, die »dem Deutschen eine mit den Begriffen jenes blut- und bodenfremden Gesetzesstaates unvereinbare, neue Grundordnung« geben wolle.[54]

In seinem Text diskutiert Schmitt verschiedene Positionen, die man als Nationalsozialist zum Rechtsstaat einnehmen konnte. Erstens könne sich der »jeweilige Inhaber der staatlichen Macht« schlicht des Rechtsstaats instrumentell bedienen: »Was könnte bequemer sein, als einen Gesetzesstaat zu beherrschen und sich an den Grundsatz der Gesetzmäßigkeit der Justiz und Verwaltung zu halten, wenn man selber die Gesetzgebungsmaschine handhabt und sogar, wie heute die Reichsregierung, durch bloßen Regierungsbeschluß Gesetze im formellen Sinne des Wortes, sogar verfassungsändernde Gesetze machen kann?«[55]

Das ist jedoch nur möglich, wenn der Begriff des Gesetzes völlig entkernt wird. Schmitt meint hier nicht Gesetze in einem demokratischen Sinne, die durch ein Parlament oder eine andere demokratische Körperschaft verabschiedet werden und sich auf den Willen der Bürger:innen zurückführen lassen. Zwischen 1933 und 1945 trat der Reichstag lediglich 19 Mal zusammen, unter anderem um das Ermächtigungsgesetz zu verlängern. Von einem Parlament im eigentlichen Sinne konnte also keine Rede mehr sein. Indem die Nationalsozialisten den Begriff des Gesetzes aushöhlten, entmachteten sie zugleich das Parlament – für ihr Herrschaftsprojekt benötigten sie keine Debatte. Schmitt geht es in seinem Text um die Möglichkeit einer vollständig verselbstständigten Exekutive, bei der die Rechtssetzungsbefugnis und Durchsetzungskraft monopolisiert sind. Nur in diesem Sinne spricht Schmitt von einem »nationalsozialistischen Rechtsstaat«, der instrumentell für eine Übergangszeit genutzt werden könne.[56]

Nach der zweiten Position, die Schmitt in seinem Text formuliert, soll der Begriff umgedeutet werden:

> Es ist ein typischer Vorgang der Geistesgeschichte, daß wirksame Formeln und eindrucksvolle Worte im geistigen Kampf erobert und umgedeutet werden. [...] Es war ein Zeichen seiner geistigen Defensivhaltung und sogar Wehrlosigkeit, daß der deutsche Soldatenstaat des 19. Jahrhunderts die juristische Bestimmung aller wesentlichen Begriffe, wie Recht, Verfassung, Gesetz, Freiheit und Gleichheit, besonders aber den Begriff des Rechtsstaates seinem liberalen Gegner überlassen hat. Dagegen hat die nationalsozialistische Bewegung schon manches starke und gute Wort

> seinem unrechtmäßigen Besitzer aus der Hand genommen, und es fragt sich, ob nicht das gleiche auch für den Rechtsstaat gelten soll.[57]

Mit dieser Strategie der »geistigen Eroberung des Wortes und Begriffes Rechtsstaat« sympathisiert Schmitt ganz offen in seinem Beitrag.[58] Am deutlichsten sieht er diese Umdeutung in der Formel des Reichsjuristenführers Hans Frank verwirklicht, der vom »Rechtsstaat Adolf Hitlers« sprach. Damit wird der Terminus seiner universalistischen Bedeutung vollends entkleidet und unmittelbar mit der Person des Führers verbunden. Von der individualschützenden Funktion in Opposition zu einem verselbstständigten Gewaltmonopol bleibt dann nichts mehr übrig.

Die dritte Strategie besteht darin, den Rechtsstaat als überflüssig anzusehen, sobald sich der »Weltanschauungsstaat« durchgesetzt hat.[59] Für Schmitt stellt dies zwar eine eher theoretische Option dar, aber er demonstriert damit seinen grundsätzlichen Willen, den Rechtsstaat zu überwinden. Man wird das »Wort hoffentlich nur noch als Trophäe eines geistesgeschichtlichen Sieges über den bürgerlichen Individualismus und seine Entstellungen des Rechtsbegriffs betrachten«.[60]

Angesichts des weltweiten Aufstiegs der autoritären und der extremen Rechten, die auf dem Feld der Verfassungspolitik enorm aktiv sind,[61] müssen wir Carl Schmitt wieder sehr ernst nehmen. Anhand seines Textes aus dem Jahr 1935 lässt sich veranschaulichen, wie der demokratische Rechtsstaat ausgehöhlt werden soll. Er erklärt frei heraus, dass der Rechtsstaat mit seinem Ensemble an Institutionen, Rechten und Verfahren ein schwerwiegendes Hindernis für jene Akteur:innen darstellt, die ein entfesseltes Gewaltmonopol bezwecken. Zugleich arbeitete die nationalsozialistische Intelligenzija darauf hin, den Begriff mit eigenen Bedeutungen zu füllen und ihn dadurch in die eigene Ideologie zu integrieren. Dieses Vorgehen war das Ergebnis einer Neuausrichtung der NSDAP nach dem gescheiterten Kapp-Putsch: Die Parteistrategen und den Nationalsozialisten nahestehende Intellektuelle suchten nach (schein-)legalen Wegen, um die Macht zu übernehmen.[62] Damit dies gelingen konnte, durfte man die Begriffe des alten Systems nicht einfach über Bord werfen; es ging darum, sie sich anzueignen, wie Carl Schmitt, der »Ideologe dieses Schwindels«, offen einräumte.[63] Die NSDAP gelangte nicht legal an die Macht. Aber sie setzte erfolgreich das Gerücht in die Welt, sie sei auf legalem und demokratischem Wege an die Macht gekommen. An diese Aneignungs- und Umdeutungsstrategien, die letztendlich darauf hinauslaufen, Begriffe wie Demokratie oder Rechtsstaatlichkeit komplett zu entkernen, knüpfen extrem rechte und autoritäre Bewegungen bis heute an.

Der Kampf um den sozialen Rechtsstaat in der Bonner Republik

In der Anfangszeit der Bundesrepublik Deutschland wurde der Begriff des Rechtsstaats von den Abgeordneten verwendet, um sich vom Erbe des Nationalsozialismus und von der Sowjetunion abzugrenzen: »Der

Rechtsstaat wurde nach 1945 zur entscheidenden Ressource für den Wiederaufbau des westdeutschen Staates.«[64] Eng damit verbunden war auch die Gründung des Bundesverfassungsgerichts. Hans-Joachim von Merkatz, Abgeordneter der rechtsgerichteten Deutschen Partei und später Bundesjustizminister, sagte während der Beratung zum Gesetzesentwurf über das Bundesverfassungsgericht am 18. Januar 1951 im Bundestag: »Wenn wir uns fragen, was wir im Kern der Dinge dem Bolschewismus entgegenzusetzen haben, so ist es die Idee des Rechtsstaates. Das Bundesverfassungsgericht ist die Krönung des Rechtsstaates.«[65] Der Antikommunismus sollte als Leitbild die Bonner Republik nachhaltig prägen.

Oft wird suggeriert, die 61 Gründerväter und vier Gründermütter des Grundgesetzes hätten lediglich an das formale und liberale Rechtsstaatsverständnis aus dem 19. Jahrhundert angeknüpft. Aber im Parlamentarischen Rat trafen sehr unterschiedliche Interessensvertreter:innen aufeinander, von National-Konservativen bis hin zu Kommunist:innen. Das Grundgesetz war weniger ein Konsens als ein »Waffenstillstand politisch-sozialer Kräfte«.[66] Mit dieser Metapher verwiesen die Juristen und Politologen Wolfgang Abendroth und Jürgen Seifert darauf, dass sich in der Verfassung die Interessen politischer Kräfte verdichteten, die einander sonst antagonistisch gegenüberstanden. »Bei Waffenstillstandsbedingungen erwartet niemand, daß sie sich von selbst realisieren. Waffenstillstandsbedingungen setzen voraus, daß die Gegenspieler ihre Interessen selbst wahrnehmen, die markierte Grenzlinie selbst überwachen, jede

Verletzung registrieren und zur Sprache bringen – gegebenenfalls vor der vereinbarten Schiedsinstanz.«[67]

Diese Aufgabe übernahm unter anderem das Bundesverfassungsgericht. Die Richter:innen, bereits 1951 wurde mit Erna Scheffler die erste Frau an das Gericht berufen, interpretierten die Grundrechte stärker als in der Weimarer Republik als konkrete Verfassungspositionen, die die Bürgerinnen und Bürger selbst verteidigen und aktivieren mussten. Darüber hinausgehend konnten diese sich auf die Grundrechte wie die Versammlungsfreiheit, die Vereinigungsfreiheit oder die Pressefreiheit zugleich als demokratische »Teilhaberechte« berufen, die politische Handlungsmöglichkeiten offenhalten und erweitern sollten.[68] Dadurch wurde der Rechtsstaat nun auch in der Bundesrepublik mit der Demokratie verschränkt.

Schon sehr früh zeigte sich, dass die Verfassung ein umkämpftes Feld war, etwa beim Streit um das Sozialstaatsgebot aus Artikel 20 Absatz 1 des Grundgesetzes. Ab Anfang der fünfziger Jahre ging es insbesondere in den Diskussionen auf den Tagungen von Vertretern der deutschen Staatsrechtslehre um die wirtschaftspolitische Offenheit des Grundgesetzes und die Frage nach der Anwendbarkeit und Reichweite des Sozialstaatsgebots. Diese Streitigkeiten spielten sich vor dem Hintergrund einer veränderten gesellschaftlichen und ökonomischen Konstellation in der Bonner Bundesrepublik ab, die das liberale Rechtsstaatsverständnis herausforderte. Intellektuelle wie Abendroth, Teile der SPD und der Gewerkschaften wollten durch einen »sozialen Rechtsstaat« die Möglichkeit offenhalten, die Wirtschaft nach sozialistischen Grundsätzen zu gestalten. Abendroth knüpfte an Ideen an, wie Hermann Heller sie in der Weimarer Republik vertreten hatte. Freiheit und Demokratie könnten nur dann gewährleistet werden, so Abendroth, wenn der Staat aktiv für die materielle Sicherheit der Bürgerinnen und Bürger sorge.

Aber er blieb nicht beim bloßen Sozialstaatsgedanken stehen. Für Abendroth und andere Intellektuelle waren Rechtsstaat, Demokratie und Soziales strukturell miteinander verbunden und strahlten auch auf den privaten Bereich aus. So begründete Abendroth in einigen seiner Schriften Grundlagen einer Wirtschaftsdemokratie, um die ökonomische Produktionsweise einer demokratischen Selbstverwaltung zu unterstellen. Die so aufgeworfene »Systemfrage« war einer der wichtigsten Kämpfe um den Rechtsstaatsbegriff in der frühen Bonner Republik.[69] Hätte sich die Position Abendroths durchgesetzt, dann wäre eine »kollektive Interpretation des Gleichheitssatzes für die verfassungsrechtliche Ermöglichung von Mit- und Selbstbestimmung über Eigentum und Produktionsmittel« politisch wirkmächtig geworden.[70]

Das Bundesverfassungsgericht hat in späteren Entscheidungen die wirtschaftspolitische Offenheit des Grundgesetzes betont.[71] Doch vor dem Hintergrund der politischen und ökonomischen Entwicklung in der Bonner Republik entfaltete dies kaum gesamtgesellschaftliche Wirkkraft. Zwar war die Bundesrepublik nie ein rein liberaler Rechtsstaat, der sich auf formale Freiheiten beschränkte. Unter dem Banner der sozialen Marktwirtschaft verfolgten ganz unterschiedliche Regierungen eine staatsinterventionistische Wirtschaftspolitik. Der große westdeutsche Generalstreik von 1948, bei dem die Arbeiter:innen gegen zu niedrige Löhne und zu hohe Preise auf die Straße gingen, hatte diesen spezifisch bundesrepublikanischen Wirtschaftskompromiss hervorgebracht. Die Möglichkeit der Vergesellschaftung von Produktionsmitteln wurde hingegen nie in die Tat umgesetzt. Erst Jahrzehnte später, im Zuge der globalen Finanzkrise ab 2008 und aufgrund der Entwicklungen auf dem Berliner Wohnungsmarkt in den 2010er Jahren, wurden Fragen nach einer demokratischen und sozialen Vergesellschaftung von Produktionsmitteln, Energieunternehmen und Wohnungsbeständen großer Immobilienkonzerne im politischen Raum wieder zu Gegenständen öffentlicher Debatten.[72]

Der Deutsche Herbst und der Rechtsstaat

Die nächste bedeutende Wegmarke im Kampf um den Rechtsstaat lässt sich auf das Ende der sechziger und die siebziger Jahre datieren. Im Deutschen Herbst trieb die Politik den Kampf gegen die Rote Armee Fraktion so weit, dass fundamentale Prinzipien des Rechts zur Disposition standen und vielfach durch Polizei und Geheimdienste gebrochen wurden. Bundeskanzler Helmut Schmidt (SPD) sagte 1975 nach dem RAF-Überfall auf die deutsche Botschaft in Stockholm: »Wer den Rechtsstaat zuverlässig schützen will, der muss innerlich auch bereit sein, bis an die Grenzen dessen zu gehen, was im Rechtsstaat erlaubt ist.« Interessanterweise setzte Schmidt den Rechtsstaat nicht pauschal mit Strafjustiz, Repression oder Sicherheit gleich. Er war sich dessen bewusst, dass die von seiner Regierung geplanten Maßnahmen Grund- und Freiheitsrechte berührten. Aber er forderte eine repressive Sicherheitspolitik ein, angeblich zum Schutz ebendieser freiheitlichen Grundlagen.

Exemplarisch lassen sich die Auseinandersetzungen jener Zeit anhand des Kontaktsperregesetzes aufzeigen. Der Bundestag debattierte 1977, in damaliger parlamentarischer Rekordzeit von nur zehn Tagen, über eine Gesetzesvorlage, die vorsah, den RAF-Häftlingen die Kommunikation mit ihren Anwält:innen oder gar untereinander zu verbieten – ein klarer Bruch mit den strafprozessualen Verteidigungsrechten. In vielen Reden im Parlament wurde gegen die verschärfte Sicherheitspolitik opponiert. Der SPD-Bundestagsabgeordnete Karl-Heinz Hansen warnte, »daß konservative Kräfte in unserem Lande nichts unversucht lassen, unter dem Vorwand des besseren Kampfes gegen den Terrorismus die Qualität unseres Rechtsstaates und unserer Verfassung zu ändern«.[73]

In der kontroversen Sitzung, in der über die Vorlage zum Kontaktsperregesetz in zweiter Lesung diskutiert wurde, sprach sich die Mehrheit der Abgeordneten für den Entwurf aus, um ganz im Sinne Helmut Schmidts den »Rechtsstaat zu schützen«. Laut dem FDP-Abgeordneten Hans A. Engelhard, später Bundesminister der Justiz, müsse »der liberale Rechtsstaat, die liberale Demokratie, in den Verfassungskämpfen des letzten Jahrhunderts errungen, erkämpft von den Liberalen,

[…] auf eine neue Dimension des Verbrechens eine klare, griffige Antwort auf dem Boden unserer Ordnung finden«.[74] Der SPD-Abgeordnete Manfred Coppik sah in dem Gesetz hingegen eine Gefahr für die »rechtsstaatlichen Grundstrukturen« und eine »Aufgabe rechtsstaatlicher Grundprinzipien«. Es würde keine Menschenleben retten, dafür aber »Lebensverhältnisse [schaffen], in denen die friedliche demokratische Entwicklung in einem Rechtsstaat gefährdet wird und damit weitere Menschenleben in Gefahr geraten«.[75] Gegen Ende seiner Rede sagte er: »Nein zu Terror und Gewalt und Nein zum Abbau der Freiheitsrechte und des Rechtsstaats.«[76] Das Kontaktsperregesetz konnten Parlamentarier wie Coppik jedoch nicht verhindern. Die siebziger Jahre und der Kampf gegen den Terrorismus waren die erste wichtige Wegmarke in der ordnungspolitischen Umdeutung des Rechtsstaatsbegriffs. Seitdem wird »mehr denn je von Sicherheit gesprochen – dies wiederum unter Berufung auf den Rechtsstaat«.[77]

In den sechziger und siebziger Jahren fand zeitgleich zu der repressiven Sicherheitsgesetzgebung noch eine andere Entwicklung statt: Die republikanische und progressive Anwaltschaft konnte sich revitalisieren. Während der Herrschaft der Nationalsozialisten waren zahlreiche Anwält:innen entrechtet, inhaftiert, deportiert oder ermordet worden. In der Anfangszeit der Bundesrepublik Deutschland wirkte sich diese Verfolgungspolitik erheblich aus. In allen Rechtsgebieten, in denen Fragen von Macht und Herrschaft virulent sind, wie dem Arbeitsrecht, dem Sozialrecht, dem Strafrecht, dem Migrationsrecht (damals Ausländerrecht) oder dem Versammlungsrecht, fehlten nun linksrepublikanisch gesinnte Anwält:innen, um die im Grundgesetz angelegten progressiven Verfassungspositionen gegenüber der Exekutive zu verteidigen.[78]

Erst langsam, vor allem im Zuge der vom Generalstaatsanwalt Fritz Bauer angestoßenen Frankfurter Auschwitz-Prozesse und der 68er-Bewegung, setzte eine kritische Politisierung an den juristischen Fakultäten ein, die zum Beispiel zur Gründung der Zeitschrift *Kritische Justiz* führte. Nach 1968 entstanden sozialistische Anwaltskollektive und Zusammenschlüsse wie die Vereinigung demokratischer Juristinnen und Juristen[79] oder der Republikanische Anwältinnen- und Anwälteverein (RAV),[80] die sich der Verteidigung des Rechtsstaats verschrieben. In einem Nachruf auf den Anwalt und einstigen RAF-Verteidiger Hans-Christian Ströbele, der stellvertretend für die politisierte Anwaltschaft nach 1968 steht, schrieb der Jurist Wolfgang Kaleck, Ströbele und seine Kolleg:innen seien »Eisbrecher [gewesen], die einer neuen Rechtskultur den Weg ebneten«.[81]

Der RAV-Gründer Werner Holtfort verstand die Rechtsanwaltschaft konsequenterweise als eine »soziale Gegenmacht«,[82] wissend um die Notwendigkeit, dass die soziale Demokratie und Rechtsstaatlichkeit in der Bonner Republik noch erkämpft werden musste. Diese Anwält:innen waren Teil wichtiger Rechtskämpfe um die Versammlungsfreiheit, das Strafrecht, die sozialen Rechte von Marginalisierten und das Asylrecht. Sie prägten den Rechtsstaat nach 1945 in entscheidender Weise. Ohne sie wären die Entscheidungsbände des Bundesverfassungsgerichts um etliche Seiten kürzer.

»Law and Order« wird hegemonial

Neben den Auseinandersetzungen im Deutschen Herbst begann Ende der sechziger Jahre ein weiterer Prozess, der die ordnungspolitische Umdeutung des Rechtsstaatsbegriffs bis heute prägt. In den Wahlkämpfen im Bund und in den Ländern erlangte das Thema innere Sicherheit immer größere Bedeutung. Der Historiker Achim Saupe hat nachgezeichnet, wie parallel dazu die Formel »Law and Order« Einzug in die deutschen Debatten hielt und als Gegenprogramm zum Rechtsstaat etabliert wurde.[83] Dabei handelte es sich um einen Transfer aus den Vereinigten Staaten, den Sicherheitspolitiker:innen aus allen Parteien spezifisch an die deutschen Gegebenheiten anpassten.

An dieser Stelle ist daher zunächst ein kurzer Blick in Richtung der USA notwendig. Abseits des juristischen und des politischen Betriebs dürfte »Law and Order« den meisten Menschen wegen der gleichnamigen erfolgreichen US-amerikanischen TV-Serie geläufig sein, die auch im deutschen Fernsehen auf prominenten Sendeplätzen zu sehen war. Die Formel ist freilich sehr viel älter als das von Dick Wolf entwickelte Format. Dem von Broder Carstensen begründeten *Anglizismen-Wörterbuch* zufolge entstand »Law and Order« als »politisches Schlagwort Mitte des 19. Jahrhunderts in den USA [...] und bezog sich dort ursprünglich auf verschiedene politische Gruppierungen, die gegen die Ausdehnung des Wahlrechts und für eine Ausweitung der Sklaverei auf die neuen Territorien eintraten«.[84] Im Bundesstaat Rhode Island formierte sich im 19. Jahrhundert beispielsweise eine gleichnamige politische Bewegung, die politische Privilegien für eigentumsbesitzende Weiße verteidigte. Der Journalistin Andrea Pitzer zufolge prägt diese Geschichte das Begriffspaar bis in die Gegenwart.[85] In den sechziger Jahren nutzte Richard Nixon »Law and Order« als Gegennarrativ zu dem Versuch der Regierung unter Lyndon B. Johnson, Kriminalität nicht nur mit polizeilichen Mitteln zu bekämpfen, sondern das soziale Netz in den USA auszuweiten. Mit dem Slogan gewann Nixon 1968 die Wahlen gegen Hubert Humphrey und vier Jahre später dann die gegen George McGovern. Seine Politik zielte stets darauf ab, den Abbau der sozialen Sicherungssysteme voranzutreiben, um gleichzeitig die repressiven Staatsapparate zu stärken.[86] »Indem die Kampagne von Nixon mit rassistischen Ängsten spielte, konnten sie ihre spalterische Rhetorik in eine scheinbar unbedenkliche Forderung nach Sicherheit in einer chaotischen Zeit kleiden«, so Pitzer.

Der Kern der »Law and Order«-Strategie bestand stets darin, einen in breiten Bevölkerungsschichten akzeptierten Begriff zu verwenden, um hinter dieser Maskerade rassistische Polizeiarbeit und Kriminalitätsbekämpfung gegen Schwarze und Migrant:innen zu forcieren. Das Ergebnis dieser diskursiven Verschiebung in den USA waren härtere Strafgesetze, umfassendere Polizeikontrollen und die sogenannten Rockefeller Drug Laws im Bundesstaat New York, die drakonische Gefängnisstrafen für Betäubungsmittelbesitz vorsahen. Aufgrund ihres sozialen Status trafen diese Maßnahmen überwiegend Schwarze Menschen. Herbert Marcuse schrieb in seinem Essay über die »Repressive Toleranz«: »Gesetz und Ordnung [*law and order*] sind überall und immer Gesetz und Ordnung derjenigen, welche die etablierte Hierarchie schützen; es ist unsinnig, an die absolute Autorität dieses Gesetzes und dieser Ordnung denen gegenüber zu appellieren, die unter ihr leiden und gegen sie kämpfen – nicht für persönlichen Vorteil und aus persönlicher Rache, sondern weil sie Menschen sein wollen.«[87]

Deutsche Politiker:innen und Journalist:innen verfolgten in den sechziger und siebziger Jahren die »Law and Order«-Debatten in den USA mit großer Aufmerksamkeit. Als das Thema innere Sicherheit hierzulande relevanter wurde, bemühten sich einige Akteur:innen um entsprechende Adaptionen. Eine bruchlose Übernahme des »Law and Order«-Narrativs war indes nicht möglich. Die konservativen Christdemokrat:innen benutzten zunächst die typisch deutsche Terminologie wie »Sicherheit«, »Ordnung« oder auch »Recht und Ordnung«. Interessanterweise bedienten sich zunächst sozialdemokratische Politiker:innen des Begriffspaars »Law and Order«, und zwar um damit den politischen Gegner zu attackieren.[88] CDU-Politiker wie Kai-Uwe von Hassel und Helmut Kohl sprachen offen aus, ihre Partei werde als »Law and Order«-Fraktion angegriffen. Sozialdemokrat:innen versuchten so, mit einer Sicherheitspolitik zu punkten, die sich als Gesellschaftspolitik verstand.[89] Das entsprach der Tradition des sozialen Rechtsstaats, in der sich die SPD sah. Sie beharrte darauf, »dass gleiche Freiheit zusätzlich auch tatsächlich, also materiell, eingelöst werden muss«.[90] Doch mit ihrer Kritik an der SPD im Bereich der Sicherheitspolitik gewann die oppositionelle CDU in den siebziger Jahren mehr und mehr an Zustimmung. Vertreter:innen des nationalkonservativen Flügels um Alfred Dregger eigneten sich die Formel »Law and Order« schließlich in Zeitungsinterviews und auf Parteitagen affirmativ an.[91]

Aufgrund der Debatten in den siebziger Jahren war der Ausdruck »Rechtsstaat« bereits mit Sicherheit und Ordnung verknüpft. Nach der Wendezeit und unter dem Eindruck rechtsterroristischer Pogrome und Angriffe benutzten Politiker:innen das Schlagwort immer öfter im Sinne eines starken Staates, der sich gegen Neonazis zur Wehr zu setzen habe – wobei CDU/CSU, SPD und FDP gleichzeitig das Asylrecht massiv verschärften. Bundeskanzler Kohl sagte nach dem Brandanschlag von Mölln 1992 im Deutschen Bundestag: »Unser freiheitlicher Rechtsstaat ist bereit und, wenn wir wollen, in der Lage, mit allen ihm zu Gebote stehenden Mitteln Gewalt und extremistischen Terror zu bekämpfen.«[92] Im Windschatten dieser Entwicklung konnte sich der »Law and Order«-Diskurs nach 1990 fest etablieren. Er diente seinen Vertreter:innen dazu, ein härteres Vorgehen gegen (Organisierte) Kriminalität und Fluchtmigration zu legitimieren. Vor allem der CDU-Politiker und Innenminister Manfred Kanther, wie Alfred Dregger Teil der sogenannten »Stahlhelm-Fraktion«, trieb den Import in die deutsche Debatte zu jener Zeit voran. »Wir werden verhöhnt als Law-and-Order-Leute. [...] Und wir sind es. Und wir sind es gerne!«, sagte Kanther selbstbewusst auf einem Parteitag der hessischen CDU im Januar 1995, auf dem die Partei sich für schärfere Verbrechensbekämpfungsgesetze aussprach und eine härtere Gangart in der Asylpolitik beschloss.[93]

Abgesehen von der Asylpolitik stellte sich für die »Law-and-Order-Leute« in Deutschland jedoch stets das Problem, dass das Feld der inneren Sicherheit zwar zu den wichtigsten Wahlkampfthemen gehörte, lange Zeit aber im Schatten der Wirtschafts- und Sozialpolitik stand.[94] Ende der neunziger Jahre und nach der Jahrhundertwende änderte sich das schlagartig. Eine wichtige Rolle spielte dabei die Hamburger Bürgerschaftswahl von 2001, bei der Ronald Schill mit seiner Partei Rechtsstaatlicher Offensive einen Überraschungserfolg erzielte. Schill wurde Koalitionspartner der CDU und Nachfolger des Sozialdemokraten Olaf Scholz im Amt des Innensenators der Hansestadt. Der in der Öffentlichkeit als »Richter Gnadenlos« bekannte Politiker hatte im Wahlkampf eine verschärfte Kriminalitätsbekämpfung versprochen und sich als »Law and Order«-Mann profiliert. Damit war »zum ersten Mal in der Bundesrepublik die innere Sicherheit zum Hauptthema eines Wahlkampfes geworden, und dies mit erheblichen Konsequenzen für die politische Kultur«.[95] Die Hamburger SPD verschmerzte die Niederlage nie so richtig und setzte noch rigoroser als zuvor auf innenpolitische Themen. Kritische Worte gegenüber dem Polizeiapparat gibt es von Seiten der SPD Hamburg jedenfalls nicht zu vernehmen, weder nach dem Debakel des G-20-Gipfels 2017 noch im Zuge der Aufarbeitung der Mordserie des Nationalsozialistischen Untergrunds (NSU).

Nach dem 11. September 2001 und aufgrund der Bedrohung durch den internationalen islamistischen Terrorismus gewannen Fragen der inneren Sicherheit weiter an Relevanz. Der rechtskonservative Kolumnist Hugo Müller-Vogg lamentierte seinerzeit noch, »Law and Order wurde in unserem Rechtsstaat auf absurde Weise zum Kampfbegriff«, »das war der Stempel, mit dem Unionspolitiker reihenweise als angebliche Befürworter eines totalitären Polizeistaates gebrandmarkt wurden«.[96] Doch nun gab es in allen Parteien Zustimmung für Ansätze, die dem »Law and Order«-Diskurs folgten. Nach 9/11 schnürte die rot-grüne Bundesregierung ein Sicherheitspaket, mit dem die Befugnisse der Nachrichtendienste des Bundes erweitert und gleichzeitig das Grundrecht auf das Post- und Fernmeldegeheimnis eingeschränkt werden sollten. Der damalige Innenminister Otto Schily rechtfertigte den inoffiziell als »Otto-Katalog« bezeichneten Gesetzesentwurf auf dem Parteitag der SPD im November 2001 mit den Worten: »Law and Order sind sozialdemokratische Werte.«[97] Sein Beiname »roter Sheriff« kam nicht von ungefähr.

Schily folgte damit dem britischen Premierminister Tony Blair von der Labour Party (»Labour is the party of law and order in Britain today«). In einem Papier, das in der deutschen Fassung mit »Der Weg nach vorne für Europas Sozialdemokraten« betitelt ist, hatte Blair gemeinsam mit Gerhard Schröder im Juni 1999 die Kriminalitätsbekämpfung als ein wichtiges politisches Zukunftsthema der Sozialdemokratie beschrieben.[98] Stuart Hall hat aufgezeigt, wie zu Zeiten des Thatcherismus das »Law and Order«-Modell in der Gesamtgesellschaft verankert wurde und den einstmals sozialdemokratischen Korporatismus zurückdrängte.[99] Wenngleich der sicherheitspolitische Kurs der SPD innerparteilich umstritten blieb[100] und vor allem das sozialdemokratisch geführte Justizministerium unter Herta Däubler-Gmelin als Antipode zu Schilys Kurs fungierte, trugen die damaligen Debatten nach jahrzehntelanger Vorbereitung in der Politik und in den Medien dazu bei, den »Law and Order«-Jargon in Deutschland endgültig salonfähig zu machen.

Ein letzter Blick in die USA: Den konservativen Ordnungspolitiker:innen gelang es, »Law and Order« derart in den gesellschaftlichen Debatten zu verankern, dass auch Demokraten wie Bill Clinton eigene politische Projekte mit diesem Narrativ legitimierten, etwa das sogenannte *Crime-bill*-Gesetzespaket von 1994, durch das rassistische »Stop and frisk«-Polizeikontrollen ausgeweitet und Masseninhaftierungen zum Alltag wurden.[101] Donald Trump baute sogar seine politische Karriere auf dem Slogan auf, die ihn bis ins Weiße Haus bringen sollte. 1989 schaltete er eine Werbeanzeige in der *New York Times*, in der er fragte: »What has happened to law and order ...?«[102] Anlass war die Vergewaltigung einer Joggerin im Central Park. Fünf Schwarze und Latino Jugendliche wurden fälschlicherweise der Tat beschuldigt. Unter der Überschrift »Bring back the death penalty. Bring back our police« forderte Trump die Todesstrafe für die jungen Männer. Diese wurden zum Teil zu langen Haftstrafen verurteilt, obwohl sie, wie 2002 bewiesen werden konnte, unschuldig waren. Netflix widmete ihnen 2019 die Serie *When They See Us*, in der Trumps Tiraden thematisiert werden und die offenlegt, zu welchen menschenunwürdigen Folgen gegenüber Schwarzen Bürger:innen die »Law and Order«-Politik geführt hat.

Trump hat sich für diesen Vorfall nie entschuldigt. Stattdessen machte er den Slogan und dessen Inhalt zu einem zentralen Thema seiner Politik und seiner Wahlkämpfe (»I am your president of law and order«).[103] Im Wahlkampfjahr 2020, nur wenige Monate nachdem ein weißer Polizist den Afroamerikaner George Floyd vor laufenden Kameras getötet hatte und überall im Land Demonstrationen unter dem Motto »Black Lives Matter« stattfanden, verbreitete er das Begriffspaar unablässig über Twitter in Großbuchstaben (»LAW AND ORDER«). Hinter seinen Tiraden steckt kein Bekenntnis zum Recht als solchem, vielmehr will er die Ordnung für die weiße Bevölkerung durchsetzen. Das Beispiel zeigt, dass »Law and Order« bis heute ein wichtiges »Kernelement des Rechtspopulismus« bildet.[104]

Die Transnationalisierung des Rechtsstaats in Europa

Rechtsstaatlichkeit, das meinte lange Zeit vor allem die Bindung der Exekutive im Nationalstaat. Nationale Verfassungen und nationale Gerichtsbarkeiten waren die Terrains, auf denen Rechtskämpfe stattfanden. Doch das hat sich in Europa schon lange Zeit fundamental verändert. Mit der Transnationalisierung, wie sie sich seit 1945 verstärkt vollzieht, wurde ein neues Kapitel in der Geschichte des Rechtsstaates aufgeschlagen. Nach dem Zweiten Weltkrieg entstanden mit der Europäischen Wirtschaftsgemeinschaft, dem Vorgängerprojekt der Europäischen Gemeinschaft und der EU, sowie dem 1949 in London gegründeten Europarat Institutionen auf einer transnationalen Ebene. Die Schwierigkeit für eine europäische Rechtsstaatlichkeit besteht bis heute darin, dass es unterschiedliche Verständnisse des Rechtsstaats beziehungsweise der *rule of law* in Europa gibt[105] und außerdem keine dem Nationalstaat vergleichbare Instanz vorhanden ist, die Rechte durchsetzen kann.

Trotz dieser Probleme ist die Rechtsstaatlichkeit zentral für die europäischen Institutionen und ein wichtiger Maßstab zur Beurteilung innenpolitischer Entwicklungen in den EU-Mitgliedsstaaten. In der Präambel der Europäischen Menschenrechtskonvention wird auf sie Bezug genommen, in Artikel 2 des Vertrags der Europäischen Union (EU-Vertrag) wird sie als einer der Werte genannt, auf die sich die EU gründet. Artikel 7 des EU-Vertrags sieht vor, dass die »eindeutige Gefahr einer schwerwiegenden Verletzung der in Artikel 2 genannten Werte durch einen Mitgliedsstaat« in einem Verfahren zwischen Europäischem Parlament, Europäischer Kommission und dem Europäischen Rat festgestellt werden kann. Aus dieser Norm heraus hat die Kommission den sogenannten Rechtsstaatsmechanismus entwickelt, der gegen Polen und Ungarn in Anschlag gebracht wurde (siehe Kapitel 5).

Die beim Europarat angesiedelte Venedig-Kommission hat 2016 eine »Rule of Law«-Checklist für den gesamteuropäischen Raum zusammengetragen.[106] Zu den Kernkriterien zählen Legalität, Bestimmtheit, die Verhinderung von Machtmissbrauch, Gleichheit vor dem

Gesetz, der Grundsatz der Nichtdiskriminierung und der Zugang zum Recht. Die Liste steht für ein eindeutig liberales Rechtsstaatsverständnis, das garantieren soll, dass die Freiheit des Einzelnen gegenüber dem Staat gesichert wird.

Die wichtigsten rechtsstaatlichen Institutionen auf europäischer Ebene, die zugleich zu Adressaten von zivilgesellschaftlichen Akteur:innen geworden sind, um Grund- und Menschenrechtsverletzungen zu rügen und rechtsstaatlichen Schutz einzuklagen,[107] sind zweifellos der Europäische Gerichtshof (EuGH) der EU und der Europäische Gerichtshof für Menschenrechte (EGMR), der auf der Grundlage der Europäischen Menschenrechtskonvention eingerichtet wurde. Vor allem der EuGH verfügt über beachtliche Macht, da seine Urteile durch den unmittelbaren Vorrang des Europarechts höherrangiger als das nationale Recht sind. Dadurch ist im Prinzip jedes nationale Gericht in Europa verpflichtet, nationale Gesetze EU-rechtskonform auszulegen und bei Ungewissheiten entsprechende Fragen dem Europäischen Gerichtshof vorzulegen, damit dieser sie klärt (das sogenannte Vorabentscheidungsverfahren).

Der Europäische Gerichtshof für Menschenrechte hat zwar weniger Durchsetzungskraft, aber seine Urteile besitzen einen hohen symbolischen Wert und werden von nationalen Gerichtsbarkeiten in ihrer Rechtsprechung einbezogen. In der Abschiebepolitik hat der in Straßburg ansässige Gerichtshof eine enorm wichtige rechtsstaatliche Funktion: Über Eilrechtsbeschwerden ist es ihm möglich, quasi in letzter Sekunde Abschiebungen aufzuhalten, wenn die Menschenrechte von Betroffenen verletzt werden könnten. Die Rechtsstaatlichkeit hat sich in Europa durch beide Gerichtsinstanzen spürbar verändert.

Im Zuge der europäischen Transnationalisierung ist gerade im Hinblick auf die Rechtsstaatsentwicklung die Ausdehnung von »Rule of Law«-Prinzipien nach Osteuropa von Bedeutung. Die osteuropäischen Staaten sahen sich nach dem Zusammenbruch des Sowjetkommunismus einer beispiellosen Transformation ausgesetzt. Der Historiker Philipp Ther hat gezeigt, wie dort ein ungezügelter Neoliberalismus in Form von Privatisierung und Deregulierung durchgesetzt wurde, mit Rückkoppelungseffekten auf Westeuropa.[108] Zeitgleich breiteten sich Rechtsstaats- und Verfassungsmodelle nach dem Vorbild des liberalen Konstitutionalismus aus. Der Rechtswissenschaftler Peter Häberle sah in einigen osteuropäischen Verfassungsprojekten, die an runden Tischen und unter Zuhilfenahme westeuropäischer Verfassungsexperten entstanden, damals »ein größeres Stück jenes Utopiequantums [am Werk] als dies der normale Verfassungsstaat seit jeher hat«.[109]

Auch Institutionen wie die Verfassungsgerichte entstanden nach den Modellen der europäischen Rechtsstaatstraditionen. Die ungarische Kúria beispielsweise ist angelehnt an das deutsche Bundesverfassungsgericht. Der Prozess verlief jedoch nicht in allen osteuropäischen Staaten gleichförmig. Zudem gab es politische Eigensinnigkeiten. In einigen Ländern wie zum Beispiel in Ungarn waren die Helsinki-Komitees, die aus dem menschenrechtsbasierten Verständigungsprozess während des Kalten Krieges stammten, entscheidende Wegbereiter für rechtsstaatliche Impulse. Die Einführung rechtsstaatlicher und auch marktwirtschaftlicher Standards war die Voraussetzung für die Aufnahme vieler Staaten bei der EU-Osterweiterung von 2004. Durch diesen Schritt übernahmen die osteuropäischen Staaten zugleich das europäische Recht und waren Teil der Rechtskämpfe vor den transnationalen Gerichtshöfen.

Interessanterweise gibt es gerade in Staaten wie Polen und Ungarn, die zum damaligen Zeitpunkt als Vorzeigebeitrittskandidaten bezeichnet wurden, erhebliche Rechtsstaatskrisen. Der EuGH, aber auch der EGMR sind dabei oft die letzten juristischen Institutionen, die von den dortigen Zivilgesellschaften angerufen werden können, um rechtsstaatlichen Schutz einzuklagen. Vor allem autoritäre Akteur:innen sehen darin einen Verlust an nationaler Souveränität. Sie wollen die Macht beider Gerichte begrenzen und unterlaufen.

Die Rechtsmobilisierung des Rechtsstaats im 21. Jahrhundert

Wenn der Rechtsstaat Wirksamkeit entfalten soll, muss das Recht mobilisiert werden. Gerichte können nicht selbstständig Sachverhalte an sich ziehen und Urteile in Angelegenheiten fällen, bei denen es keine Klage gibt. Die Grund- und Menschenrechte als stärkste Schutzinstrumente des Rechtsstaates können nur mit Leben gefüllt werden, wenn Bürgerinnen und Bürger, Verbände oder soziale Bewegungen in gesellschaftlichen Konflikten Rechte als verletzt ansehen und eine juristische Entscheidung herbeiführen wollen.

Spätestens seit den achtziger Jahren haben zivilgesellschaftliche Akteur:innen in Deutschland grundlegende Urteile vor Gericht errungen, die einen großen Einfluss auf die politischen Verhältnisse genommen haben. Dazu zählt der Brokdorf-Beschluss, in dem das Bundesverfassungsgericht nach einer Beschwerde aus den Reihen der Anti-AKW-Bewegung die Versammlungsfreiheit gestärkt hat, oder das Volkszählungsurteil, in dem die Karlsruher Richter:innen das Recht auf informationelle Selbstbestimmung aus dem Grundgesetz schöpften. Während diese Entscheidungen vorrangig von engagierten Anwält:innen für die Neuen Sozialen Bewegungen erstritten wurden, professionalisiert sich das Feld der sogenannten strategischen Prozessführung im 21. Jahrhundert zusehends.[110] Strategische Prozessführung umfasst jene Klagestrategien vor Gericht, durch die Urteile von grundlegender Bedeutung herbeigeführt werden oder ein Thema mehr öffentliche Aufmerksamkeit erhalten soll. NGOs und juristische Thinktanks wie das European Center for Constitutional and Human Rights, die Gesellschaft für Freiheitsrechte, Juristische Menschenrechtsarbeit – Jumen oder Equal Rights Beyond Borders haben es sich zur Aufgabe gemacht, bedeutende Rechtsfragen durch exemplarische Fälle vor Gericht zu bringen. Sie nutzen das Recht gegen die Macht, wie es Wolfgang Kaleck ausgedrückt hat.[111] Neben diesen professionalisierten NGOs haben auch etablierte Vereine und Verbände wie die Deutsche

Umwelthilfe mit ihren Klagen auf Dieselfahrverbote das Recht als politisches Instrument entdeckt – von einer »Justizialisierung der Interessenspolitik« ist gar die Rede.[112]

Durch die Transnationalisierung des Rechtsstaats haben diese Klagestrategien einen massiven Schub erhalten. Mit dem EuGH, dem EGMR, dem Internationalen Strafgerichtshof oder den Fachausschüssen der Vereinten Nationen sind juristische Instanzen entstanden, die für die grund- und menschenrechtsbasierten Argumente der NGOs und Verbände mitunter aufgeschlossener sind als nationalstaatliche Gerichte – wobei hier kein Automatismus zu konstatieren ist, denn diese Institutionen sind selbst massiv umkämpft. Die transnationalen Arenen behindern die bruchlose Durchsetzung rigoroser Maßnahmen der Exekutive. Aber dass diese Gerichte zu den Instanzen werden konnten, die sie sind, ist letztlich Anwält:innen, NGOs und Bewegungen zu verdanken, die relevante Fälle zu ihnen gebracht haben.

Seit dem 18. Jahrhundert hat es um den Rechtsstaat und den Begriff des Rechtsstaats zahlreiche Deutungskämpfe gegeben. Der Aufbau sowie die Stabilität rechtsstaatlicher Institutionen werden heute herausgefordert. Doch sein liberaler Kern hat sich trotz der virulenten sicherheits- und ordnungspolitischen Debatten erhalten und sogar europäisiert. Der Rechtswissenschaftler Andreas Fisahn hat argumentiert, dass sich der Rechtsstaat in den vergangenen dreißig Jahren deutlich liberalisiert habe. Zugleich habe jedoch die Demokratie gelitten, weil die Gesetzgebung in den Parlamenten beispielsweise an technokratische Expert:innenregierungen delegiert wurde oder sich die Exekutive zusehends verselbstständigt hat.[113] Dieser Befund trifft sicherlich auf einige Staaten im sogenannten liberalen Westen zu. Den rechtsstaatlichen Fortschritt haben soziale Bewegungen und Bürger:innenrechtsorganisationen in langen und zähen Auseinandersetzungen auf der Straße und in Gerichtssälen erstritten. Aber weltweit sind politisch initiierte Rückschläge zu verzeichnen, die den Bestand dieser Erfolge gefährden.

3
Umdeutung
Wie mit dem Rechtsstaat »Law and Order« umgesetzt wird

In einer Zeit, in der sich unterschiedliche Krisen – die Klimakatastrophe, die Pandemie, der Krieg gegen die Ukraine und der wirtschaftliche Abschwung – überlagern, kann es für viele Menschen den Anschein haben, als seien die Folgen dieser Krisen nicht mehr beherrschbar und die demokratische Politik handlungsunfähig. Kollektive und individuelle Verunsicherung sowie die Angst vor einem sozialen Abstieg sind die Konsequenz.[1] Die demokratische und die gesellschaftliche Krise sind ein fruchtbarer Boden, auf dem das »Law and Order«-Denken in der Politik und Öffentlichkeit gedeihen kann. Der Ruf nach einem starken, strafenden Staat, der soziale Probleme mithilfe von Polizei und repressiven Gesetzen angeht, anstatt sozialpolitische Lösungen zu suchen, ist eine Ersatzhandlung, um sich mit den komplexen Problemen der Gegenwart nicht auseinandersetzen zu müssen. Dass das »Law and Order«-Denken gerade auf dem Politikfeld der inneren Sicherheit grassiert, ist kein Wunder. Wie die Kriminologen Thomas Feltes und Felix Rauls feststellen, spielt sich dort alles ab, »was Bürgern und Politikern gleichermaßen Angst einzuflößen geeignet ist, oder von dem man glaubt, dass es dazu geeignet ist und man es daher für die Ausweitung staatlicher Eingriffsbefugnisse verwenden kann«.[2] Während in der Innenpolitik die »volle Härte des Rechtsstaats« gefordert wird, gibt es solche Töne beispielsweise im Bereich der Regulierung von Wirtschaftsunternehmen kaum. Oder wann wurde das letzte Mal gefordert, die Staatsanwaltschaften personell besser auszustatten, um Steuerflüchtlinge zu verfolgen, oder die Gewerbeaufsicht so aufzustellen, dass die Verletzung von Arbeitsschutzrechten wirklich geahndet werden kann?

Sozialpolitische Diskussion darüber, in welchen Bereichen der Staat eingreifen sollte, finden erstaunlich wenig Platz. Stattdessen werden innenpolitische Debatten angeheizt. Aber wer sind die »Treiber des Autoritären« im Rechtsstaatsdiskurs?[3] Auf welchen Politikfeldern sind sie mit diesen ordnungspolitischen Strategien erfolgreich? Wie schaffen es Politiker:innen quer durch alle Parteien, den Rechtsstaat als »Law and Order«-Maschine umzudeuten? In diesem Kapitel zeige ich anhand von vier Debatten, wie im demokratischen Spektrum ordnungspolitische Diskurse an Gewicht gewonnen haben und wie versucht wird, die liberale Kontur des Rechtsstaatsbegriffs in den Hintergrund zu drängen. (i) Die enorme Zunahme eines repressiven Rechtsstaatsverständnisses hat vor allem seit 2015 in der Asyl- und Migrationspolitik um sich gegriffen und unterstreicht deutlich, wie Kontrollverluste in der Gesellschaft mit der Ausgrenzung der »Anderen« kompensiert werden. (ii) An den Debatten um Rassismus in der deutschen Polizei wird deutlich, wie ordnungspolitische Akteur:innen versuchen, den Rechtsstaatsbegriff unkenntlich zu machen, indem sie Exekutivapparate mit ihm gleichsetzen. (iii) Im Umgang mit der sogenannten Clankriminalität vereinigen sich die beiden vorherigen Stränge: Ein mitunter willkürliches Vorgehen der Polizei gründet in diesem Zusammenhang darauf, dass sich rassistische Diskurse normalisieren und zugleich hinter dem Banner des Rechtsstaats maskiert werden. (iv) Abschließend lässt sich anhand der Debatten und strafrechtlichen Maßnahmen gegen die Aktivist:innen der Letzten Generation zeigen, wie unter dem Einsatz des Rechtsstaatsbegriffs ein strafender Staat in Anschlag gebracht wird, damit sich die Gesellschaft nicht mit den realen Folgen der Klimakatastrophe auseinandersetzen muss.

»Law and Order« in der Asyl- und Migrationspolitik

In keinem anderen Politikfeld ist der Versuch, den Rechtsstaatsbegriff im Sinne eines »Law and Order« umzudeuten, in den letzten Jahren so deutlich zu erkennen gewesen wie in der Asyl- und Migrationspolitik. Mit großer Schnelligkeit werden zugleich rechtsstaatliche Standards aufgegeben und Grund- und Menschenrechte fundamental zur Disposition gestellt. Ganz besonders gilt das für die Abschiebepolitik. Durch populistische Agitationen wird eine spezifische Angst gegenüber Asylsuchenden geschürt, die dazu dienen soll, sie zu entrechten und dieses Vorgehen in der Öffentlichkeit zu legitimieren. Im Jahr 2015 bekam die Bundesrepublik Deutschland international viel Anerkennung für die Aufnahme insbesondere syrischer Schutzsuchender. Zeitgleich waren jedoch repressive Asylrechtsverschärfungen in der Mache. So sollten zum Beispiel Abschiebungen nicht mehr angekündigt und mehr Länder zu sogenannten »sicheren Herkunftsstaaten« erklärt werden.[4] Bundeskanzlerin Angela Merkel forderte im Herbst 2016 »eine nationale Kraftanstrengung zur Rückführung derer, die abgelehnt wurden«.[5] Zwischen 2015 und 2023 wurde das Asyl- und Aufenthaltsrecht in über zwanzig Gesetzgebungsverfahren in großen Teilen erheblich verschärft.[6] Im Kontext der Abschiebepolitik fällt dabei auf, dass rigorose Rückführungen in der Öffentlichkeit durch den Verweis auf die »Durchsetzung des Rechtsstaats« legitimiert wurden. Die Treiber dieser autoritären Umdeutung des Rechtsstaatsbegriffs kommen vorrangig aus den Reihen von CDU und CSU, die in der Geschichte der Bundesrepublik Deutschland sehr häufig das Innenministerium besetzt und den Apparat nachhaltig durch eine repressive sicherheitspolitische Ausrichtung geprägt haben. Unter diese Sicherheitslogik wird die Asyl- und Migrationspolitik nahezu umstandslos subsumiert. Asylsuchende werden weniger als Inhaber:innen von Rechten gesehen, vielmehr sieht man in ihnen ein »Risiko für das Innere«, wie Werner Schiffauer diese Umdeutung benannt hat.[7] Bedenklich ist, dass solche Positionen vermehrt auch in anderen Parteien vertreten werden. Die Ampel-Bundesregierung aus SPD, FDP und Grünen hat nach ihrem Antritt den »Law and Order«-Ansatz nicht aufgegeben, sondern sogar in verschärfter Form fortgeführt. Viele Vorhaben, die noch unter Innenminister Horst Seehofer erdacht wurden, hat die Ampel durchgesetzt. Mahnende Stimmen gegen eine Erosion von Rechtsstaatlichkeit werden zunehmend rar.

Die ordnungspolitische Umdeutung vollzog sich im Rahmen bundesweit skandalisierter Ereignisse. Ein Vorfall, der die Debatte um das Verhältnis von Rechtsstaatlichkeit und Abschiebungen bundesweit geprägt hat, spielte sich 2018 im baden-württembergischen Ellwangen ab. Die Landespolizei versuchte, einen jungen Togolesen in einer Flüchtlingsunterkunft festzunehmen, um ihn nach Italien zu überstellen. Dort sollte er sein Asylverfahren durchlaufen. So sieht es die Dublin-III-Verordnung der Europäischen Union vor, nach der Schutzsuchende in dem Land Asyl beantragen müssen, in dem sie die EU zuerst betreten haben. Gründe dafür, dass Asylsuchende nicht in Italien bleiben wollen oder können, gibt es viele: Rassismus, Armut, Obdachlosigkeit, keine fairen Asylverfahren, um nur einige zu nennen. Entsprechend haben deutsche Verwaltungsgerichte in Einzelfällen immer wieder Überstellungen nach Italien wegen einer drohenden Verletzung der Menschenrechte gestoppt.[8]

In der Unterkunft in Ellwangen wollten zahlreiche Bewohner:innen die Rückführung des Togolesen nicht hinnehmen. Sie solidarisierten sich mit ihrem Freund und Zimmernachbarn und verhinderten die Festnahme. Was genau geschah, ist umstritten. Jedenfalls brachen die Beamt:innen den Einsatz ab. Rund 150 Bewohner:innen, so die Polizei später, hätten die Einsatzkräfte behindert. Um »eine andernfalls befürchtete massive

Eskalation der Situation zu vermeiden«, hätte man den schon in Gewahrsam befindlichen jungen Mann wieder freilassen müssen und hätte abziehen müssen.[9]

An sich war der Vorfall nicht präzedenzlos. Unterstützer:innen und Geflüchtete mobilisieren immer wieder gegen Abschiebeeinsätze. Aber inmitten der bundesweiten Debatte um Abschiebungen nach dem »Sommer der Migration« 2015, dem aufkeimenden Streit zwischen CDU und CSU über die Migrationspolitik sowie den Wahlerfolgen der AfD bei mehreren Landtagswahlen war das Thema bundesweit so politisiert wie nie. In dem gescheiterten Einsatz sah der ein oder andere geradezu ein Fanal: Ob der Staat überhaupt noch dazu in der Lage sei, Rückführungen durchzuführen? Der Aalener Vizepolizeipräsident Bernhard Weber sagte, es sei klar, »dass sich der Rechtsstaat nicht von einer aggressiven Menge in der Durchsetzung rechtsstaatlichen Handelns abbringen lässt«.[10] Gegenüber der Presse erklärte die Landespolizei, der Einsatz sei von den Geflüchteten mit Gewalt verhindert worden. Viele Medien und Politiker:innen griffen die gescheiterte Überstellung auf und lamentierten über die Verfasstheit des »Rechtsstaats«. Armin Schuster, damals Bundestagsabgeordneter der CDU, befand: »[I]n unserem Rechtsstaat gibt es eindeutige rote Linien, die mittlerweile beinahe täglich von Asylbewerbern vorsätzlich überschritten werden.«[11] In einem Kommentar der *Rheinischen Post* hieß es, der »Rechtsstaat darf nicht kapitulieren«,[12] woraufhin der AfD-Politiker Bernd Gögel dieses Framing um eine explizit rassistische Note erweiterte. Er sprach von einer »Kapitulation des Rechtsstaats vor dem schwarzafrikanischen Migrantenmob«.[13] Nach Recherchen vor Ort kam der *taz*-Journalist Christian Jakob allerdings zu dem Schluss, dass sich viele Vorwürfe gegenüber den Geflüchteten nicht erhärten ließen.[14]

Rufe nach »Law and Order« gab es auch aus anderer Richtung. Die Grünen waren zu dieser Zeit an diversen Landesregierungen beteiligt, so auch in Baden-Württemberg, und strebten unter ihren Vorsitzenden Annalena Baerbock und Robert Habeck eine Regierungsbeteiligung im Bund an. In Interviews wurden Parteivertreter:innen immer wieder gefragt, wie sie es mit Abschiebungen halten, so als ob ein Bekenntnis zu rigorosen Rückführungen gleichzusetzen sei mit Regierungsfähigkeit. Dabei mussten die Grünen dies gar nicht unter Beweis stellen. Auf Länderebene beteiligten sie sich in Regierungsverantwortung bereits eifrig an Abschiebungen, sogar an Charterflügen in das Bürgerkriegsland Afghanistan. Im Ellwangener Fall äußerten sich bundespolitisch prominente Grüne umgehend zu der gescheiterten Rückführung, noch bevor genauere Informationen zu dem Vorfall vorlagen. Cem Özdemir meinte: »Rechtsfreie Räume dürfen nirgendwo in Deutschland geduldet werden.« Robert Habeck stimmte ihm zu: »Recht und Gesetz gelten in unserem Rechtsstaat für alle« – wobei er mit »alle« nicht die Polizei, sondern die Geflüchteten meinte.

Auf die Seite der Geflüchteten stellte sich in dieser Debatte niemand. Selbst der Vertreter des UN-Flüchtlingshilfswerks in Deutschland verurteilte die angeblichen Angriffe auf die Polizei. Bestärkt durch den medialen und politischen Diskurs rückte die Staatsmacht wenige Tage später mit 500 Beamt:innen am frühen Morgen an, um den Asylsuchenden festzunehmen. Ministerpräsident Winfried Kretschmann von den Grünen dankte den Polizist:innen dafür, dass sie mit der erforderlichen »Konsequenz und Härte« reagiert hätten. Innenminister Thomas Strobl von der CDU sagte: »Bei uns setzen sich die Polizei und der Rechtsstaat durch, nicht der Mob.«

Der Einsatz in Ellwangen ist nur eine Episode unter den Zehntausenden seit 2015 bundesweit erfolgten Abschiebungen. Aber er hatte zur Folge, dass der Ruf nach einem härteren Durchgreifen bei Rückführungen lauter wurde und rigorosere, zum Teil auch brutalere Einsätze festzustellen waren. Die Verfechter:innen einer oft als »kompromisslos« apostrophierten Abschiebepolitik greifen nicht ohne Grund auf den Rechtsstaatsbegriff zurück, um ihr Handeln zu legitimieren. Eigentlich meinen sie: »Die Polizei muss sich durchsetzen«, »das Gewaltmonopol des Staates muss sich durchsetzen« oder »der Abschiebebescheid muss durchgesetzt werden«. Um den Rechtsstaat würde es nur dann gehen, wenn Asylsuchende vor Verwaltungsgerichten Rechtsschutz gegen solche Abschiebungen begehren. Die »Law and Order«-Fraktion spricht vom Rechtsstaat, weil der Begriff harmlos klingt, in der breiten Öffentlichkeit anschlussfähig ist und zugleich suggeriert, dass solche Abschiebungen schon ihre Richtigkeit haben, es zu ihnen gar keine rechtliche Alternative gibt. Jeder, der sich dagegenstellt, öffne der Gesetzlosigkeit Tür und Tor, so der Unterton der Debatte.

Die traurige Ironie an der Ellwangener Geschichte

ist, dass in diesem Fall tatsächlich rechtsstaatliche Standards verletzt wurden, aber nicht in dem Sinne, wie es die öffentliche Diskussion suggerierte. Die Landespolizei hatte die Wohnungen der Geflüchteten in der Unterkunft ohne richterlichen Durchsuchungsbeschluss betreten. Die Frage nach dem rechtlichen Schutz der Zimmer von Geflüchteten in Unterkünften beschäftigt mittlerweile sogar das Bundesverfassungsgericht. Teilweise wurden Strafverfahren gegen die Bewohner eingestellt.[15] Diese Prozesse erfolgten aber erst Jahre nach dem Vorfall. Da war die Debatte längst gelaufen, die politischen Schlüsse waren längst gezogen worden. So verschärfte der Bundestag 2019 zum Beispiel durch das Zweite Gesetz zur besseren Durchsetzung der Ausreisepflicht die Abschieberegeln. In Ellwangen ging es um den Rechtsstaat, aber in seiner Funktion als Schutz für die Rechte des Einzelnen gegenüber der polizeilichen Staatsgewalt. Weder prominente Politiker:innen noch bundesweite Medien verteidigten diese Rechte der Geflüchteten. Daher stellt sich die Frage: Wer agierte in Ellwangen wie ein Mob?

Der Vorfall kann speziell im Hinblick auf die grüne Partei als ein Türöffner für »Law and Order«-Forderungen in der Asyl- und Migrationspolitik angesehen werden. Wenige Monate später, Ende 2018, bezog Parteichefin Annalena Baerbock in einem Interview mit der *Süddeutschen Zeitung* noch einmal Stellung. Baerbock äußerte sich zu einem Vorfall in Freiburg, wo eine Studentin von mehreren Männern vergewaltigt worden war. Die meisten der Täter stammten aus Syrien. Acht der elf Angeklagten erhielten in einem späteren Strafverfahren Haftstrafen. Baerbock sagte gegenüber der SZ, straffällige Asylbewerber:innen müssten schneller abgeschoben werden, der »Rechtsstaat müsse bei ausreisepflichtigen Mehrfachtätern konsequent durchgreifen«.[16] Die grüne Parteivorsitzende hätte davon sprechen können, dass die »Ausländerbehörden konsequent durchgreifen«, die Polizei, das Innenministerium oder abstrakter das Gewaltmonopol, aber sie sprach explizit vom Rechtsstaat. Auf diese Weise hüllt sich ein »Law and Order«-Diskurs in den Mantel des Rechtsstaatsbegriffs.

In diesem Zusammenhang stellen sich Rückfragen, die in dem Interview leider nicht angesprochen wurden: Forderte die Parteichefin der Grünen tatsächlich Rückführungen nach Syrien? Fand sie es verantwortbar, dass Menschen – auch Straftäter – in ein Bürgerkriegsland abgeschoben werden? Baerbock hatte bei ihrem Ruf nach mehr Abschiebungen den Zielstaat Syrien nicht explizit erwähnt, aber eine Rückführung dorthin wäre in diesem konkreten Fall die praktische Konsequenz gewesen, wenn »der Rechtsstaat mehr durchgreift«. Als Boris Palmer, Oberbürgermeister von Tübingen, der 2023 aus der grünen Partei austrat, sich im Jahr 2016 explizit für eine Abschiebung gewalttätiger Flüchtlinge nach Syrien ausgesprochen hatte, folgte deutliche Kritik von Seiten seiner damaligen Bundesvorsitzenden Simone Peter. Einen Kommentar zu Baerbocks Interview betitelte die *taz* deshalb nicht ohne Grund mit »Baerbock als Boris«.[17]

Baerbock, die von sich selbst in einem Interview kurz vor der Bundestagswahl 2021 sagte, »ich komme vom

Völkerrecht«, unterschlug bei ihren Einlassungen, dass Rückführungen in Staaten verboten sind, in denen den Betroffenen Folter oder eine unmenschliche Behandlung droht. Der rechtsstaatliche Schutz gilt für alle, auch für straffällige junge Männer. Genau solche Fälle sind der Prüfstein für den Rechtsstaat. Gelingt es, gleiche Standards für alle zu garantieren, selbst wenn aus der Mehrheitsbevölkerung der Ruf nach drakonischen Strafen laut wird?

Das Jahr 2018 insgesamt war eine Scheidemarke für den Rückführungsdiskurs und sorgte für einen weiteren rechtsstaatlichen Dammbruch: Die Abschiebung von Sami A., mutmaßlich der ehemalige Leibwächter des Al-Qaida-Terroristenführers Osama bin Laden, führte zu einer Krise der Gewaltenteilung. Das Land Nordrhein-Westfalen wollte ihn im Sommer 2018 abschieben lassen, nachdem in den Jahren zuvor mehrere Versuche gerichtlich unterbunden worden waren. Das Verwaltungsgericht Gelsenkirchen entschied im Eilrechtsschutzverfahren, dass die Abschiebung ausgesetzt werden müsse, bis der Staat Tunesien zusichern würde, Sami A. nicht zu foltern. Dennoch überstellten Bundespolizist:innen Sami A. nach Tunesien. Laut dem Verwaltungsgericht Gelsenkirchen handelte es sich dabei um eine »in der Sache grob rechtswidrige Abschiebemaßnahme«, die »große Zweifel an der Rechtsstaatlichkeit des Vollzugs« aufwerfe.[18] Obschon das Gericht eindeutig den rechtsstaatlichen Maßstab hochhielt, dass sich sogenannte Gefährder selbstverständlich auf ihre Rechte berufen können und der Staat an das Recht gebunden ist, gab es in der Landes- und Bundespolitik sowie aus den Reihen von Journalist:innen laute Stimmen, die einen ordnungspolitischen Rechtsstaatsbegriff in Anschlag brachten, um das behördliche Handeln zu verteidigen.

Interessanterweise spielte die FDP in dieser Angelegenheit eine zentrale Rolle. Sie war an der Regierung in Nordrhein-Westfalen beteiligt und stellte mit Joachim Stamp den zuständigen Integrationsminister. Dieser verteidigte das Vorgehen. Auch FDP-Präsidiumsmitglied Marco Buschmann lobte Stamps Verhalten und meinte: »Wir brauchen mehr Politiker, die den Rechtsstaat tatsächlich durchsetzen, und weniger, die nur darüber reden.«[19] Ein solches Verständnis konterkariert die Idee von Rechtsstaatlichkeit, der zufolge sich Gerichte keine rigiden Zeitvorgaben von der Politik diktieren lassen sollen und es den nötigen Raum braucht, um alle Umstände des Einzelfalls nach dem Maßstab der Verhältnismäßigkeit abzuwägen.

Ausgerechnet die selbsternannte Bürger:innenrechtspartei FDP verteidigte also ein Vorgehen, bei dem sich das staatliche Gewaltmonopol über ein unabhängiges Gerichtsverfahren hinwegsetzte. Das war nicht nur der Regierungsbeteiligung geschuldet, sondern lässt sich auch mit einem veränderten programmatischen Fokus der Partei erklären. Der liberale Bürgerrechtsflügel hatte lange Zeit einen wichtigen Platz in der Partei, verkörpert durch Politikerinnen und Politiker wie Sabine Leutheusser-Schnarrenberger, Burkhard Hirsch oder Gerhart Baum. In den »Karlsruher Freiheitsthesen« von 2012, die immer noch als Grundsatzprogramm der Partei fungieren, bezeichnet sich die FDP als Vertreterin des »Bürgerrechtsliberalismus«. Zum Rechtsstaatsbegriff ist dort Folgendes nachzulesen: »Der liberale Rechtsstaat schützt die Freiheit des Einzelnen. Er ermöglicht einen geordneten Alltag und sichert die Privatsphäre ebenso wie unser Eigentum.« Der Rechtsstaat ersetze »die Herrschaft des Stärkeren durch die Stärke des Rechts. [...] Er setzt an die Stelle des Untertanen den souveränen Bürger mit Abwehrrechten gegen den Staat.«

Die Bürger:innenrechte und der Rechtsstaat gehören zum Kernbestand des FDP-Programms. Diese Positionen werden aber immer weniger in der Partei abgebildet, seitdem Christian Lindner die Macht bei den Liberalen monopolisiert hat. Im konkreten Regierungshandeln dominieren Politiker:innen und Strömungen, die einen nationalliberalen Wirtschaftsliberalismus verfolgen. Weit weniger als über Bürger:innenrechte diskutiert die FDP bundespolitisch über Steuern, Schulden oder geriert sich als »Anwalt der Autofahrer«, wie es Bundesverkehrsminister Volker Wissing ausdrückte. Auch in der heutigen FDP gibt es jüngere Stimmen, die sich dagegen verwahren, den Rechtsstaatsbegriff ordnungspolitisch zu verwenden. Der innenpolitische Experte der Bundestagsfraktion Konstantin Kuhle etwa hält die Umdeutung des Begriffs für problematisch und kritisiert die Rede von der »vollen Härte des Rechtsstaats«.[20] Aber vor allem in der Asyl- und Migrationspolitik dominiert in der FDP eine Rhetorik, die auf mehr Abschiebungen setzt und bei der die Freiheits- und Menschenrechte der Geflüchteten keine Rolle spielen.

Nur wenige Wochen vor der Abschiebung von Sami A. hatte Christian Lindner im Zuge der Debatte um einen angeblichen Skandal beim Bundesamt für Migration und Flüchtlinge (BAMF) mehrfach wiederholt, der »drohende Vertrauensverlust in unseren Rechtsstaat ist politischer Sprengstoff«. Behauptet wurde unter anderem, eine leitende Mitarbeiterin des BAMF habe rechtswidrig Tausende positive Bescheide an Asylsuchende erteilt. Später zeigte sich, dass es keine derartigen rechtlichen Fehler gegeben hatte. Das Landgericht Bremen stellte die Strafverfahren gegen die Beamtin ein. In der 2018 geführten Debatte befeuerten die Liberalen unter Lindner eine »faktenfreie Skandalisierung«[21] und setzten sich, genauso wie die AfD, erfolglos für einen parlamentarischen Untersuchungsausschuss ein, der zugleich als Generalabrechnung mit der Flüchtlingspolitik Angela Merkels gedacht war.[22]

Abschiebungen wie die von Sami A., die Hand an die Gewaltenteilung legen, sind das Ergebnis eines ordnungspolitischen Diskurses, der lange Zeit in Deutschland vorbereitet wurde und in einer bundesweiten Abschieberhetorik kulminierte. FDP-Minister Stamp erntete dennoch erhebliche Kritik für sein Vorgehen. Ricarda Brandt, Präsidentin des Oberverwaltungsgerichts Nordrhein-Westfalen, warnte in einem Interview vor den grundsätzlichen Folgen: »Der Fall des Sami A. wirft Fragen zu Demokratie und Rechtsstaat – insbesondere zu Gewaltenteilung und effektivem Rechtsschutz – auf. Hier wurden offensichtlich die Grenzen des Rechtsstaates ausgetestet. […] Ich möchte mahnen, dass ein solcher Umgang nicht zum Standard wird.«[23] Sie betonte auch, dass aus der Politik ein großer Druck entstanden sei, die Abschiebung durchzusetzen. Selbst

Angela Merkel und Horst Seehofer hatten sich zu dem Fall geäußert. Als das Gericht sich dem widersetzte und die Verfahrensrechte des Betroffenen würdigte, »ist in den sozialen Medien und auch per Briefpost ein ›Shitstorm‹ über das Verwaltungsgericht hereingebrochen. [...] Das steht einem Rechtsstaat nicht gut zu Gesicht.«

Für Joachim Stamps Karriere war der Vorgang nicht hinderlich: Anfang 2023 berief ihn die Ampelkoalition zum Sonderbevollmächtigten für Migrationsabkommen. Christian Lindner und Nancy Faeser ließen öffentlich verlauten, Stamp solle vorrangig Rückführungsabkommen mit Drittstaaten aushandeln. Einer seiner ersten Vorschläge bestand darin, Asylverfahren in Drittstaaten zu verlagern – eine Forderung, die in Europa von unterschiedlichen Akteur:innen seit über vierzig Jahren erhoben wird und die in der Konsequenz dazu führen würde, Asylsuchenden den Zugang zum europäischen Rechtsschutz zu versperren. Mit solchen Vorschlägen wird die Idee eines nur territorial gebundenen und neokolonialen Rechtsstaats verteidigt, der den »Anderen« vor den Toren Europas keine Rechte zugesteht.

Schließlich zeigt noch ein weiteres Stichwort in der Asyl- und Migrationspolitik, wie ein ordnungspolitischer Rechtsstaatsdiskurs parteiübergreifend verfängt und dazu beiträgt, dass über die Rechte von Geflüchteten nicht mehr geredet wird. Immer wieder bringen Politiker:innen aus allen politischen Lagern die »Verwirkung des Gastrechts« von Asylsuchenden und anerkannten Flüchtlingen ins Spiel. Anlass für solche Forderungen, die zugleich mit dem Wunsch nach »konsequenten Abschiebungen« einhergehen, sind in der Regel Fälle, bei denen Asylsuchende, Geduldete oder Flüchtlinge mit Schutzstatus, Straftaten begangen oder sich polizeilichen Maßnahmen widersetzt haben. Nach der »Verwirkung des Gastrechts« rufen mit großer Regelmäßigkeit Abgeordnete aus der AfD. Aber auch Politikerinnen und Politiker wie Sahra Wagenknecht (ehemals Die Linke), Angela Merkel, Ralph Brinkhaus (CDU), Armin Schuster (CDU), Thomas Strobl, Armin Laschet (CDU), Daniel Günther (CDU), Joachim Herrmann (CSU) Raed Saleh (SPD), Boris Palmer, Robert Habeck, Winfried Kretschmann und viele andere haben die Formel »Verwirkung des Gastrechts« ins Spiel gebracht oder den angeblichen »Missbrauch des Gastrechts« öffentlich kritisiert. Die Liste ließe sich beliebig erweitern. So gab die Stadt Cottbus 2019 nach einer Messerattacke in der Neujahrsnacht auf ihrer offiziellen Homepage die Erklärung ab, »sollte der oder die Täter hier noch ein Gastrecht genießen und kein unbeschriebenes Blatt sein, werden wir nicht zögern, ihm oder ihnen klarzumachen, dass er oder sie ein Ticket in die Heimat zu lösen haben«.[24] Selbst nach öffentlicher Kritik verteidigte die Stadtverwaltung diese Position.

Die Fülle an politischen Akteur:innen, die sich diese Forderung zu eigen machen, zeigt, dass die Rede von der »Verwirkung des Gastrechts« kaum hinterfragt wird. Dabei ist sie aus historischer und rechtsstaatlicher Perspektive höchst problematisch. Weder das Grundgesetz noch die Genfer Flüchtlingskonvention oder das Asylgesetz sprechen von einem Gastrecht. Der Terminus lässt sich auf die von den Nationalsozialisten erlassene

Ausländerpolizeiverordnung von 1938 zurückführen. In Paragraf 1 hieß es: »Der Aufenthalt im Reichsgebiet wird Ausländern erlaubt, die nach ihrer Persönlichkeit und dem Zweck ihres Aufenthalts im Reichsgebiet die Gewähr dafür bieten, daß sie der ihnen gewährten Gastfreundschaft würdig sind.« Eine solche Formulierung liefert Ausländer:innen der exekutiven Willkür aus, denn ob sich jemand »der Gastfreundschaft würdig« erweist, entscheidet allein der rechtlich ungebundene Gastgeber. Die Regelung bestand bis 1965 in der Bundesrepublik Deutschland fort, bis der Bundestag das neue Ausländergesetz verabschiedete (heute: Aufenthaltsgesetz).

Natürlich können Ausländer:innen unter bestimmten Voraussetzungen ausgewiesen werden, aber sie sind durch das Grundgesetz[25] sowie das Asyl- und Aufenthaltsgesetz mit Rechten ausgestattet und können rechtsstaatlichen Schutz in Anspruch nehmen, oft sogar erfolgreich. Nun ist der Aufenthalt von Personen in Deutschland, die beispielsweise nur geduldet sind, nicht durch Artikel 16a des Grundgesetzes (Asyl) geschützt. Aber Abschiebungen berühren stets grundrechtliche Rechtspositionen, etwa die allgemeine Handlungsfreiheit oder im Falle von Gefahren im Zielstaat auch den Schutz des Lebens und der Gesundheit, die auch durch die Europäische Menschenrechtskonvention abgesichert werden.

Schließlich ist die Rede von der »Verwirkung« eines Rechts an dieser Stelle vollkommen fehl am Platz. Weder Politiker:innen noch Behörden, noch Ministerien können in Deutschland entscheiden, dass eine Person ihre Rechte »verwirkt« hat. Von einer Verwirkung spricht das Grundgesetz explizit in Artikel 18. Grundrechte können demzufolge nur verwirkt werden, wenn sie zum »Kampfe gegen die freiheitlich-demokratische Grundordnung missbraucht« werden – ein Tatbestand, der bei einem bloßen strafrechtlichen Verhalten nicht vorliegt –, und die Verwirkung kann nur durch das Bundesverfassungsgericht auf Antrag des Bundestags, der Bundesregierung oder einer Landesregierung ausgesprochen werden. In der Geschichte der Bundesrepublik Deutschland gab es nur vier solcher Anträge. Sie alle wurden im Vorverfahren abgelehnt.[26] Aktuell wird die Verwirkung von Grundrechten im Umgang mit der AfD diskutiert. Die frühere Bundesverfassungsrichterin Gertrude Lübbe-Wolff[27] oder der Journalist Heribert Prantl[28] haben Artikel 18 des Grundgesetzes ins Spiel gebracht, um einzelnen zentralen Akteuren wie beispielsweise Björn Höcke politische Rechte zu entziehen.

Wer aber im Zusammenhang mit Geflüchteten öffentlich von einer Verwirkung von Rechten spricht, kann nicht das tatsächlich im Grundgesetz geregelte Verfahren meinen, sondern vertritt ein prärechtsstaatliches und autoritär-etatistisches Politikverständnis, in dem der Staat nach Belieben Rechte gewähren und entziehen kann. Das ist aber nicht Kennzeichen eines Rechtsstaates, sondern eines willkürlich agierenden Polizeistaats. Der Abschiebediskurs macht daher in besonderer Weise sichtbar, wie erfolgreich der Rechtsstaat in der Öffentlichkeit ordnungspolitisch umgedeutet wurde und wie auch selbsternannte Bürgerrechtler:innen ein defizitäres Rechtsstaatsverständnis vertreten.

Im Januar 2019 kam es zu einem großen Schulterschluss zwischen Bund und Ländern. Nach langen Verhandlungen einigten sich Bundeskanzlerin Angela Merkel und die Regierungschef:innen der Länder auf den sogenannten »Pakt für den Rechtsstaat«. In dem Papier hieß es: »Bund und Länder sind sich einig, dass Justiz und Polizei eine maßgebliche Rolle für den Erhalt des Rechtsstaats zukommt.« Beide versprachen einen immensen Personalaufbau, darunter 2000 neue Stellen für Richter:innen und Staatsanwält:innen, aber auch 7500 neue Stellen bei der Polizei. Nur: Was hat die Polizei mit dem Rechtsstaat zu tun? Man hätte ehrlicherweise von einer »Stärkung des Gewaltmonopols« sprechen können oder auch von einem »Pakt für mehr Sicherheit«. Die CDU/CSU-Fraktion im Bundestag bekannte Farbe, als sie ihr eigenes Forderungspapier im Vorfeld der Verhandlungen »Pakt für den Rechtsstaat – unsere Sicherheitsoffensive für Deutschland« nannte. Eine bemerkenswerte begriffliche Kombination, wenn man sich vor Augen führt, dass der Rechtsstaat einst als Antipode zum Polizeistaat entstand. In öffentlichen Diskussionen wird die Polizei immer öfter als »Verteidigerin des Rechtsstaats« bezeichnet. Widerstandshandlungen gegen Vollstreckungsbeamt:innen werden als Angriff auf den Rechtsstaat skandalisiert. Es lohnt sich daher zu fragen, um welche und wessen Sicherheit es eigentlich geht, wenn dieser Begriff mit dem des Rechtsstaats kombiniert wird.

Nachdem im Mai 2020 ein weißer Polizist den Schwarzen Mann George Floyd getötet hatte, kam es unter dem Motto »Black Lives Matter« zu den größten politischen Massenprotesten der US-Geschichte. Inmitten der Coronapandemie erhielten in der Folge auch hierzulande Demonstrationen gegen Polizeigewalt starken Zulauf. Schnell ging es nicht nur um die USA, sondern auch um die Situation Schwarzer Menschen in Deutschland. Prägend sei für viele People of Color »die unspektakuläre und normalisierte Gewalt, die Polizistinnen und Polizisten routinemäßig gegen marginalisierte Gruppen ausüben«, so der Philosoph Daniel Loick und die Soziologin Vanessa Thompson.[29] Der Journalist Chiponda Chimbelu schrieb, dass »wir nichts über Tote lesen, heißt nicht, dass Rassismus in Europa kein Problem ist«.[30] Die Kommentare bündelten, was Betroffeneninitiativen und Rassismusforscher:innen schon seit Jahren sagen: Die deutsche Polizei hat ein Problem mit institutionellem Rassismus.[31] Unter dem in sozialen Netzwerken gern benutzten Hashtag #Polizeiproblem sammeln sich immer wieder entsprechende Vorfälle und Erfahrungsberichte.

Kritik an der Polizei wird in großen Teilen der Öffentlichkeit oft als Angriff auf den Rechtsstaat (fehl-)interpretiert. Als die Debatte um Gewalt in den Reihen der Ordnungsmacht die bundespolitische Ebene erreichte, formierte sich dementsprechend Widerstand. Das bekam unter anderem SPD-Parteichefin Saskia Esken vom linken Flügel der Partei zu spüren. In einem Interview hatte sie sich mit der Black-Lives-Matter-Bewegung solidarisiert und gesagt: »[A]uch in Deutschland gibt es latenten Rassismus in den Reihen der Sicherheitskräfte. […] Deshalb muss eine unabhängige Stelle mit der Bearbeitung solcher Beschwerden betraut werden.« Journalistische Kommentator:innen und Vertreter:innen von Polizeigewerkschaften äußerten sich empört über diese Sätze. Die SPD-Parteichefin geriet selbst ins Visier der Kritik. Allen voran die SPD-Innenminister der Länder stellten sich gegen Esken. So meinte Boris Pistorius aus Niedersachsen, die deutsche Polizei sei »absolut vertrauenswürdig«, es dürfe gegen sie keinen »Generalverdacht« geben.[32]

Das öffentliche Aufgebot wirkte: Saskia Esken nahm ihre grundsätzliche Kritik an der Polizei kurze Zeit später zurück und sprach nur noch von einzelnen Fällen, das Problem liege nicht in der Struktur. Dabei hatte sie faktisch nur das wiederholt, was die SPD auf Bundesebene einige Jahre zuvor in ihrem Sondervotum zum Abschlussbericht des Untersuchungsausschusses zu den Taten des Nationalsozialistischen Untergrunds festgestellt hatte. Dort schrieb die Fraktion im Hinblick auf die polizeilichen Ermittlungen gegen die Opfer und Hinterbliebenen der rechtsterroristischen Mordserie: »Bei diesen routinisierten Verdachts- und Vorurteilsstrukturen gegenüber Personen mit Migrationshintergrund wird deutlich, dass es sich nicht um das Fehlverhalten einzelner Beamter mit ›rechtem Hintergrund‹ handelt, dass dieses Fehlverhalten also nicht intentional, sondern vielmehr strukturell bedingt ist. […] Rassismus darf nicht einfach per se verleugnet werden, er muss als strukturelles Problem auch im institutionellen Kontext anerkannt werden.«[33]

Zumindest Teile der SPD waren bei der Erkenntnislage über institutionellen Rassismus schon einmal weiter, wenngleich sich dies nicht nennenswert auf die konkrete Politik der inneren Sicherheit auswirkte. Aber das kollektive Gedächtnis der Partei leidet in Bezug auf die Polizei nicht zufällig an Amnesie. Die »Law and Order«-Fraktion der Sozialdemokrat:innen hat ein offensives Interesse daran, sich schützend vor die Beamt:innen zu stellen. Vor allem aus den starken Zusammenschlüssen Seeheimer Kreis und Netzwerker kommen immer wieder Rufe nach mehr sicherheitspolitischem Engagement. Entsprechend beansprucht die SPD in den von ihr geführten Regierungskoalitionen oft das Innen- und Verteidigungsministerium, um auf diesem Feld der Hauptgegnerin CDU politischen Boden abzugraben.

In diesem Zusammenhang sollte man sich daran erinnern, dass Ronald Schill – »Richter Gnadenlos« – Olaf Scholz als Innensenator der Hansestadt Hamburg ablöste. Die SPD hat daraus gelernt und versucht regelmäßig, sich sicherheitspolitisch zu profilieren. In der Tradition Otto Schilys verknüpft sie das mit einem repressiven Rechtsstaatsverständnis, wie sich etwa an folgendem Statement der ehemaligen Berliner Bürgermeisterin Franziska Giffey ablesen lässt: »Wir wollen einen starken Rechtsstaat und wir wollen, dass der Sicherheitsbegriff und der Ordnungsbegriff auch immer mitgedacht wird. Und das ist auch eine Aufgabe für die Sozialdemokraten.«[34] Entsprechend steht im Grundsatzprogramm der Partei: »Der Rechtsstaat hat für Sicherheit zu sorgen. In Deutschland wird diese bedroht durch Kriminalität, auch organisierte und international vernetzte, durch Extremisten und Terroristen.

Wir bekämpfen sie mit den Mitteln des Rechtsstaates. Unmittelbar verantwortlich dafür sind Polizei und Justiz.«

Doch nicht nur Teile der SPD betreiben in Bezug auf die Polizei eine bedenkliche Immunisierungsstrategie gegenüber demokratischer und rechtsstaatlicher Kritik. Schon einmal hatte sich eine Parteivorsitzende auf der Bundesebene mit der Polizei angelegt. Die Grünen-Politikerin Simone Peter kritisierte 2017 den Einsatz auf der Kölner Domplatte in der Silvesternacht, als die Polizei Hunderte Menschen eingekesselt hatte. Die Beamt:innen wollten Ereignisse wie ein Jahr zuvor verhindern, als es zu sexuellen Übergriffen und Vergewaltigungen durch größere Gruppen junger Männer gekommen war. Peter kritisierte nicht nur den Einsatz als unverhältnismäßig, sondern auch die polizeiliche Kategorie »Nafri«, die bei der Landespolizei Nordrhein-Westfalen intern für »Nordafrikaner« oder »nordafrikanischer Intensivtäter« benutzt wurde. Doch Simone Peters eigene Parteifreund:innen verhinderten eine Debatte über Racial Profiling.[35] Katrin Göring-Eckhardt schrieb auf Twitter: »Dank an die Polizei u[nd] herzliche Bitte, sinnlose Debatten sein zu lassen. Unsere Freiheit gibt es nur mit Sicherheit.«[36] Damit übernahm sie – bewusst oder unbewusst – ein beliebtes konservatives Narrativ von »Law and Order«-Politikern wie Wolfgang Bosbach oder Wolfgang Schäuble. Eine kritische Debatte über polizeiliche Einsatzmethoden war unmöglich. Wie einige Jahre später Saskia Esken musste auch Simone Peter nach dem öffentlichen Druck zurückrudern. Dabei gehört die kritische Überwachung und Beurteilung der Exekutive zum Kern demokratischer Politik. Der Generalverdacht gegenüber der Exekutive im Allgemeinen und der Polizei im Besonderen ist ein Wesensmerkmal der Demokratie.

Die Grünen standen historisch lange Zeit im Lager derjenigen politischen Kräfte, die sich ein solches Kritikverständnis gegenüber dem Staat und seinen Apparaten zu eigen gemacht hatten. Aber die Vorgehensweise prominenter Grüner im Falle des Racial Profiling auf der Kölner Domplatte ist nicht zu verstehen, ohne die grundlegenden Verschiebungen innerhalb der Partei nachzuvollziehen – die zugleich die stärkere ordnungspolitische Umdeutung des Rechtsstaatsbegriffs im politischen Feld erklären. Die Partei war historisch betrachtet ein Kompromiss divergenter politischer Strömungen, denen sich die in den achtziger Jahren stärker werdende Bürger:innenrechtsbewegung anschloss. In ihrem Grundsatzprogramm von 2002 verorteten sich die Grünen explizit in »der Tradition des Rechtsstaatsliberalismus, in der den Freiheits- und Verfahrensrechten ein hoher Rang zukommt«. Als die FDP schwache Wahlergebnisse einfuhr und 2013 schließlich aus dem Bundestag ausschied, versuchten die Grünen, die politische Lücke zu füllen und sich als »neue Freiheitspartei« zu profilieren. Dieser Findungsprozess mündete programmatisch im »Grünen Freiheitskongress« im Jahr 2014.

Parallel dazu gewann bei den Grünen aber das Thema innere Sicherheit größere Relevanz, und das nahm auch Einfluss darauf, wie der Rechtsstaatsbegriff verwendet wird und wie sich die Partei gegenüber der Polizei positioniert. Insbesondere unter dem Vorsitz von

Annalena Baerbock und Robert Habeck gab es vermehrt ordnungspolitische Bestrebungen. Zugleich näherte sich die Partei deutlich an den Polizeiapparat an. In ihrem ersten Grundsatzprogramm von 1980 hatten sich die Grünen noch kritisch gegen Polizeigesetzreformen positioniert, die zu mehr Befugnissen führen sollten. Sie forderten sogar, der deutschen Polizei den Schusswaffengebrauch zu untersagen. Seit Anfang der 2010er Jahre lässt sich eine neue Strategie feststellen.[37] Selbst der frühere rechte Kampfbegriff »Law and Order« hat offenbar seine Anrüchigkeit verloren. In einem Interview mit dem *Spiegel* sagte die grüne Innenexpertin Irene Mihalic mit einer durchaus beachtlichen Toleranz für Interpretationsspielraum: »[I]m Rahmen der Verhältnismäßigkeit stehen auch die Grünen für Law and Order.«[38] Immerhin räumte sie ein, dass harte Strafen nie zum Selbstzweck werden dürfen. Annalena Baerbock beschwor in ihrer Rede auf dem Leipziger Parteitag von 2018, im Kontext der rechten Umtriebe in Chemnitz, die Mitglieder: »Dieses Gewaltmonopol des Staates zu verteidigen, war den Grünen nicht in die Wiege gelegt. Aber: Auch das ist jetzt unser Job.«[39] Auf dieser Linie argumentierte auch Katharina Schulze, Fraktionsvorsitzende der bayerischen Grünen, die meinte, um den Rechtsstaat zu schützen, brauche es mehr Polizei.[40]

Im Rahmen des Reformprozesses des grünen Grundsatzprogrammes fand dieses Ansinnen seinen programmatischen Niederschlag. Als die Partei Ende der 2010er Jahre Vorschläge für ein neues Grundsatzprogramm erarbeitete, reichte der Bundesvorstand einen Entwurf ein, in dem sich unter anderem folgende Sätze fanden: »Polizei und Sicherheitsorgane garantieren die Sicherheit im Innern. Als sichtbarer Arm des staatlichen Gewaltmonopols ist die Polizei in besonderer Weise Hüterin und Verteidigerin von Rechtsstaat und wehrhafter Demokratie. Dafür braucht sie eine gute Ausstattung und ausreichend Personal.«[41] Nach öffentlicher sowie parteiinterner Kritik gab es auf der Bundesdelegiertenkonferenz Änderungsanträge durch einen kritischen Teil der Basis. Im letztlich beschlossenen Grundsatzprogramm von 2020 heißt es: »Als sichtbarer Arm des staatlichen Gewaltmonopols ist die Polizei in besonderem Maße den Prinzipien von Rechtsstaatlichkeit und Demokratie verpflichtet.« Zwar spricht sich die Partei weiterhin für mehr Stellen in der Polizei aus, aber die kleine Änderung macht einen gewaltigen Unterschied: Im endgültigen Programm wird betont, dass die Polizei durch den Rechtsstaat in ihrem Handeln begrenzt und gebunden ist, während sie in der Entwurfsfassung des Bundesvorstands als Verteidigerin des Rechtsstaats bezeichnet wurde.

Die positiven Bezugnahmen auf die Polizei aus den Reihen der Grünen zeigen, dass eine grundsätzliche Kritik der Sicherheitsorgane immer weniger Ankerpunkte im parlamentarischen Betrieb findet. Selbst in der Linkspartei gibt es partiell Anschlüsse an ordnungspolitische Diskurse. In Bezug auf die innere Sicherheit zeichnet sich die Linkspartei programmatisch gegenüber den anderen Parteien durch eine grundlegende Kritik aus. »Wir wollen einen Politikwechsel«, hieß es im Wahlprogramm zur Bundestagswahl 2021. »Weg von der einseitigen Fokussierung auf repressive Maßnahmen und Symbolpolitik hin zum umfassenden Ansatz einer demokratischen Sicherheitspolitik.« Die Linkspartei verspricht, auf Bundesebene »sich an keiner Regierung zu beteiligen, die Polizeibefugnisse weiter ausweitet und demokratische Freiheitsrechte abbaut«. Tatsächlich hat die Linksfraktion im Bundestag als einzige Partei konsequent gegen repressivere Sicherheitsgesetze gestimmt. Auf Bundesebene stand sie jedoch noch nie in Regierungsverantwortung. Auf Länderebene hat die Partei mitunter Verschärfungen mitgetragen. In der rot-roten Koalition in Brandenburg gelang es der Linken nach öffentlicher Kritik, den Einsatz sogenannter Staatstrojaner, also Überwachungssoftware, zu verhindern. Jedoch stimmte sie am Ende einem neuen Polizeigesetz zu, das eine erweiterte Schleierfahndung sowie Präventivhaft vorsah.[42]

Auch über den Rechtsstaatsbegriff und »Law and Order«-Töne wird in der Partei gestritten. In der Linken gibt es »ziemlich staatstragende Pragmatiker«, wie der Journalist Kevin Hagen es einmal in einem Artikel für den *Spiegel* formuliert hat.[43] Die ehemalige Linkenpolitikerin Sahra Wagenknecht stand lange Jahre für einen ordnungspolitischen Kurs in der Partei, der sich programmatisch jedoch nicht durchsetzen ließ. Anlass zur Diskussion lieferte außerdem der damalige Fraktionsvorsitzende Dietmar Bartsch aufgrund seiner Aussagen zu den Jugendkrawallen in Stuttgart während der Coronapandemie. In Reaktion auf Flaschen- und Steinwürfe gegen Polizist:innen ließ Bartsch via Twitter verlauten, dies sei »bewusst rücksichtslose Gewalt« und solche »Zustände darf es in einem Rechtsstaat nicht geben«.[44] Für die Aussage wurde er von Parteimitgliedern scharf kritisiert. Unabhängig von der konkreten Bewertung, wie die Linke zur Polizei steht, hatte Bartsch jedenfalls den Rechtsstaatsbegriff auf eine ordnungspolitische Weise verwendet, indem er ihn gegen die potenziell von Strafverfolgung bedrohten Personen in Anschlag brachte. In diesem Sinne ging es nicht mehr darum, die Krawalle in ihrem gesellschaftlichen Kontext zu verorten und den sozialen Ursachen nachzuspüren.

Anhand der Parteistrategien und -kommunikationen sollte deutlich geworden sein, dass eine grundsätzliche Kritik an der Polizei parlamentarisch wenig Rückhalt genießt. Das macht es Akteur:innen aus dem Apparat besonders leicht, die Deutungshoheit zu beanspruchen. Besonders die großen Organisationen Deutsche Polizeigewerkschaft und Gewerkschaft der Polizei versuchen, die Beamt:innen in der Öffentlichkeit gegen jede Kritik in Schutz zu nehmen. Insgesamt ist in der Polizei eine »grundlegende Skepsis gegenüber unabhängiger Forschung, Kritik und Kontrolle« feststellbar.[45] Die Verteidigungslinie der Polizeigewerkschaften verfängt und überträgt sich in das Handeln anderer politischer Akteur:innen. Beispielhaft hierfür sind Aussagen des ehemaligen Vorsitzenden des Deutschen Gewerkschaftsbunds (DGB) Reiner Hoffmann, der sich im sogenannten Sommergespräch in der Zeitschrift *Deutsche Polizei* zur politischen Forderung nach unabhängigen Polizeibeauftragten wie folgt äußerte: »Polizeibeauftragte stigmatisieren eure Berufsgruppe. Das stellt unseren Rechtsstaat in Frage und führt ins Nichts. Zumindest dann, wenn Polizeibeauftragte als eine Art ›Paralleljustiz‹ zu den bestehenden rechtsstaatlichen Strukturen eingesetzt werden. Das birgt die Gefahr, dass das Vertrauen in unabhängige Ermittlungen und eine unabhängige Justiz gestört wird.«[46]

Doch genau darin liegt das Problem. Fehlverhalten der Polizei, Gewaltexzesse oder Schüsse mit Todesfolge werden oft nicht *rechtsstaatlich* aufgearbeitet. Das von der Deutschen Forschungsgemeinschaft geförderte Projekt Körperverletzung im Amt durch Polizeibeamt*innen hat herausgearbeitet, dass neunzig Prozent der Verfahren zu polizeilicher Gewalt eingestellt werden. Nur in zwei Prozent der Fälle erheben die Staatsanwaltschaften Anklage. Die Forscher:innen machen dafür strukturelle Gründe verantwortlich, wie eine schwierige Beweislage, die Gefahr von Gegenanzeigen und eine fehlende unvoreingenommene Herangehensweise durch die Staatsanwaltschaften.[47] Die Polizei erfasst nicht einmal, wie viele Menschen bei ihren Einsätzen ums Leben kommen.[48] Die Zeitschrift *Bürgerrechte & Polizei/CILIP* hat auf Basis von Informationen der Innenministerkonferenz und eigenen Recherchen dokumentiert, dass seit der Wiedervereinigung 327 Personen durch Kugeln deutscher Polizist:innen getötet wurden (Stand: Oktober 2023).[49]

In den USA geht die von Polizist:innen ausgeübte Gewalt – um die 1000 Personen werden dort jedes Jahr von der Staatsmacht erschossen – oft mit rassistischer Diskriminierung einher. Aber auch in Deutschland gibt es rassistische Vorfälle, die Anlass für bundesweite Black-Lives-Matter-Proteste liefern könnten: Im Sommer 2022 erschossen Beamt:innen innerhalb weniger Monate vier Schwarze Menschen.[50] Als die Polizei den psychisch labilen 16-jährigen Mouhamed Dramé in Dortmund mit Pfefferspray und Tasern traktierte und schließlich mit einer Maschinenpistole erschoss, weil dieser mit einem Messer auf die Beamt:innen zugegangen war, wurde Kritik am unverhältnismäßigen Vorgehen der Einsatzkräfte prompt aus dem Polizeiapparat zurückgewiesen. Manuel Ostermann, Funktionär bei der Deutschen Polizeigewerkschaft, twitterte in Richtung der eingesetzten Polizist:innen: »Danke für euren Dienst für die Menschen in Dortmund. Danke dafür, dass die Menschen sich immer auf Euch verlassen können.«[51] Wenige Monate später erhob die Staatsanwaltschaft Anklage gegen einige der beteiligten Beamt:innen. Dass es im Fall von Mouhamed Dramé überhaupt zu einem Strafverfahren gegen die Polizist:innen kommen konnte, dürfte nicht zuletzt mit dem öffentlichen Druck zusammenhängen, den Initiativen wie der Solidaritätskreis für Mouhamed und #Justice4Mouhamed in Dortmund durch Demonstrationen aufgebaut haben, sowie der Beharrlichkeit einiger Journalist:innen.

Ein grundlegendes Misstrauen gegenüber einer unkontrollierten Ausübung des Gewaltmonopols gehört zur Leitidee des Rechtsstaats. »Die Behauptung, daß die Zwecke der Polizeigewalt mit denen des übrigen Rechts stets identisch oder auch nur verbunden wären, ist durchaus unwahr«, wie es Walter Benjamin in *Zur Kritik der Gewalt* formulierte.[52] Die Polizei sei eine »gespenstische Erscheinung«: gestaltlos, nirgends fassbar und allverbreitet.[53] Als Exekutivbehörde hat die Polizei das Potenzial, sich vom gesetzten Recht zu emanzipieren. Es kommt dann zu einem Auseinanderklaffen zwischen dem »law in the books«, also dem gesetzten Recht, und dem »law on the streets«, also der polizeilichen Praxis. Die Polizei fungiert für viele Menschen aus marginalisierten gesellschaftlichen Gruppen oft nicht als »Agent des Rechts, sondern gerade des Rechtsbruchs«.[54] Diese Rechtsbrüche werden in aller Regel nicht aufgearbeitet, und darin liegt der eigentliche Angriff auf den Rechtsstaat. Interne Beschwerdemechanismen, das Disziplinarrecht, strafrechtliche Ermittlungen und selbst parlamentarische Untersuchungsausschüsse haben sich in der Vergangenheit als nicht hinreichend erwiesen. Das gilt für die großen Skandale rund um den Tod von Oury Jalloh und die NSU-Morde,[55] aber auch für die alltäglichen rassistischen Routinen.

Im Polizeiapparat selbst herrscht ein Korpsgeist beziehungsweise eine »Cop Culture«, wie sie der Polizeiforscher Rafael Behr nennt.[56] Interne Beschwerdemechanismen werden ausgehebelt, Vorgesetzte schauen weg und können oder wollen Fehlverhalten nicht identifizieren. Im schlimmsten Fall sympathisieren sie sogar mit den Täter:innen in Uniform. Vor Gericht wird Polizeibeamt:innen noch immer viel mehr Vertrauen durch Richter:innen entgegengebracht als den Betroffenen von Polizeigewalt. »Die Polizei kann sich also weder selbst effektiv kontrollieren, noch gewährleisten die bestehenden staatlichen und zivilgesellschaftlichen Mechanismen eine hinreichende Kontrolle«, stellen der Kriminologe Tobias Singelnstein und der Rechtsanwalt Benjamin Derin fest.[57]

Der Europäische Gerichtshof für Menschenrechte hat die defizitäre rechtsstaatliche Kontrolle in Deutschland mittlerweile in zwei größeren Verfahren beanstandet. Im Fall *Hentschel und Stark gegen Deutschland*, in dem es um einen Polizeieinsatz gegen Fußballfans ging, rügte der EGMR, dass die Beamt:innen, die mutmaßlich unverhältnismäßige Gewalt ausübten, im Nachhinein nicht identifiziert werden konnten. Dadurch sei eine effektive Untersuchung verhindert worden. Dass die Polizei in diesem Fall zudem Teile eines beweiserheblichen Videos offenbar vernichtet hatte, unterminierte die Aufarbeitung zusätzlich.[58] Im Urteil *Basu gegen Deutschland*, in dem ein Betroffener einer Polizeikontrolle in einem Zug geklagt hatte, gelangte der EGMR zu dem Schluss, »dass die staatlichen Behörden ihrer Pflicht nicht nachgekommen sind, alle angemessenen Maßnahmen zu ergreifen, um durch eine unabhängige Stelle festzustellen, ob bei der Identitätskontrolle eine diskriminierende Haltung eine Rolle gespielt hat oder nicht, und somit keine wirksame Untersuchung in dieser Hinsicht durchgeführt haben«.[59] Um Vorwürfe von Racial Profiling hinreichend zu untersuchen, fehlt es im deutschen Rechtsstaat an von der Polizei unabhängigen Instanzen[60] – Institutionen, die der ehemalige DGB-Chef Hoffmann als »Paralleljustiz« diffamierte, sind menschenrechtlich geboten.

An den beiden Verfahren sind drei Gemeinsamkeiten bemerkenswert: Erstens haben alle deutschen Gerichtsinstanzen, das Bundesverfassungsgericht eingeschlossen, anscheinend keine Polizeigewalt beziehungsweise fehlende Überwachungsinstrumente feststellen können.

Dazu bedurfte es einer transnationalen Instanz. Zweitens dauerte es in beiden Fällen mehr als zehn Jahre bis zum Urteil des EGMR. Zunächst muss der nationale Rechtsweg ausgeschöpft sein, und daher vergeht bei solchen Verfahren viel Zeit. Die meisten Betroffene können und wollen diesen Aufwand aus berechtigten Gründen nicht betreiben. Drittens wurden die Urteile des EGMR in der breiten Öffentlichkeit kaum diskutiert, allenfalls die Rechtsredaktionen großer Zeitungen und Menschenrechtsexpert:innen griffen sie auf. Ansonsten wurden sie geflissentlich ignoriert und haben zu keiner größeren Debatte über das rechtsstaatswidrige Kontrolldefizit der deutschen Polizei geführt.

Aber es fehlt nicht nur an Kontrolle. In diversen öffentlichen Debatten wird die Polizei selbst mit dem Rechtsstaat gleichgesetzt. Diskussionen über Alternativen zu ihrer Arbeit werden im Keim erstickt. Für diese Strategie ist die ordnungspolitische Umdeutung des Rechtsstaatsbegriffs essenziell. Diese zeigte sich beispielhaft in den Reaktionen auf die Ereignisse in der Berliner Silvesternacht 2022/23. Nachdem größere Gruppen Jugendlicher Polizeieinsatzkräfte, Feuerwehrleute und Rettungssanitäter:innen mit Silvesterböllern und -raketen angegriffen hatten und es dabei zu teils schweren Verletzungen gekommen war, entbrannte inmitten des Berliner Wahlkampfs eine politische Debatte, in der schnell »harte Strafen« gefordert wurden. Dabei ist ein wesentliches rechtsstaatliches Prinzip, dass Strafe immer nur Ultima Ratio, also letztes Mittel sein soll. Rechtsstaatliche Verfahren müssen keiner zeitlichen Logik der Politik folgen, die auf Handlungsbereitschaft und schnelle Ergebnisse abzielt. Sie können länger dauern, wenn die Verteidigungsrechte der Betroffenen gewahrt werden.

Vor diesem Hintergrund sind die Stellungnahmen führender Politikerinnen und Politiker rechtsstaatlich defizitär. Nancy Faeser twitterte am 2. Januar 2022: »Polizistinnen und Polizisten, Rettungssanitäter und Feuerwehrleute zu attackieren, muss mit der ganzen Härte des Gesetzes bestraft werden. Denn die Menschen, die uns alle schützen, müssen voll und ganz darauf vertrauen können, dass der Rechtsstaat auch sie schützt.« Wenn die Bundesinnenministerin davon spricht, dass zum Beispiel die Polizei »uns alle schützt«, dann stellt sich allerdings die Frage, wer mit »uns alle« gemeint ist. Für viele Menschen ist die Polizei nicht der »Freund und Helfer«, sondern eine Bedrohung für das Leben und die Gesundheit.

Während einer Aktuellen Stunde im Bundestag am 18. Januar 2023, in der über die Silvesterkrawalle diskutiert wurde, sagte Justizminister Marco Buschmann (FDP) einige bemerkenswerte Sätze:

> Wenn Menschen glauben, dem Rechtsstaat derart auf der Nase herumtanzen zu können, muss er zeigen, dass er wehrhaft ist. Und das ist er auch. Ich muss als Bundesjustizminister vorwegschicken: Natürlich kann ich in konkreten Ermittlungsverfahren der Justizbehörden nicht sagen, was sie zu tun haben. Die Justizbehörden sind in Deutschland unabhängig. Wir haben Gewaltenteilung. Das kann, will und möchte auch niemand ändern. Aber ich glaube, man kann hier schon eine klare gesellschaftliche Erwartungshaltung formulieren. Diese gesellschaftliche Erwartungs-

> haltung ist die – da sind wir uns in der Bundesregierung auch einig: Diese Taten müssen zügig aufgeklärt werden. Wenn wir Beweismittel für einen hinreichenden Tatverdacht haben, muss schnell Anklage erhoben werden. Und wenn sich aus dem Inbegriff der mündlichen Verhandlung ergibt, dass die Beschuldigten Schuldige sind, dann brauchen wir auch abschreckende und angemessene Strafen. Das ist das, was wir jetzt von den zuständigen Stellen erwarten. Das wird man hier wohl auch sagen dürfen.[61]

In seinem Videoformat #JetztErstRecht für soziale Medien wie X (früher Twitter) wiederholte Buschmann diesen Appell. Es ist nicht unproblematisch, wenn sich ein Justizminister einer derartigen Kommunikation bedient. Den Rechtsstaat trägt Buschmann zwar wie eine Monstranz vor sich her, die Gewaltenteilung will er auf keinen Fall antasten. Aber sogleich übt er politischen Druck auf die Justizbehörden aus. Er kleidet seine Forderung nach »abschreckenden und angemessenen Strafen« in eine angebliche »gesellschaftliche Erwartungshaltung«, die nicht näher begründet wird. Ein Appell für ergebnisoffene und die Freiheitsrechte der Betroffenen garantierende Prozesse hätte einem Justizminister qua Amt jedenfalls besser zu Gesicht gestanden.

Doch Aussagen wie die Buschmanns sind salonfähig. Differenzierte sozialstaatliche Antworten auf Ereignisse wie die in der Berliner Silvesternacht – Bekämpfung von Armut und Bildungsungerechtigkeit, öffentliche Orte für Jugendliche – finden kaum Resonanz. Dafür werden Schlagzeilen produziert, die zugespitzte »Law and Order«-Töne setzen. Im Nachgang der politischen Debatte war angesichts des Rufs nach härteren Strafen und sozialer Kontrolle überhaupt nicht mehr klar, wie sich die Parteien in dieser Frage voneinander unterschieden. Kai Wegner, damals noch Spitzenkandidat der CDU zur Berliner Wahl, teilte auf Twitter mit: »Die Täter müssen die volle Stärke des Rechtsstaates zu spüren bekommen. Unser Staat muss zeigen, dass er sich ein solches Verhalten nicht gefallen lässt. Langwierige Prozesse darf es nicht geben, sondern zügige Verurteilungen.«[62] In solchen Statements manifestiert sich eine Straflust, der es nicht mehr um eine rechtsstaatliche Verhältnismäßigkeit geht. Wenn Wegner nach »Stärke« und »zügigen Verurteilungen« verlangt, dann untergräbt er die Prinzipien des Rechtsstaats, die zu verteidigen er vorgibt.

Die repressive Straflust bedient sich des Narrativs vom Rechtsstaat rein instrumentell. Konservative Umdeutungen des Rechtsstaats, und hier ist der »Law and Order«-Flügel der Sozialdemokratie mitgemeint, sind nicht einfach das Ergebnis anlassbezogener Tagespolitik: Sie stehen vielmehr in einer Tradition, in der »Law and Order«-Akteur:innen stets ihre Probleme mit einem Rechtsstaatsverständnis hatten, das ihr exekutives Durchregieren behinderte. Die Forderung nach schnellen Strafen und einer Demonstration der »Stärke des Rechtsstaats«, die am Ende auf mehr Polizeibefugnisse und -kontrollen sowie Haftstrafen hinausläuft, fördern zu Tage, was ideologisch beständig schwelt: Der Bezug auf den Rechtsstaat ist nicht länger ein Einsatz für Freiheitsrechte, sondern ein Vehikel für mehr Repression.

»Niemand darf solche Entwicklungen schulterzuckend hinnehmen. Wir müssen sie mit aller Macht des Rechtsstaats bekämpfen. Denn in einem Rechtsstaat steht niemand über dem Gesetz. Und das müssen diese Leute lernen – wenn es sein muss auf die harte Tour.« Nancy Faeser sprach diese auf »kriminelle Angehörige von Clans« gemünzten Worte auf der Herbsttagung des Bundeskriminalamts am 16. November 2022. Faeser setzte mit ihrer Rede auf der Konferenz und dem dort präsentierten Maßnahmenkatalog den Ton für die Berichterstattung. Viele Medien übernahmen ihr problematisches Framing des Rechtsstaats.

Spätestens seit 2018 ist die sogenannte Clankriminalität ein zentraler Gegenstand aktueller sicherheitspolitischer Diskurse und ein Dauerbrenner in der Boulevardpresse. In manchen Bundesländern werden ganze Wahlkämpfe mit dem Thema betrieben, wie etwa vor der Landtagswahl 2022 in Nordrhein-Westfalen, aus der CDU-Politiker Hendrik Wüst siegreich hervorging. Auch Armin Laschet versuchte bei der Bundestagswahl 2021 das Thema zu setzen. Im niedersächsischen Landtagswahlkampf plakatierte die CDU mit dem Spruch »Null Toleranz für Clans« und kopierte damit vergleichbare Wahlkampagnen der AfD.[63] Bereits im Jahr 2019 hatte die CDU/CSU-Fraktion unter dem Vorsitz von Ralph Brinkhaus die Kampagne für mehr Sicherheit unter dem Hashtag #StarkerStaat gestartet: »CDU und CSU wollen den Rechtsstaat stärken. […] Der deutsche Rechtsstaat darf Verbrechen nicht dulden.« Themen der Kampagne waren unter anderem sogenannte Clankriminalität, Einbruchskriminalität und die Durchsetzung des Rechts. Der Journalist Jan Petter kritisierte die Kampagne zutreffend als Demonstration von »Härte und Abschreckung« und den Versuch, »die Macht der Sicherheitsbehörden gegenüber den Bürgern weiter zu stärken«.[64]

Das Thema hat in der Partei jedenfalls verfangen. Als Friedrich Merz 2020 zum zweiten Mal zur Wahl des Parteivorsitzenden antrat, machte er die innere Sicherheit und en passant die ordnungspolitische Umdeutung des Rechtsstaatsbegriffs zu einem zentralen Bestandteil seiner Agenda: »Die CDU muss die Partei von Recht und Ordnung und des Rechtsstaats sein. Rechtsfreie Räume oder Clanstrukturen darf es nirgendwo geben.«[65] Aber nicht nur die CDU heizt das Thema an, auch im Koalitionsvertrag der Ampelregierung heißt es, die Regierung wolle Organisierte Kriminalität bekämpfen, einschließlich der sogenannten Clankriminalität, und zu einem Schwerpunkt der Sicherheitsbehörden machen.[66]

Viele Kriminolog:innen und Anwält:innen haben auf die großen Probleme im Zusammenhang mit dem Diskurs um sogenannte Clankriminalität hingewiesen. Die fangen schon damit an, dass es an einer bundesweit verbindlichen Definition mangelt.[67] In den Lagebildern der Landeskriminalämter und des Bundeskriminalamtes gibt es unterschiedliche Auslegungen. Thomas Feltes und Felix Rauls bezeichnen den polizeilichen und medialen Diskurs als »pseudowissenschaftlich« und warnen davor, dass Unsicherheitsgefühle erzeugt werden, die mit den realen Kriminalitätszahlen nicht in Einklang zu bringen sind.[68] »Das Strafrecht wird zunehmend zum Mittel gegen allgemeine gesellschaftliche Verunsicherung und das subjektive Sicherheitsgefühl gewinnt an Legitimationskraft für ›law-and-order‹-Kampagnen«, so die beiden Kriminologen.[69] Die Rassismusforscherin Juliane Karakayali stellt zudem fest, dass die Zuschreibung sogenannter Clankriminalität als eine »polizeiliche Institutionalisierung von antimuslimischem Rassismus verstanden werden« kann: In den Lagebildern der Polizei würden rassistische Stereotypen verwendet, und der Begriff würde »nur auf muslimische Täter:innen (verschiedener Herkunft) angewandt«.[70]

Die Bekämpfung sogenannter Clankriminalität geht deswegen einher mit der ordnungspolitischen Umdeutung des Rechtsstaatsbegriffs. Nicht nur CDU/CSU sehen in der sogenannten Clankriminalität eine große Gefahr und wollen dieser ironischerweise mit der »vollen Härte des Rechtsstaats« begegnen. Allen voran die FDP hat das Thema als sicherheitspolitisches Programm gesetzt. Die Partei präsentierte hierzu einen Zwölf-Punkte-Beschluss. Der Generalsekretär der Berliner Liberalen, Sebastian Czaja, betonte auf einer Pressekonferenz, man wolle nicht mit »Law and Order auf die Herausforderungen« reagieren, es gehe seiner Partei um »einen funktionierenden Rechtsstaat«. Aber im Beschluss der FDP heißt es: »Kriminellen Geschäften der Clans muss der Rechtsstaat mit aller Härte entschlossen entgegentreten.«[71] Vergleichbares hört man aus den Reihen der »Law and Order«-Fraktion der SPD, etwa wenn Berlins damaliger Innensenator Andreas Geisel 2019 davon sprach, sogenannter Clankriminalität begegne man mit »allen Mitteln des Rechtsstaates«.[72]

Medial wird der Diskurs durch die Springer-Presse und Medien wie das Magazin *Focus* sowie diverse Regionalzeitungen befeuert, die wahlweise davon schreiben, »kriminelle Clans führen den Rechtsstaat vor«, »Clans bedrohen den Rechtsstaat« oder es sei bereits ein »Kontrollverlust des Rechtsstaats« eingetreten. Ähnliche Verlautbarungen gibt es aus dem Polizeiapparat. Rainer Wendt, Vorsitzender der Deutschen Polizeigewerkschaft, sieht in seinem Buch *Deutschland wird abgehängt* den »Rechtsstaat am Limit«, unter anderem aufgrund sogenannter Clankriminalität, die den Alltag vieler Menschen präge. Benjamin Jendro von der Gewerkschaft der Polizei behauptet, es gäbe »in Berlin keinen starken Rechtsstaat«, man habe der Kriminalität die Straße überlassen.[73] Thomas Jungbluth, der leitende Kriminaldirektor beim LKA Nordrhein-Westfalen und federführend mit der Erarbeitung eines Lagebilds Clankriminalität vertraut, sagte im hauseigenen Interview unverblümt:

> Das Land NRW hat sich gegenüber den Clans auf eine ›Null-Toleranz‹-Strategie festgelegt. Bei jeder Ordnungswidrigkeit soll konsequent, aber auch angemessen und verhältnismäßig reagiert werden. Nächtliche Razzien dienen dazu, die Durchsetzungsfähigkeit des Rechtsstaats nach außen zu dokumentieren und intern Erkenntnisse über das Agieren der Clans zu gewinnen. Diejenigen, die sich scheinbar unangreifbar fühlen, sollen durch diese Maßnahmen

> dazu gebracht werden, sich künftig an Recht und Gesetz zu halten.[74]

Die Versicherung eines angemessenen und verhältnismäßigen Vorgehens der Polizei wird jedenfalls durch den LKA-Beamten im selben Interview konterkariert, wenn er unmissverständlich sagt, dass die Razzien einen symbolischen und kommunikativen Effekt haben sollen, indem der Staat Handlungsbereitschaft demonstriert und zugleich Abschreckung erzeugt.

Auch im Abschiebediskurs spielt die sogenannte Clankriminalität eine zentrale Rolle. Mehrmals versuchten deutsche Behörden, den Bremer »Clanchef« Ibrahim Miri abzuschieben. Nach einer erfolgten Rückführung reiste dieser dann wieder nach Deutschland ein. Der Fall wurde auf Verlangen der FDP-Fraktion Thema im Deutschen Bundestag. Unter dem Titel »Durchsetzung des Rechtsstaates im Fall Ibrahim Miri« schwang sich insbesondere der spätere Justizminister Marco Buschmann zu einer ordnungspolitischen Rede par excellence auf. Er verwendete den Rechtsstaatsbegriff konsequent im Sinne des »Law and Order«-Narrativs. »Wenn die Zahl der ausreisepflichtigen Menschen steigt und die Zahl der Abschiebungen sinkt, dann stimmt etwas bei der Durchsetzung des Rechtsstaates nicht«, sagte Buschmann in Richtung des damaligen Bundesinnenministers Horst Seehofer.[75] Fünf Mal verwendete er in seiner Rede die Formel »Durchsetzung des Rechtsstaates«. Nicht ein Mal ging es dabei um die Verteidigung rechtsstaatlicher Verfassungspositionen; es ging einzig um rigorose Abschiebungen. Buschmann hatte die Tonalität der Debatte gesetzt, die AfD-Fraktion konnte nahtlos daran anschließen. Der AfD-Abgeordnete Bernd Baumann sagte gerichtet an Horst Seehofer: »Denn das ist Ihr Rechtsstaat: eine Farce, impotent und insgesamt wehrlos.«[76] Ausgerechnet Seehofer hielt dem entgegen, es zeichne »unseren Rechtsstaat aus, dass wir auch den Feinden des Rechtsstaats Gelegenheit geben, das rechtsstaatliche Handeln zu überprüfen. Auch das ist ein Qualitätsmerkmal für diesen Rechtsstaat.«[77]

Miri wurde kurz nach der Bundestagsdebatte erneut abgeschoben. In der *Welt* hieß es in einem Kommentar: »Endlich greift der Rechtsstaat durch.«[78] Zuvor hatte die SPD-Bundestagsabgeordnete Ute Vogt in einem Interview gesagt, die bevorstehende Abschiebung von Miri werte sie als »guten Erfolg für den Rechtsstaat«.[79] Tatsächlich entschieden Gerichte zwei Jahre nach dieser Debatte, dass der Rechtsstaat seine Schutzfunktion nicht erfüllt habe. Die Abschiebung des »Clanchefs« sei in beiden Fällen rechtswidrig gewesen, so das Verwaltungsgericht Bremen, weil ausländerrechtliche Vorschriften nicht beachtet wurden. Die Institutionen des Rechtsstaats versuchten sich gegen die Politik durchzusetzen, aber nicht auf die Art, wie der liberale Rechtspolitiker Marco Buschmann es sich vorgestellt hatte. Nach Deutschland konnte Ibrahim Miri dennoch nicht zurückkehren, weil das Gericht zugleich ein siebenjähriges Einreise- und Aufenthaltsverbot für rechtmäßig erachtete.

Nicht zuletzt dieses Beispiel zeigt, dass im Umgang mit sogenannter Clankriminalität faktisch zahlreiche rechtsstaatliche Prinzipien verletzt werden, die in der breiten Öffentlichkeit aufgrund des rassistischen Diskurses und der ordnungspolitischen Umdeutung des Rechtsstaatsbegriffs kaum zur Geltung kommen. Im Jahr 2020 beauftragte die Senatsverwaltung für Wirtschaft, Energie und Betriebe in der Hauptstadt die Berliner Hochschule für Wirtschaft und Recht mit einer Studie zum polizeilichen Vorgehen gegen sogenannte Clankriminalität. Die *taz* fasste die Ergebnisse wie folgt zusammen: Die Studie »zeig[t] gravierende Defizite im Zusammenhang mit der Gewerbeüberwachung auf und stell[t] den bisherigen Kampf gegen die sogenannte Clan-Kriminalität grundsätzlich infrage«.[80]

Die Autor:innen hatten mit Beschäftigten der Gewerbeaufsicht und Polizeibeamt:innen gesprochen. Dabei wurde deutlich, dass die Polizei aufgrund des politisch verordneten Kampfes gegen sogenannte Clankriminalität immer wieder nach Gründen suchte, um anlasslos Betriebe aus einem migrantischen Milieu zu durchsuchen. Oft seien diese Einsätze unverhältnismäßig gewesen, wie eine Befragte aus dem Berliner Polizeiapparat zugab. Der sogenannte »administrative Ansatz«, bei dem unterschiedliche Behörden miteinander verzahnt werden, Daten austauschen und somit »vermeintlichen Straftätern die Nutzung der ihnen rechtlich zustehenden administrativen Infrastruktur verwehrt wird«, läuft auf eine rechtsstaatlich fragwürdige Umgehung strafprozessualer Rechte und einen Kontrollverlust bei der Gewaltenteilung hinaus.[81] Durch die Aufnahme kleinerer Ordnungswidrigkeiten in die Statistik zur Clankriminalität wird gegen die Gleichheit vor dem Gesetz verstoßen (Artikel 3 Absatz 3 des Grundgesetzes), da identische Vorfälle ohne Clanbezug nicht erfasst werden, Daten werden rechtswidrig weitergeleitet und Identitätsfeststellungen ohne hinreichend begründeten Zweck vorgenommen.[82]

Die Antidiskriminierungsexpertin Doris Liebscher begreift das Label »Clankriminalität« als eine Diskriminierung entlang unterschiedlicher Achsen, in der sich der soziale Status der Betroffenen und rassistische Zuschreibungen überkreuzen.[83] Durch aufsehenerregend inszenierte und von den Boulevardmedien begleitete Prozesse wird zudem die Arbeit der Justiz beeinflusst, wodurch in der Praxis Strafprozessrechte der Angeklagten unterminiert werden.[84] Und nicht zuletzt befeuern die Debatten um sogenannte Clankriminalität rassistische Diskurse und markieren bestimmte Räume, vermeintlich gefährliche Orte von sogenannter Clankriminalität, als potenzielle Angriffsziele. So dürfte es kein Zufall gewesen sein, dass der rechtsterroristische Attentäter von Hanau, der 2019 zehn Menschen ermordete, sich ausgerechnet eine Shisha-Bar als Ziel aussuchte.[85] Selbstverständlich: Es gibt Organisierte Kriminalität, von der erhebliche Gefahren für die Freiheitsrechte zahlreicher Bürgerinnen und Bürger ausgehen. Aber in der Bekämpfung sogenannter Clankriminalität findet eine bedenkliche »Ethnisierung von Kriminalität« statt,[86] und der Staat betreibt Strafrechtsexzesse, durch die rechtsstaatliche Grundlagen unterminiert werden. Und dies geschieht ausgerechnet im Namen des Rechtsstaats.

Die Bewegung zerstöre »Kunst ähnlich wie die Taliban« und sei insgesamt »keinen Deut besser als die Taliban«. Diese Worte posteten die Bundestagsabgeordneten Michael Roth (SPD) und Florian Hahn (CSU) anlässlich einer Aktion der Klimaschutzbewegung Letzte Generation. Die Aktivist:innen hatten am 4. März 2023 symbolisch »Erdöl« beziehungsweise schwarze, abwaschbare Farbe auf die Glasinstallation »Grundgesetz 49« am Berliner Reichstagsufer geschüttet. Sie wollten darauf hinweisen, dass die Freiheitsrechte der zukünftigen Generation eingeschränkt werden, wenn große Energieunternehmen fossile Energie weiter nutzen und der Staat sie dabei subventioniert und unterstützt. Die Empörung im politischen Berlin war groß, und schnell wurde der Ruf nach Strafen laut. Der »größere Teil der Politik und der Presse bis weit ins progressive Lager hinein [führte] sich auf, als hielten die Aktivist:innen eine Stalinorgel auf das Bundesverfassungsgericht«, wie der Betreiber des Verfassungsblogs Maximilian Steinbeis polemisch anmerkte.[87] Tatsächlich sprach das zuständige Amtsgericht Tiergarten die Aktivist:innen in dem anschließenden Strafverfahren frei, weil das Kunstwerk nicht nachhaltig beschädigt wurde.

Ein Vorwurf, der gegenüber den unterschiedlichen Teilen der Klimabewegung – von Fridays for Future über Ende Gelände bis zur Letzten Generation – immer wieder in der Presse und von Seiten der Politik erhoben wird, lautet, die Aktivist:innen seien »antirechtsstaatlich«. Dies kommt auch in den Einlassungen der

Bundestagsabgeordneten Hahn und Roth zum Ausdruck. Wer könnte weniger rechtsstaatlich sein als die Taliban? Der Vergleich hinkt jedoch enorm und offenbart das defizitäre Rechtsstaatsverständnis derjenigen, die den Begriff ins Feld führen, um die Klimaschutzbewegung zu delegitimieren. Obwohl sich die deutsche Bundesregierung dazu verpflichtet hat, entsprechend den Pariser Klimazielen dazu beizutragen, die Erderwärmung auf höchstens 1,5 Grad zu begrenzen, und diese Vorgabe durch den Deutschen Bundestag in das Klimaschutzgesetz aufgenommen wurde, konterkarieren die konkreten politischen Maßnahmen der Regierung diese Ziele. Das Bundesverfassungsgericht hat einen am Pariser Klimaabkommen orientierten effektiven Klimaschutz im März 2021 in den Verfassungsrang gehoben.[88] Geklagt hatten vor allem Kinder und Jugendliche, darunter Vertreter:innen der Bewegung Fridays for Future, junge Menschen von den Inseln Pellworm und Langeoog und Beschwerdeführende aus Nepal und Bangladesch.[89] Das Bundesverfassungsgericht bewertete die unzureichenden Maßnahmen zur Treibhausgasreduktion als einen Eingriff in die Freiheitsrechte der zukünftigen Generation. Denn wenn heutzutage über Gebühr Treibhausgase ausgestoßen werden, dann gibt es für die nachfolgende Generation kein Restbudget mehr und die Gefahr droht, dass die Freiheitsrechte durch klimatische Kipppunkte eingeschränkt werden.

Vor diesem Hintergrund ist es kein Wunder, dass die junge Generation auf die Straße geht und mit Mitteln des zivilen Ungehorsams ihrem Interesse nach einem bewohnbaren Planeten Geltung verschafft. Seit Anfang

2022 haben Aktivist:innen der Letzten Generation mit aufsehenerregenden Aktionen in Museen auf sich aufmerksam gemacht und klassische Formen des zivilen Ungehorsams wie Straßenblockaden angewandt. Die Formen des Protests werden radikaler, wobei der Protestforscher Daniel Mullis darauf hinweist, dass »Ungehorsam seit den Schulstreiks und Demonstrationen von Fridays for Future ab 2019 sowie den Aktionen von Ende Gelände in den Braunkohlerevieren seit 2015 zum Werkzeugkasten der derzeitigen Klimabewegung gehört«.[90]

Die Debatte um zivilen Ungehorsam reicht in der Geschichte der Bundesrepublik Deutschland aber noch viel weiter, bis in die sechziger Jahre, zurück. In die Justizgeschichte eingegangen ist eine Sitzblockade Kölner Studentinnen und Studenten. Aus Protest gegen Fahrpreiserhöhungen im öffentlichen Nahverkehr setzten sie sich auf die Tram-Gleise. Der »Rädelsführer« dieser Aktion, der damalige AStA-Vorsitzende Klaus Laepple, wurde wegen »geistiger Nötigung« verurteilt. Der Bundesgerichtshof ging in seinem Urteil von 1969 davon aus, dass Gewalt nach Paragraf 240 Strafgesetzbuch auch derjenige ausübe, der sich eines psychischen Zwangs bedient. Das hieß für den konkreten Fall, der Student Laepple, der sich auf die Gleise setzte, habe den Schienenbahnfahrer faktisch zum Anhalten gezwungen. Das Gericht überdehnte den Begriff der Gewalt maßlos und untergrub dadurch politische Aktionsformen. Das Bundesverfassungsgericht ordnete später in seinen Entscheidungen zu Sitzblockaden (zuletzt 2011) diese Aktionsform in den Schutzbereich von Artikel 8 des Grundgesetzes (Versammlungsfreiheit) ein. Ziviler Ungehorsam wurde dadurch, wie es Samira Akbarian geschrieben hat, zu einer konkreten Verfassungsinterpretation.[91] In den achtziger Jahren erreichte die Debatte um zivilen Ungehorsam im Zusammenhang mit der Umwelt- und Anti-Atomkraft-Bewegung einen Höhepunkt. Jürgen Habermas warnte Gerichte und Staatsanwält:innen davor, einen »autoritären Legalismus« im Umgang mit den sozialen Bewegungen zu verfolgen.[92] Diese würden zwar bewusst gegen Strafrechtsnormen verstoßen, aber man dürfe sie nicht wie bloße Verbrecher behandeln, sondern müsse ihre Aktionen im Kontext der demokratischen Partizipation begreifen.

Das Thema ziviler Ungehorsam wurde also bereits in der Bonner Republik gesellschaftlich, politisch und juristisch ausgiebig verhandelt. Vieles an den derzeitigen Beiträgen über die Letzte Generation wirkt daher überraschend geschichtsvergessen. Nicht die Protestform ist neu, sondern der Anlass und womöglich die Dringlichkeit, mit der die Forderungen angesichts der Klimakatastrophe auf die Straße gebracht werden. Die Aktionsformen der Bewegung und ihre inhaltlichen Forderungen sind zweifelsfrei Bestandteil des Rahmens eines demokratischen Rechtsstaats. Die Gruppe nimmt die Versammlungsfreiheit nach Artikel 8 des Grundgesetzes in Anspruch und fordert einen nachhaltigen Umgang des Menschen mit den natürlichen Lebensgrundlagen ein, wie Artikel 20a des Grundgesetzes es vorsieht. Der Protest und der zivile Ungehorsam der Klimabewegung ist »sowohl radikal, weil er auf eine Veränderung des Systems abzielt, als auch systemimmanent, weil er die dem existierenden politischen System zugrundeliegenden Prinzipien in Anschlag bringt«.[93]

Im Gegensatz zu den reformistischen Forderungen der Bewegung stehen nicht nur ihre aufsehenerregenden Aktionen, sondern auch der politische, mediale und vor allem strafrechtliche und polizeiliche Umgang mit ihnen. Die Polizei handelte immer wieder exzessiv bei ihrem Vorgehen gegen Aktivist:innen der Letzten Generation. Dabei offenbarte sich eine exekutive Staatstechnik in der Tradition der »konstitutionell-monarchischen Niederhaltungspolizei«.[94] Rückendeckung erhielten die Einsatzkräfte dabei von der Politik. So brachte etwa die CDU/CSU einen Antrag in den Bundestag ein – erfolglos –, um Straßenblockaden und Beschädigungen von Kulturgütern schärfer zu bestrafen.[95]

Besonders frappant waren die Reaktionen in Bayern. Die Polizei verbrachte Aktivist:innen über mehrere Tage, manche sogar einen Monat lang, in Präventivhaft. Diese unterläuft die Prinzipien des Rechtsstaats: Sie wird zunächst von der Polizei verhängt und erst danach von einem Gericht bestätigt oder verworfen, wobei es dazu keine öffentliche Verhandlung gibt, die als Korrektur fungieren könnte. Auch die lange Haftdauer von bis zu zwei Monaten ist unverhältnismäßig. Die Präventivhaft wird jedoch von Seiten konservativer Politiker:innen immer wieder als Instrument gegenüber der Klimagerechtigkeitsbewegung legitimiert. Ronja Kemmer kommentierte am 4. November 2022 ein Posting der Letzten Generation, in dem diese die Ingewahrsamnahme von sechs Aktivist:innen in Bayern kritisierte. Die CDU-Bundestagsabgeordnete schrieb: »Das nennt sich übrigens Rechtsstaat – Demokratiekurs I: Rechtsstaat und Demokratie gehören zusammen.«[96] In dieser Äußerung setzte Kemmer den Rechtsstaat mit einer polizeilichen Ingewahrsamnahme gleich und offenbarte dadurch selbst ein defizitäres Demokratie- und Rechtsstaatsverständnis. Vergleichbares schrieb ihr Fraktionskollege Christoph Ploß: »Keine falsche Toleranz für Klimachaoten. Wer Menschenleben gefährdet, muss eine deutliche Antwort des Rechtsstaats bekommen. In Bayern können Richter bis zu 30 Tage Gewahrsam anordnen, um Wiederholungstaten zu verhindern. Dies sollte in ganz Deutschland möglich sein.«[97]

In den Debatten im bayerischen Landtag um das Polizeiaufgabengesetz – die rechtliche Grundlage für die polizeiliche Präventivhaft – hatte die Regierung des Freistaats noch versichert, dieses Repressionsmittel solle vor allem gegen islamistische Terrorist:innen eingesetzt werden. Um es gegenüber Klimaaktivist:innen in Anschlag zu bringen, bedarf es eines aufgeheizten Diskurses. Der CSU-Landesgruppenchef im Bundestag, Alexander Dobrindt, lieferte das entsprechende Framing und sprach konsequenterweise im Zusammenhang mit der Letzten Generation von der Gefahr einer »Klima-RAF«. Wenn der Klimaschutzbewegung terroristische Etiketten zugeschrieben werden, dient dies offensichtlich dazu, die unverhältnismäßigen polizeilichen Maßnahmen und Inhaftnahmen in der Öffentlichkeit zu legitimieren. In dieser Hinsicht ging der ehemalige CSU-Verkehrsminister Andreas Scheuer besonders weit, als er auf Twitter schrieb: »Hallo Justizminister! Hallo Innenministerin! Sperrt diese Klima-Kriminellen einfach weg! #BER #LetzteGeneration. Die Täter müssen Konsequenzen spüren.«[98] Die Aktionen der Klimaschutzbewegung machen die autoritäre und obrigkeitsstaatliche Haltung vieler Politikerinnen und Politiker sichtbar. Viel gefährlicher als jede Aktion der Letzten Generation ist es jedenfalls, wenn ein ehemaliger Bundesminister die Prinzipien der Gewaltenteilung missachtet und Minister:innen dazu auffordert, persönlich für die Inhaftierung von Protestierenden zu sorgen.

Neben solchen offensichtlich überzogenen Forderungen ist auch im Zusammenhang mit der Klimagerechtigkeitsbewegung eine ordnungspolitische Umdeutung des Rechtsstaatsbegriffs zu beobachten. Daniel Günther, Ministerpräsident von Schleswig-Holstein, eigentlich ein Liberaler bei den Christdemokraten, sagte der *Frankfurter Allgemeinen Zeitung* über die Aktionen der Letzten Generation: Er »billige niemandem zu, dass er die Gesetze nicht einhalten muss, weil er für ein höheres Ziel demonstriert. Das darf in einem Rechtsstaat nicht sein. Deshalb habe ich für solche Aktionen absolut kein Verständnis«.[99] Dass die Bundesregierung Gesetze und das Recht bricht, indem fortwährend die Pariser Klimaschutzziele unterlaufen werden, ist dem Ministerpräsidenten abseits der Schelte für die Protestierenden nicht erwähnenswert. Justizminister Marco Buschmann bediente sich einer ähnlichen Rhetorik, als er in der Sendung *Anne Will* vom 21. November 2022 sagte, er sei gekommen, »um den Rechtsstaat zu verteidigen«, nur um der Aktivistin Carla Hinrichs Vorwürfe bezüglich ihrer Aktionsformen entgegenzuhalten. Als die Sprecherin der Letzten Generation ihrerseits den

Vorwurf erhob, es sei ja gerade die Regierung, die das Recht und die Verfassung breche, blieb der Justizminister eine konkrete Antwort schuldig.

Auch CDU-Oppositionsführer Friedrich Merz schloss sich der Kampagne gegen die Klimabewegung an. Beim Festkleben auf Straßen oder Flughäfen handle es sich um »schwere Straftaten«, hier müsse der »Rechtsstaat Zähne« zeigen.[100] Offensichtlich geht es dem Juristen Merz nicht um juristische Differenzierung. Vielmehr will er den Protest der Letzten Generation pauschal unter einen kriminellen Generalverdacht stellen. Er ruft ein repressives und martialisch inszeniertes Rechtsstaatsverständnis auf, das nur den strafenden Staat umfasst. Die »Zähne des Rechtsstaats« sind jedoch die Anwält:innen der Betroffenen, die ihre Mandant:innen mit rechtsstaatlichen Mitteln in den Strafverfahren effektiv verteidigen.

In dieselbe Richtung wie Merz schoss auch Verkehrsminister Volker Wissing. Auf Twitter tat er kund: »Die kriminellen Machenschaften der ›Letzten Generation‹ sind der Versuch, von den Mitbürgerinnen und Mitbürgern ein anderes Verhalten zu erzwingen. Der Rechtsstaat muss sich gegen die Straftäter entschlossen zur Wehr setzen«.[101] Der Begriff »Machenschaften« suggeriert ein Verhalten, das sich im Verborgenen abspielt und durch das sich jemand oder eine Gruppe einen Vorteil zu Lasten anderer verschaffen will. Auf die Letzte Generation trifft das offensichtlich nicht zu. Weder finden die Aktionen im Geheimen statt – sie tragen ja gerade ihre Proteste öffentlich und mit Klarnamen auf die Straße –, noch wollen die Aktivist:innen sich persönlich einen unmittelbaren Vorteil verschaffen, sondern sie setzen sich für die weitere Bewohnbarkeit des Planeten für alle ein. Und der Bewegung geht es auch gar nicht darum, ein anderes Verhalten der Mitbürger:innen zu erzwingen. Sie rufen die politisch Verantwortlichen auf, sich für einen effektiven Klimaschutz einzusetzen. Dass hier erneut der Rechtsstaat aufgerufen wird, um sich »entschlossen zur Wehr zu setzen«, ist die Krönung des in jeder nur denkbaren Hinsicht sprachlich vollkommen missglückten Postings des Bundesverkehrsministers.

Die Versuche, die Letzte Generation zu kriminalisieren, gipfelten in einer bundesweiten Razzia im Mai 2023, die von der Generalstaatsanwaltschaft in Bayern beantragt wurde. Ausgangspunkt war die Annahme, dass es sich bei der Bewegung um eine kriminelle Vereinigung im Sinne von Paragraf 129 des Strafgesetzbuchs handeln könnte. Mit diesem »Türöffnerparagraf« gehen umfassende staatliche Eingriffe wie Observationen, Überwachungsmaßnahmen und Hausdurchsuchungen einher. Nancy Faeser begrüßte das Vorgehen und sagte, der »Rechtsstaat lässt sich nicht auf der Nase herumtanzen«.

Dabei werfen die Hausdurchsuchungen und die Maßnahmen der Staatsanwaltschaft die Frage auf, ob hier nicht grundlegende rechtsstaatliche Prinzipien gebrochen wurden. Unter Jurist:innen ist höchst umstritten, ob die Letzte Generation als kriminelle Vereinigung eingestuft werden kann. Viele widersprechen einer solchen Einschätzung vehement.[102] Tatsächlich ist das übergeordnete Ziel der Bewegung nicht darauf gerichtet, gemeinschaftlich Straftaten zu begehen, sondern mit grenzüberschreitenden Protestformen Druck auf die Politik für einen effektiven Klimaschutz auszuüben. Die Straftaten selbst stehen nicht im Vordergrund. Zudem bedient sich die Gruppe Straßenblockaden, die zwar einen Eingriff in den Straßenverkehr und Nötigungshandlungen zur Folge haben, aber in jedem konkreten Einzelfall mit den Grundrechten auf Versammlungs- und Meinungsfreiheit abzuwägen sind. Unabhängig von dieser juristischen Debatte beging die Staatsanwaltschaft in München grundlegende Fehler bei den Durchsuchungen, die Fragen der Rechtsstaatlichkeit berühren. Beispielsweise stellte sie zeitweilig die Homepage der Bewegung sicher und veröffentlichte darauf ein Statement, mit dem sie – ohne dafür eine taugliche Rechtsgrundlage zu haben – die Hausdurchsuchungen offensiv legitimierte und potenzielle Spender:innen der Letzten Generation abschrecken wollte. In diesem Zusammenhang fand sich auf der Homepage zunächst ein Text, in dem stand, es handele sich bei der Letzten Generation um eine kriminelle Vereinigung. Wenn die Staatsanwaltschaft eine solche Feststellung trifft, greift sie einem rechtsstaatlichen Verfahren vor und begeht eine unzulässige Vorverurteilung.

Schließlich vollzog sich die ordnungspolitische Umdeutung des Rechtsstaatsbegriffs besonders drastisch im Umgang der Politik mit den Protesten der Klimagerechtigkeitsbewegung in Lützerath Anfang 2023. »Wir müssen von vornherein dafür sorgen, dass denen, die diesen #Rechtsstaat herausfordern und die sich nicht an die Regeln halten wollen, die Grenzen aufgezeigt werden. Das tun einige Bundesländer nicht ausreichend«, schrieb Friedrich Merz im Vorfeld der Proteste.[103] Tatsächlich fand ein martialischer Polizeieinsatz vor Ort statt, um das Dorf Lützerath zu räumen. Der Energiekonzern RWE, einer der sogenannten Carbon Majors,[104] will dort die restliche vorhandene Kohle abbauen. Der nordrhein-westfälische Innenminister Herbert Reul gab der Zeitschrift *Cicero* ein Interview, in dem er vollmundig die Aktivist:innen kritisierte. Ihn rege auf, »dass offensichtlich da eine Gruppe in der Gesellschaft unterwegs ist, die nicht weiß, was Demokratie und was demokratischer Rechtsstaat heißt«.[105] Der Konflikt zeige, dass es »um die grundsätzliche Frage unseres Zusammenlebens geht«. Man müsste den Innenminister fragen, ob er selbst überhaupt versteht, was mit Demokratie und Rechtsstaatlichkeit gemeint ist.

Intendierte und nichtintendierte Verschiebungen des Rechtsstaatsbegriffs

Die ordnungspolitischen Umdeutungen des Rechtsstaatsbegriffs sind für die juristische und politische Praxis gefährlich, weil sie von Akteur:innen aus allen politischen Parteien des demokratischen Spektrums in der Innenpolitik vorangetrieben werden. Sie erfolgen sowohl intendiert als auch nichtintendiert. Ganz überwiegend handelt es sich um eine strategische Verschiebung, mit der exekutives Handeln ohne rechtliche Beschränkungen legitimiert werden soll. Die Akteur:innen dieser Strategie benutzen den Begriff »Law and Order«

nicht nur wegen des Anglizismus deutlich seltener. Diese Formel verwendet man allerhöchstens dann, wenn man sich als hart und durchsetzungsstark profilieren möchte. Sie steht jedoch stets unter Populismusverdacht. Mit dem Rechtsstaatsbegriff zeigt man hingegen, dass man angeblich »nur« das Recht und die Grundlagen des gesellschaftlichen Zusammenlebens durchsetzen will.

Diese Strategie verfängt in der Öffentlichkeit. »Ursache der Begriffsverwirrung mag zum Teil die Tölpelhaftigkeit von Bauchpolitikern sein, die einfach nur einem verunsicherten Zeitgeist antworten«, wie der Journalist Wolfgang Janisch anmerkt.[106] Aber viele Medien hinterfragen den widersinnigen Einsatz dieses Begriffs nicht, diskutieren nicht die Intentionen der Akteur:innen und ordnen entsprechende ordnungspolitische Wortbeiträge nicht ein. In aller Regel tragen die Zeitungsartikel sogar den Begriff »Rechtsstaat« im Titel, wenn es um das behördliche Durchgreifen oder die ordnungspolitische Straflust geht. In zahlreichen Kommentaren und Meinungsbeiträgen übernehmen Journalist:innen diese Umdeutungsstrategie – bewusst oder unbewusst – und fordern härtere Strafen oder mehr Polizei. Die Medien agieren dadurch als Multiplikator der ordnungspolitischen Umdeutung.

Einige Akteur:innen aus dem linksliberalen Spektrum versuchen, auf diese Weise bei einer vermeintlichen bürgerlichen Mitte anzudocken. Gerade Sozialdemokraten und Grüne stehen bei anstehenden Wahlkämpfen unter dem Verdacht, mit ihnen breche das Chaos aus und der Kriminalität werde freier Lauf gelassen – obschon beide Parteien ganz sicher nicht ihre staatstragende Mentalität unter Beweis stellen müssen.

Letzten Endes wird der demokratische Diskurs durch einen ordnungspolitischen Rechtsstaatsbegriff verengt: Statt über legale Einreisewege für Asylsuchende und ihre Rechte aus dem internationalen und europäischen Flüchtlingsrecht wird ausschließlich über die Ordnung an den Grenzen und »Rückführungsoffensiven« diskutiert; Debatten über die rechtsstaatliche Kontrolle der Polizei werden erstickt und eine Wagenburgmentalität wird gefördert, die Kritik am Staatsapparat delegitimiert; die Ursachen von Kriminalität werden nicht sozialpolitisch beantwortet, sondern sicherheitspolitisch bekämpft; und die Proteste der Klimagerechtigkeitsbewegung werden mit dem Siegel der vermeintlichen Antirechtsstaatlichkeit verunglimpft, statt sie als wichtige Impulse für den demokratischen Rechtsstaat zu verstehen. Auf diesem Nährboden agieren extreme und neurechte Akteur:innen, die über eine reine Ordnungspolitik deutlich hinausgehen.

4
Usurpation
Wie der Rechtsstaat gekapert wird

Das Banner des Rechtsstaats wird heute vielerorts von Rechten auf die Straße getragen. Die AfD wirbt unter dem Slogan »Wir sind das Grundgesetz« für ihre angebliche Bürgerlichkeit, und während der Coronapandemie gingen selbsternannte Querdenker mit organisierten Neonazis als »demokratischer Widerstand« auf die Straße, um die Maßnahmen zur Eindämmung des Virus als unvereinbar mit dem Rechtsstaat zu kritisieren. »Die extreme Rechte versucht, auch die Möglichkeiten des Rechtsstaates zu nutzen, um die Demokratie und die Zivilgesellschaft abzuschaffen«, so der Journalist Rudolf Kleinschmidt.[1]

Schon länger bauen die Mitglieder der Szene juristische Netzwerke auf. So wurden etwa in der Vergangenheit Hilfsorganisationen für inhaftierte Kamerad:innen gegründet. Mit dem Deutschen Rechtsbüro hat sich Anfang der neunziger Jahre eine juristische Unterstützungsstruktur gebildet.[2] Bundesweit sind rechte Anwält:innen als Verteidiger:innen tätig.[3] Doch die Verfassung oder den Rechtsstaat machte sich die extreme Rechte zu der Zeit, als die NPD, rechte Kleinstzellen und freie Kameradschaften die Szene dominierten, nur selten zu eigen. Die Bezüge waren meist strategischer Natur, um unter Verweis auf die Meinungs- und Versammlungsfreiheit eine rassistische Ideologie in die Öffentlichkeit zu tragen. Man sah in beidem vornehmlich ein Hindernis für den »Willen des deutschen Volkes«, der nach 1945 angeblich durch die Besatzungsmächte eingeschränkt worden war. So hieß es noch im Grundsatzprogramm der NPD von 2010 unmissverständlich: »Weil die Herrschenden dem eigenen Volk mißtrauen, verfügt die Bundesrepublik bis heute über keine demokratisch legitimierte Verfassung. Das Grundgesetz beruht nicht auf dem Prinzip der Volkssouveränität, da das Volk darüber bis heute nie abstimmen durfte.«

Mit dem Aufstieg der Neuen Rechten hat sich das in den letzten Jahren geändert. Nun wird viel stärker versucht, sich die Begriffe und Prinzipien des Rechts anzueignen und in der Tradition von Carl Schmitt und anderen entsprechende Umdeutungen in die Wege zu leiten. In Abgrenzung zu den ordnungspolitischen Umdeutungsversuchen der etablierten demokratischen Parteien geht es der extremen und der Neuen Rechten aber noch um ein viel weiter reichendes Ziel: Sie möchten den Rechtsstaat und die Verfassung als wirkmächtige Schranken für eine rassistische Politik kapern, umbauen und die Unabhängigkeit des Rechts untergraben.

In seinem Vortrag *Aspekte des neuen Rechtsradikalismus* aus dem Jahr 1969 bemerkt Theodor W. Adorno, dass man die extrem rechten Bewegungen trotz »ihres niedrigen Niveaus und [...] ihrer Theorielosigkeit« nicht unterschätzen dürfe.[4] Wenngleich die Neue Rechte den Anspruch erhebt, der Bewegung einen gewissen theoretischen Unterbau verliehen zu haben, so ist der eigentliche Kern ihres Denkens im Umgang mit Begriffen wie dem des Rechtsstaats oder dem der Verfassung weiterhin jene Gefahr, die Adorno in seinem Vortrag benennt: »Die Propaganda ist vor allem darin genial, daß sie bei diesen Parteien und diesen Bewegungen die Differenz, die fraglose Differenz zwischen den realen Interessen und den vorgespiegelten falschen Zielen ausgleicht. Sie ist wie einst bei den Nazis geradezu die Substanz der Sache selbst«.[5] In der propagandistischen Umdeutung des Rechts für die Interessen der Rechten liegt daher die nach Adorno eigentliche Substanz ihrer Strategie begründet. In Deutschland haben beispielsweise die Identitäre Bewegung, das Institut für Staatspolitik, aber auch Strömungen innerhalb der AfD eine solche Strategie adaptiert.

Entsprechende Landnahmen im Recht lassen sich in den unterschiedlichen Spielarten der globalen autoritären Verfassungspolitik und insbesondere in den Vereinigten Staaten nachweisen. Die sogenannte Alt-Right, die Mitte der 2000er Jahre aus extrem rechten Bewegungen in den USA hervorging und während der Amtszeit von Donald Trump große Aufmerksamkeit genoss, reklamiert das Label des »Verfassungspatriotismus« für sich. Man versteht sich als die eigentlichen Verteidiger der Freiheitsrechte und ordnet sich in die Tradition der Founding Fathers ein. Der Bezug auf die Verfassung erfüllt vor allem die Funktion, den »Rassismus, die Bigotterie und den Sexismus zu legitimieren, zu verschleiern und dadurch ein breiteres Publikum anzusprechen«, wie es der US-amerikanische Rechtswissenschaftler John E. Finn in seinem Buch *Fracturing the Founding* beschreibt.[6] Die extreme Rechte in den

USA hat die Verfassungspolitik als zentrales Feld für ihre politischen Strategien »entdeckt«. Durch Donald Trumps Berufungen von Neil Gorsuch, Brett Kavanaugh und Amy Coney Barrett an den US-Supreme Court sowie den bereits seit Längerem amtierenden Richtern Clarence Thomas und Samuel Alito haben rechte Kräfte eine Mehrheit im Obersten Gericht. Aus strategischen Gründen von republikanischen und christlich-fundamentalistischen Bewegungen sowie aus den Reihen der Waffenlobby angestrengte Prozesse sind das Ergebnis dieser Entwicklung. Sie klagen nur aus einem einzigen Grund: weil sie überzeugt sind, dass der Moment günstig ist, um die eigene politische Agenda auf juristischem Wege voranzubringen. Die lange Zeit zum Handlungsrepertoire liberaler Bürger:innenrechtsbewegungen zählende Rechtsmobilisierung wird immer öfter von rechts aus betrieben – mit großem Erfolg und als Gefahr für die Demokratie.

Im Folgenden liegt der Fokus auf rechten Kräften in Deutschland. Zunächst arbeite ich das grundsätzliche Konfliktverhältnis zwischen dem rechten Autoritarismus und dem Rechtsstaat heraus. Anschließend zeichne ich Diskurse innerhalb der Neuen Rechten und der AfD als zentralen Akteuren nach und mache die Unterschiede wie auch die Verbindungslinien zur ordnungspolitischen Umdeutung des Rechtsstaatsbegriffs sichtbar.

Es ist kein Wunder, dass rechte Kräfte lange Zeit skeptisch waren, wenn es darum ging, sich den Rechtsstaatsbegriff anzueignen. Schließlich stellt er ein ernst zu nehmendes Hemmnis für ihre Politik dar. Rechte Ideologien gehen von »einer natürlichen, durch Abstammung, Herkunft, Religion, Hautfarbe, Kultur oder sonstige Diversitäten bedingten Ungleichwertigkeit von Menschen aus«.[7] Der Rechtsstaat ist zwar historisch auch durch Ausschlüsse geprägt, enthielt und enthält aber ein normatives Programm, das zumindest formell eine universelle Gleichheit vor dem Gesetz deklariert. Rassistische Strategien und Ideologien lassen sich daher nicht bruchlos in ein solches Verständnis überführen. Doch gab es in der Geschichte Versuche, das Recht und den Rechtsstaatsbegriff für rassistische und antisemitische Herrschaftsprojekte in Anschlag zu bringen, wie nicht zuletzt die Umdeutungsdebatten vor und in der Zeit des Nationalsozialismus unter Beweis stellen (siehe Kapitel 2). Doris Liebscher zufolge hatten rechtliche Regulierungen in unterschiedlichen Herrschaftsverhältnissen wie dem Kolonialismus oder dem Nationalsozialismus »entscheidenden Anteil an der Rationalisierung, Legitimierung und Operationalisierung« rassistischer Herrschaft. Es ging darum, »Recht so zu formulieren bzw. anzupassen, dass die identitätsstiftende und Diskriminierung und Gewalt legitimierende rassistische Trennung aufrechterhalten wurde«.[8]

Das moderne Recht stellt für autoritäre Akteur:innen zugleich ein enormes Risiko dar, denn es ist bis zu einem gewissen Grad unabhängig von den gesellschaftlichen Kräfteverhältnissen: Herrschaftsinteressen lassen sich nicht eins zu eins in das Recht übersetzen. Dieses kann vielmehr für politisch marginalisierte Gruppen einen »Aufschub der Macht« liefern und sich »gegenüber unmittelbaren Zugriffen mächtiger Interessen« abschotten.[9] Das Recht ist offen für die Anliegen marginalisierter Gruppen, »indem es auch den Kampferfolgen der Beherrschten rechtlich Geltung verschafft und diesen Errungenschaften dadurch Anerkennung verleiht«.[10] Die zahlreichen erfolgreichen strategischen Prozessführungen und Rechtsmobilisierungen aus der Vergangenheit, die subjektive Rechtspositionen von Geflüchteten, LGBTQIA+-Personen und Indigenen ausgeweitet haben, wären nicht möglich gewesen, wenn das Recht ausschließlich Herrschaftsinteressen legitimierte. Nicht selten sind autoritäre Angriffe auf das Recht eine Reaktion auf erfolgreiche Rechtskämpfe aus dem progressiven Lager. Man denke nur an die globalen Initiativen, die sich für eine Strafverschärfung von Schwangerschaftsabbrüchen einsetzen, nachdem es in vielen Staaten in der Folge von Kämpfen in den Parlamenten, auf den Straßen und vor Gerichten zu wichtigen Fortschritten gekommen war. Der gesellschaftliche Rückschritt beim Recht auf Abtreibung in den USA, ausgelöst durch die Entscheidung des Supreme Court in der Rechtssache *Dobbs v. Jackson Women's Health Organization* von 2022, wurde global mit großer Aufmerksamkeit verfolgt.[11]

Wer jedoch mit dem Recht argumentiert oder es nutzen will, muss sich »[e]inlassen auf die eigene Logik der juridischen Verfahren«.[12] Ein Innenminister mag sich im politischen Feld für rigorose Abschiebungen einsetzen und dies mit (rassistisch konnotierten) Sicherheits- und Ordnungserwägungen begründen, aber vor Gericht wird sein Handeln im Lichte der Grund- und Menschenrechte rechtfertigungsbedürftig. Selbst ein fulminanter Wahlsieg, eine »Revolution an der Wahlurne«, wie Viktor Orbán seinen Triumph von 2010 bezeichnete, die parteipolitische Instrumentalisierung der Bürokratie oder die Kaperung der Medien garantieren kein vollständiges Durchregieren, wenn das unabhängige Rechtssystem intakt ist. Das mussten autoritäre Akteur:innen immer wieder erleben, zuletzt etwa Sebastian Kurz, Donald Trump oder Jair Bolsonaro. Als Trump kurz nach seinem Amtsantritt seinen sogenannten »Muslim Travel Ban«, ein Einreiseverbot für Menschen aus sieben islamisch geprägten Ländern, per Exekutivanordnung dekretierte, wurden Anwält:innen zu den »Helden der Anti-Trump-Bewegung«, indem sie die Executive Order durch Eilrechtsprozesse vor den Gerichten aufheben konnten.[13] Bolsonaro gelang es bis zum Ende seiner Amtszeit nicht, das Verfassungsgericht vollständig auf seine Linie zu bringen.

Im Zeitalter des globalen Autoritarismus setzen die politischen Kräfte der Mitte und der Linken immer öfter auf die Gerichte als letzte Bastionen. »Die Unabhängigkeit, mit der die Justiz ihre Kontrollfunktion ausübt, ist von zentraler Bedeutung für die Demokratie«, schreibt die Publizistin Natascha Strobl. Für autoritäre Akteur:innen »wird sie daher zur Gegnerin«.[14] Überall dort, wo die autoritäre Rechte in den vergangenen Jahren Wahlerfolge erzielen konnte, ging sie gleich nach dem Wahlabend dazu über, die Rechtsstaatlichkeit anzugreifen, Institutionen des Rechts zu kapern, umzubauen oder zu demontieren. Oft wird bei diesem globalen Phänomen die »Demokratie« beziehungsweise ein angeblich unterstellter Wille des Volkes gegen die Verfassungsgerichtsbarkeit in Anschlag gebracht.[15]

Der Instrumentenkasten, aus dem die autoritäre Rechte für ihre Angriffe auf die Justiz schöpfen kann, ist umfangreich und folgt einer »Staatstechnik, die konstitutionellen Opportunismus mit einer spezifischen Sicherheitsagenda und imperativen, durchweg die Exekutive privilegierenden, vielfach informellen Handlungsformen kombiniert«.[16] Günter Frankenberg zählt zu dieser autoritären Staatstechnik gezielte Angriffe auf die Unabhängigkeit der Justiz, zum Beispiel durch die Frühverrentung und den Austausch von Richter:innen, wie sie in Polen und Ungarn stattgefunden haben, rechtlich unkontrollierbare Machtbefugnisse für die Exekutive, normalisierte Ausnahmezustände und informalisierte Staatspraktiken ohne gesetzliche Grundlage.[17] Ein solches autoritäres Rechtsstaats- und Verfassungsprojekt läuft darauf hinaus, die Macht der Exekutive von ihren rechtsstaatlichen Schranken zu befreien, damit rassistische Herrschaftspraktiken umso stärker um sich greifen können. »Wenn unmittelbare Gewaltverhältnisse, politische oder ökonomische Logiken [die Rechtsform] implodieren lassen, wird die relationale Autonomie zerstört« und das Recht verkommt zu einer reinen »Attrappe«.[18]

Bei aller Unterschiedlichkeit der politischen Strategien dürfte ein gemeinsames Ziel der rechten Bewegungen darin liegen, das Recht als Feld von Kämpfen für progressive Akteur:innen zu verschließen und es somit für den Schutz der eigenen Interessen zu instrumentalisieren. Wenn sie den Rechtsstaatsbegriff für sich reklamieren, verfolgen sie tatsächlich das Ziel, ihn autoritär auszuhöhlen. Anders als in anderen Staaten ist in Deutschland bislang weder die extreme noch die Neue Rechte in Regierungsverantwortung gekommen, aber die Diskussionen um den Rechtsstaat werden in den strategischen und theoretischen Debattenbeiträgen wie auch in den Plenarsälen mit großer Akribie ausgetragen.

Die metapolitische Strategie der Neuen Rechten im Umgang mit dem Rechtsstaatsbegriff

»Die alte Rechte ist tot. Sie hat es wohl verdient«, schreibt der neurechte Vordenker Alain de Benoist in seinem Hauptwerk *Kulturrevolution von rechts.*[19] De Benoist, der heutzutage als zentrale Referenz für Akteure der Neuen Rechten wie die Identitäre Bewegung oder das Institut für Staatspolitik gilt, ging es in den achtziger Jahren um eine intellektuelle und strategische Neuausrichtung der Rechten in Frankreich. Seine Arbeiten üben bis heute einen großen Einfluss aus und haben rechten Gruppen und Denker:innen starken Aufwind in der medialen und wissenschaftlichen Aufmerksamkeit beschert.

De Benoist bediente sich für seine neue strategische Debatte bei den staatstheoretischen und kulturpolitischen Analysen des Kommunisten Antonio Gramsci, der in seinen *Gefängnisheften* die Niederlage sozialistischer Bewegungen in Europa analysiert hatte. Von Gramsci entlieh sich de Benoist die Überzeugung, dass eine politische Kraft, will sie langfristig erfolgreich sein, nicht vorrangig darauf abzielen dürfe, so schnell es geht die Macht im Staat zu erringen. Vielmehr müsse sie im sogenannten vorpolitischen Raum, in der Bildung, der Kultur, den Medien, eine Deutungshoheit erlangen, um ihre Ideologie gesellschaftlich zu verankern. Die Macht erringt man nicht durch den Wahlakt, sondern durch eine nachhaltige Veränderung der gesellschaftlichen Kräfteverhältnisse, so die Annahme. De Benoist bezeichnet diese Vorgehensweise als Metapolitik. Diese verfolge das Ziel, »grundlegende Denkrichtungen einer Gesellschaft zu prägen und zu bestimmen, um so den Bereich der (politischen) Kultur zu besetzen, der dann – mittel- oder langfristig – auch zu einer politischen Neuordnung im Sinne der Neuen Rechten führen soll«.[20]

Der Begriff der Metapolitik stammt weder von Antonio Gramsci noch von de Benoist selbst. Er geht ursprünglich auf den französischen Gegenaufklärer Joseph de Maistre zurück. Dieser hatte ihn in seinem *Essai sur le principe générateur des constitutions politiques* von 1814 eingeführt. De Maistre sah den Erfolg der Französischen Revolution zu einem großen Teil in einer bürgerlichen Metapolitik begründet, die lange vor dem Sturm auf die Bastille im vorpolitischen Raum die Ideen der Aufklärung verbreitet und im sprichwörtlichen Sinne salonfähig gemacht habe. Als überzeugter Reaktionär schlug er vor, diese Strategie zu kopieren und mit einer rechten Metapolitik die Errungenschaften von

1789 zurückzudrängen. Die demokratische Rechtsstaatsidee wies de Maistre vehement zurück. Er wendete sich gegen das moderne Recht, das seine Legitimation aus dem demokratischen Verfahren und aus sich selbst heraus schöpft. Vielmehr gebe es allgemeingültige Prinzipien, so de Maistre, die jedem Recht vorausgingen, wie die Ordnung, die Staatsräson oder der göttliche Wille.[21] An derartige staatstheoretische Überlegungen konnten Akteure wie Carl Schmitt im Dritten Reich oder die Apologeten der Neuen Rechten anknüpfen.

Die Neue Rechte in der Bundesrepublik hat de Maistre, Schmitt und de Benoist folgend den Kampf um die Begriffe aufgenommen. Karlheinz Weißmann, einer ihrer wichtigsten Vordenker:innen, schreibt im Vorwort zu dem von ihm mitherausgegebenen *Staatspolitischen Handbuch*: »Wer über Begriffe herrscht, der herrscht auch über Menschen und über Verhältnisse.«[22] Selbstbewusst will der neurechte Ideologe Weißmann »vor der Macht« nicht resignieren. Er empfiehlt den Rechten, »Veränderung einzuleiten«, Worte zu besetzen und zu verändern und sein Handbuch »für den Gebrauch in der Auseinandersetzung« zu benutzen.[23] Interessanterweise liefert Weißmann in seinem Lexikon, das angeblich die wichtigsten staatspolitischen Begriffe besetzen soll, keine Definition des Rechts oder des Rechtsstaats. Er benennt diese Lücke selbst als eine solche, handele es sich hierbei doch um »Begriffe von zu großer Allgemeinheit« – wobei er sich Definitionen nicht minder allgemeiner Begriffe wie Autorität, Natur oder Staat durchaus zumutet.[24]

Dennoch erfährt man in dieser Enzyklopädie implizit etwas über das Rechtsverständnis der Neuen Rechten. Ein Gegenbegriff zum Rechtsstaat, den nicht nur de Maistre und Schmitt in Anschlag bringen, sondern auch Weißmann, ist »Ordnung«. Darunter versteht Weißmann »das sinnvolle und regelmäßige Zusammenwirken einer Vielheit, die dadurch eine Einheit – eben die Ordnung – bildet«.[25] Störungen der politischen Ordnung würden von den »Linken gar nicht, von den Liberalen kaum, von den Konservativen sehr ernst genommen«.[26] Hierarchien, Autorität und Erziehung sollen nach Weißmann die Ordnung bewahren. Das Recht spielt keine Rolle, es ist in Weißmanns Denken entweder Ergebnis des problematischen Erbes der Französischen Revolution oder schlicht abwesend.

Im Denken der Neuen Rechten avancierte »Ordnung« konsequenterweise zu einem Bezugspunkt der eigenen strategischen Begriffspolitik. Gemeint ist damit aber etwas anderes als bei den »Law and Order«-Apologet:innen, denen es um eine Durchsetzung des repressiven Rechts geht. Dennoch gibt es hier Überschneidungen, die ein Einströmen rechten Denkens in die gesellschaftliche Mitte ermöglichen. In Bezug auf die Unterscheidung zwischen Ordnung und Rechtsstaat wird der Publizist und AfD-Grundsatzreferent Dimitrios Kisoudis noch expliziter als Weißmann. »Ordnung, nicht Differenz, ist der Grundbegriff rechten Denkens«, schreibt er in einem Beitrag für das neurechte Organ *Sezession*.[27] Die Anordnung der Gesellschaft sieht Kisoudis durch »Feministen, Minderheitenvertreter, Gender-Ideologen und Antirassisten« gefährdet.[28] Durch illegale Zuwanderung und Clankriminalität werde deutlich, dass der Rechtsstaat nicht mehr funktioniere. »Der Rechtsstaat lebte davon, daß die Staatsbürger die Rechtsordnung internalisiert hatten. [...] Die Migranten haben unsere Rechtsordnung nicht verinnerlicht.«[29] In dieser konstruierten Krisensituation sieht Kisoudis nach dem Rechtsstaat und dem Sozialstaat nun die Zeit des Ordnungsstaats gekommen: »Der Ordnungsstaat ist der Selbstverteidigungsmodus des Rechtsstaats.«[30] Mit Rechtsstaat meint Kisoudis hier jedoch vornehmlich einen Staat, der sich aus dem sozialen Gefüge zurückzieht, sich auf die »staatliche Kernaufgabe« besinnt, mit »Polizei und Ordnungsrecht die öffentliche Ordnung zu sichern«, denn: »Ordnung muß sein.«[31] Nicht nur tilgt er jedes soziale (Rest-)Element aus dem Begriff des Rechtsstaats, er nutzt ihn lediglich als Vorwand, um im Sinne einer typischen neurechten Umdeutungsstrategie dahinter den starken Ordnungsstaat des ungezügelten Gewaltmonopols walten zu lassen.

Doch der Ordnungsstaat ist noch keine Realität, und auch die Neue Rechte weiß, dass sie für ihre politischen Vorstellungen kämpfen muss. Versuche, ein solches Denken in einer größeren Öffentlichkeit salonfähig zu machen, lassen sich insbesondere seit 2014 mit dem Aufkommen der Pegida-Bewegung sowie mit den Debatten um die europäische Migrationspolitik nachzeichnen. Götz Kubitschek, Gründer des Instituts für Staatspolitik und Leiter des Antaios-Verlags in Schnellroda, sprach 2015 bei einer Pegida-Versammlung davon, dass es mehr Widerstand gegen die »Auflösung unseres Volkes« geben müsse.[32] Er umriss drei mögliche Formen:

Demonstrationen, die selbstjustizielle Grenzsicherung und ziviler Ungehorsam in Form von Blockaden gegen Asylunterkünfte. »Es gibt Zeiten, in denen es legitim ist, jenseits geltender Gesetze zu handeln, und zwar dann, wenn die Rechtsordnung an sich aus den Fugen gerät.« Kubitschek wählte seine Worte nicht ohne Grund mit nachdrücklichem Pathos, verbreitete er doch eine Erzählung von Selbstermächtigung und Befreiung gegen die angebliche Außerkraftsetzung der etablierten Ordnung. Das Publikum fragte er: »Sind wir bereit, auf friedliche Weise gegen die kleine Ordnung zu handeln, um die große Ordnung zu schützen?«

Juristisch »legitimiert« wird Kubitscheks rechter Ungehorsam durch den seit Längerem in der Neuen Rechten einflussreichen Juristen Thor von Waldstein. In einem »Gutachten« spricht er von einem »Putsch von oben«, den die Bundesregierung seit 2015 durch die »illegale Massenzuwanderung« betreibe.[33] Unter Verweis auf das grundgesetzliche Widerstandsrecht gegen die Regierung rechtfertigt er ungehorsame rechte Aufrufe und diskutiert die Verhältnismäßigkeit unterschiedlicher Widerstandshandlungen. Der Rechtsstaatsbegriff wird durch den Verfasser nicht eigenständig bestimmt. Er behauptet lediglich *en passant*, es würden »unzählige vollendete vorsätzliche Rechtsbrüche der Regierung« vorliegen. In Kubitscheks Rede kommen die Begriffe »Demokratie« und »Rechtsstaat« noch nicht einmal vor. Im Zentrum steht vielmehr die Verteidigung einer angeblichen »Staatsidee«. Kubitschek will dem »Staat Beine machen«, damit dieser wieder »zu sich selbst zurückfindet«. Es geht also nicht darum, individuelle Rechte zu verteidigen oder für mehr Demokratie einzustehen, sondern schlicht darum, eine territoriale Ordnung zu zementieren.

Derlei Töne finden sich auch in der sogenannten »Gemeinsamen Erklärung 2018«, einem aus zwei Sätzen bestehenden Aufruf. Zu den Erstunterzeichner:innen gehörten unter anderem der Romanautor Uwe Tellkamp, der bereits erwähnte Karlheinz Weißmann, Thilo Sarrazin – damals noch SPD-Mitglied –, die Publizistin Vera Lengsfeld, der Journalist Michael Klonovsky und der Herausgeber der *Jungen Freiheit*, Dieter Stein. Inmitten des tobenden Abschiebediskurses schrieben die Unterzeichnenden: »Mit wachsendem Befremden beobachten wir, wie Deutschland durch die illegale Masseneinwanderung beschädigt wird. Wir solidarisieren uns mit denjenigen, die friedlich dafür demonstrieren, dass die rechtsstaatliche Ordnung an den Grenzen unseres Landes wiederhergestellt wird.« Wenngleich die Initiatorin Vera Lengsfeld bei einem Auftritt in der AfD-nahen Desiderius-Erasmus-Stiftung noch einmal betonte, es gehe den Petent:innen um eine »Wiedereinsetzung von Rechtsstaatlichkeit«, dient dieser Begriff nur als Staffage.[34] Das Ziel der Erklärung ist nichts weniger als ein Abgesang auf die individuellen Grund- und Menschenrechte, die Geflüchtete qua Europarecht und Genfer Flüchtlingskonvention genießen. Hier zeigte sich der Versuch, den Rechtsstaat als einen durch Grenzen ausschließenden Territorialstaat zu verteidigen. Vage werden dabei all jene Menschen und Bewegungen unterstützt, die sich gegen das Asylrecht formieren, darunter können beispielsweise »besorgte Bürger«, Pegidist:innen, Identitäre und vigilantistische Grenzwächter subsumiert werden.

Mit Initiativen wie der von zahlreichen selbsternannten Konservativen unterzeichneten »Gemeinsamen Erklärung 2018« wie auch der Inanspruchnahme des Begriffs »bürgerlich« durch die AfD und andere Akteure dringt die Neue Rechte in den Mainstream-Diskursraum ein, um ihre rassistische, völkische und ausgrenzende Politik in eine breite Öffentlichkeit zu tragen. »Die gesellschaftliche Mitte [...] ist also genau der Ort, an dem die Neue Rechte wirkt und Fuß zu fassen versucht. Und es ist auch der Ort, an dem ihre Konzepte und Ideen Anklang finden.«[35] Ihr geht es darum, und daraus macht sie keinen Hehl, die demokratischen und rechtsstaatlichen Institutionen Schritt für Schritt nach ihrem Gusto umzuinterpretieren, um dieses System zu überwinden. »Unser Ziel ist nicht die Beteiligung am Diskurs, sondern sein Ende als Konsensform. Nicht ein Mitreden, sondern eine andere Sprache, nicht der Stehplatz im Salon, sondern die Beendigung der Party«, wie Götz Kubitschek es unmissverständlich formuliert hat.[36] Dass diese Strategie verfängt, hängt laut Natascha Strobl damit zusammen, dass gerade im Konservatismus eine Form »roher Bürgerlichkeit« vorhanden ist, die sich politisch in einem »radikalisierten Konservativismus« niederschlägt, wie man ihn am Beispiel der Österreichischen Volkspartei oder der US-amerikanischen Republikaner beobachten kann. »Die klassischen konservativen Milieus sind nicht bloß passive Empfänger der Agitation extremer Rechter. Es findet gleichzeitig eine Radikalisierung aus dem konservativen Bürgertum heraus in Richtung offenem Rechtsextremismus statt, und in der Neuen Rechten treffen diese beiden Bewegungen aufeinander.«[37] Und immer geht es dabei um den Rechtsstaat. Der Begriff dient der Neuen Rechten als trojanisches Pferd, um Einlass in den bürgerlichen Diskursraum zu erhalten.

Der Rechtsstaat sei in den Händen eines »linken Mainstreams« gefangen und nicht mehr »neutral«, ist der Tenor in neurechten Beiträgen. Martin Sellner, lange Jahre einer der führenden Aktivisten und Ideologen der Identitären Bewegung, veröffentlichte im Jahr 2017 sein Buch *Identitär! Geschichte eines Aufbruchs*, in dem sich auch einige Bemerkungen zum Rechtsstaat finden. Den Ausgangspunkt bildet Sellners eigene Repressionserfahrung. Gegen den Österreicher gab es wiederholt Hausdurchsuchungen und andere Formen polizeilicher und strafrechtlicher Ermittlungen. Dabei sei er doch kein »Staatsfeind, sondern ein ›Staatsfan‹«.[38] Er empfinde keine Abneigung gegen die Polizei oder die Armee. Seine Wut richte sich gegen eine »ideologische Elite, die diesen Apparat gelähmt und den Rechtsstaat in Geiselhaft genommen« habe.[39] Dieses Bild vom Rechtsstaat ist in der Neuen Rechten weit verbreitet. Thor von Waldstein etwa sieht »sämtliche Einrichtungen, die für eine Einflußnahme auf das Wahlvolk relevant sein könnten, […] ausnahmslos durch Repräsentanten der etablierten politischen Parteien besetzt«.[40] Dem Rechtsstaat in Geiselhaft stellt Martin Sellner ein vermeintliches Bekenntnis zu »Rechtsstaat und Demokratie« entgegen. Ihm gehe es um »den Widerstand gegen hemmungslose Masseneinwanderung und Bevölkerungsaustausch«. Die

Identitären seien die wahren Verteidiger der Verfassung.[41] Unverkennbar ist die Ähnlichkeit mit der Rhetorik, wie sie die Alt-Right in den USA verwendet, wenn sich ihre Vertreter:innen als die wahren Erben der »Founding Fathers« inszenieren – was im Kern nicht ganz von der Hand zu weisen ist, wenn man bedenkt, dass unter den Gründern der USA viele weiße Plantagenbesitzer und Sklavenhalter gewesen sind.

Der Rechtsstaatsbegriff dient jedenfalls auch bei Sellner und Konsorten ausschließlich der Fassade, um die völkische Exklusionspolitik mit etablierten bürgerlichen Begriffen zu ummanteln. Sellner sieht einen »sanften Totalitarismus« am Werk, der mittelfristig den Rechtsstaat abschaffen wird.[42] Indem er das Bild eines angeblich neutralen Rechtsstaates in »Geiselhaft« zeichnet, suggeriert er, dass es einen »wahren« Rechtsstaat gäbe. Dieser stehe der Ideologie der Neuen Rechten nicht ablehnend entgegen, man müsse ihn aber erst aus den Händen des »Linksextremismus« befreien. Das sei eine schwierige Aufgabe, denn der Linksextremismus habe angeblich eine »gigantische Lobby« in Staat und Gesellschaft.[43]

Unterschlagen wird dabei, dass der moderne und liberale Rechtsstaat, trotz seiner kolonialen und rassistischen Geschichte, der völkischen Ideologie der Neuen Rechten gegenüber nicht neutral ist. Um ein konkretes Beispiel zu geben: Im Zentrum des neurechten Denkens steht der Ethnopluralismus. Diese Ideologie postuliert die Unvereinbarkeit beispielsweise der muslimischen Kultur mit dem homogen gedachten *weißen* Abendland. Ethnopluralist:innen weisen Kulturen bestimmte Orte auf der Welt zu, an die diese gebunden bleiben. Um diese »Kulturräume« zu erhalten, sind unter den Bedingungen moderner multidiverser Einwanderungsgesellschaften in letzter Konsequenz gewaltsame Entrechtungspraktiken und massenhafte Abschiebungen notwendig. Die Identitäre Bewegung und andere Akteur:innen sprechen in diesem Zusammenhang verharmlosend von »Re-Migration«. Das Grundgesetz stellt solchen Vorhaben die Unantastbarkeit der Würde des Menschen aus Artikel 1 und die Gleichheit vor dem Gesetz aus Artikel 3 Absatz 1 gegenüber.

Wer jedoch den Rechtsstaat in Geiselhaft wähnt, der wird sich über kurz oder lang auch an einer Geiselbefreiung versuchen. Auf welche Art und Weise dies geschehen soll, bleibt in vielen Texten der Neuen Rechten und der AfD absichtlich uneindeutig. Die Migrationspolitik unter Angela Merkel diente neurechten Autor:innen als Projektionsfläche, um von einem vermeintlichen »Rechtsbruch« zu fabulieren und den Tod Deutschlands als Rechtsstaat zu proklamieren. Der sanfte Totalitarismus »respektiert weder die Staatsgrenze noch das Staatsvolk« und folge einer »Multikulti-Ideologie«, so Martin Sellner.[44] Der neurechte Autor Roland Woldag sieht aus diesem Grund die heutige Bundesrepublik als den dritten deutschen Unrechtsstaat in Folge. Merkel habe mit ihrer Migrationspolitik »selbstherrlich Völkerrecht, deutsche und europäische Gesetze« gebrochen.[45] Der AfD-Politiker Nicolaus Fest bezeichnete die Migrationspolitik der Bundesregierung sogar als »eine Kapitulation, ein[en] Staatsstreich«, in dessen Zuge das Parlament entmachtet worden sei – »Ermächtigung ohne Gesetz«, so betitelte Fest seinen Artikel in der *Jungen Freiheit* mit der provokanten Anspielung auf die Machtergreifung der Nationalsozialisten.[46]

Ähnlich verfährt auch Woldag in einem Beitrag für die *Sezession* aus dem Jahr 2016. Im Gegensatz zu Sellner sieht er den Rechtsstaat nicht in linker Geiselhaft, er hält ihn vielmehr für schon faktisch abgeschafft.

> In Deutschland finden sich kein Staatsanwalt und kein Richter, der [Angela Merkels] Unrechtsherrschaft energisch ein Ende setzt. Alle Rechtsregeln, die eine Führer-Diktatur in Deutschland ein für alle Mal ausschließen sollten, scheitern am Versagen, der Feigheit, dem Opportunismus und den Privatinteressen der politischen Klasse, zu der auch die Justiz gehört. Damit ist Deutschland als Rechtsstaat offiziell erledigt und darf als Kanzlerinnendiktatur erkannt werden.[47]

Wer sich gegen diese Zustände zur Wehr setze, erfahre harte Repression. »Derselbe Rechtsstaat, der es nicht fertigbringt, seine Grenzen und Bürger zu schützen, der uns die Terrorgefahr ins Land importiert und vor ausländischer Bandenkriminalität längst kapituliert hat, sieht in identitären Aufklebern und Bannern offenbar sein Hauptsicherheitsrisiko.«[48] Akteur:innen aus der Neuen Rechten wähnen sich in einer Situation, in der das Widerstandsrecht der Verfassung gegen die Regierung in Anschlag gebracht werden muss, wie es Kubitschek bei seiner Pegida-Rede insinuierte.[49]

Neurechte Denkansätze sind besonders einflussreich, wenn sie in anerkannten öffentlichen Kreisen Fuß fassen. Der Freiburger Professor Dietrich Murswiek, ebendort Nachfolger des renommierten Verfassungsrichters Ernst-Wolfgang Böckenförde, gilt als Größe des deutschen Staatsrechts. Schon bei seiner Berufung kritisierten vor allem studentische Vertreter:innen seine rechten Positionen, unter anderem mit Hinweis auf seine frühere Mitgliedschaft im NPD-nahen Nationaldemokratischen Hochschul-Bund oder einen Beitrag in der rechten Zeitschrift *Criticón*. Der Journalist Georg Restle, damals Mitglied des studentischen Arbeitskreises kritischer Juristen in Freiburg, warnte, Murswiek habe »eindeutige rechtsextreme Positionen vertreten, diese Positionen, man könnte auch sagen, es handelt sich um eine intellektuelle Aufarbeitung der Ideologie der Neuen Rechten, haben uns schon sehr früh [...] dazu gebracht, Opposition gegen diesen Kandidaten einzunehmen«.[50] Der Widerstand war jedoch erfolglos. Murswiek unterrichtete jahrelang Studierende der Rechtswissenschaften und gilt als angesehener Staatsrechtler.

Seine Beiträge nach dem »Sommer der Migration« 2015 sind von nationalistischen und völkischen Themen durchsetzt. Die Regierung sei nicht berechtigt, »die Identität des Volkes, das sie repräsentiert und dessen Wohl zu wahren sie geschworen hat, einwanderungspolitisch aufzulösen«, schrieb er in einem Sammelband zur »Flüchtlingskrise«.[51] Wenngleich Murswiek in der Vergangenheit parteiübergreifend als Gutachter tätig war, ist er in den letzten Jahren als juristischer Berater der AfD aktiv geworden, der zugleich in seinen Beiträgen eine inhaltliche Nähe zu den Positionen der Partei offenbart.[52] Juristische Beiträge, die Murswiek verfasst, sind auch deshalb so wirkmächtig, weil sie durch den konservativen Diskurs aufgenommen und dadurch die Grenzen des Sagbaren verschoben werden. Alexander Kissler, damals beim *Cicero*, heute bei der *Neue Zürcher Zeitung*, nahm in einem Artikel Murswieks Position auf und fragte: »Sind wir Zeuge einer demokratisch nicht gedeckten, fundamentalen Veränderung des Staatsvolkes? Treibt Merkel diese offensiv voran?«[53] Zwei Jahre später legte Murswiek noch einmal nach und schrieb im renommierten *Jahrbuch des öffentlichen Rechts*, »dass die verfassten Staatsgewalten insbesondere bei ihrer Migrationspolitik den Charakter Deutschlands als Nationalstaat der Deutschen sowie die Identität des deutschen Volkes wahren müssen. Eine einwanderungspolitische Entscheidung dafür, aus der Bundesrepublik Deutschland einen Vielvölkerstaat oder eine multikulturelle Gesellschaft zu machen, wäre damit unvereinbar«.[54]

Murswieks Einlassungen wirken wie eine juristisch maskierte Version der neurechten Ideologie des Ethnopluralismus, die dadurch in bürgerlichen Kreisen salonfähig wird. Er deutet die republikanisch grundierte Volkssouveränität des Grundgesetzes um. Denn die Volkssouveränität ist in liberalen Demokratien ein offenes Konzept, das Homogenitätsvorstellungen widerstrebt. Als staatsrechtlicher und republikanischer Begriff bedingt Volkssouveränität, dass »nicht eine vorausgesetzte Einheit der Nation bestimmt [...], wer ihr zugehören kann, sondern umgekehrt bestimmen die Menschen, welcher Nation sie sich anschließen wollen«.[55] Und dieser Prozess ist prinzipiell nie abgeschlossen.

Murswieks Beitrag ist Teil einer gesellschaftlichen Entwicklung, in der »rechte Netzwerke am Werk [sind], die ihr Weltbild ins Recht und in die Rechtswissenschaft hineintragen«.[56] Durch solche Publikationen gelingt es der Neuen Rechten, Brücken zum bürgerlichen Diskurs zu bauen, um die eigenen völkischen Positionen vor Kritik abzuschirmen.

Die Reichsbürger und der Rechtsstaat

In den Diskussionen der Neuen Rechten gibt es unterschiedliche Positionen zum Rechtsstaat. Während die einen das Recht weitestgehend ignorieren und auf den neuen Ordnungsstaat setzen, versuchen andere, den liberalen Rechtsstaatsbegriff zu kapern und aus seiner angeblichen Geiselhaft zu befreien. Beide Positionen sind aber bestrebt, das bestehende politische System strategisch zu nutzen und aus diesem heraus eine völkische Politik zu installieren. Auch das Grundgesetz sei nicht »sturmfest« und biete rechtspopulistischen Akteur:innen Handlungsmöglichkeiten, so Maximilian Steinbeis.[57]

Von diesen Positionen abzugrenzen sind Strategien der sogenannten Reichsbürger. Deren Vorgehensweise kritisieren selbst Akteur:innen aus der Neuen Rechten. Spätestens seit Ende des Jahres 2016, als der Reichsbürger Wolfgang Plan bei seiner Festnahme einen Polizeibeamten erschoss und mehrere verletzte, werden Reichsbürger und sogenannte Souveränisten nicht mehr verharmlost, sondern von den Behörden als gefährlich eingestuft. Die Reichsbürger standen auch im Mittelpunkt des größten Antiterroreinsatzes der bundesdeutschen Geschichte: Eine Gruppe von mittlerweile mehr als sechzig Beschuldigten soll mutmaßlich konkrete Pläne gehegt haben, den Bundestag zu stürmen und einen Staatsstreich zu vollziehen. Zu den Mitgliedern dieser Gruppe sollen Personen aus Polizei und Bundeswehr, Adlige und mit Birgit Malsack-Winkemann eine Berliner Richterin und ehemalige AfD-Bundestagsabgeordnete gehört haben.

Bei den Reichsbürgern und Souveränisten handelt es sich nicht um homogene Gruppen. Allerdings hängen beide Verschwörungsideologien aller Art und antisemitischen Narrativen an. Ein gemeinsamer Nenner ist darin zu sehen, dass sie die Existenz der Bundesrepublik Deutschland bestreiten, unter anderem weil es keinen Friedensvertrag zwischen Deutschland und den Alliierten gegeben habe – obwohl die letzten Einschränkungen der deutschen Souveränität spätestens nach der Wiedervereinigung im Rahmen des Zwei-plus-Vier-Vertrages beseitigt wurden. Auch gibt es solche unter ihnen, die die Kapitulation Nazideutschlands nicht anerkennen und von der Fortexistenz des Deutschen Reiches ausgehen.[58] Konsequenterweise sehen die Reichsbürger und Souveränisten das Grundgesetz der Bundesrepublik nicht als legitime Verfassung an und behaupten, es gäbe keine Rechtsstaatlichkeit in Deutschland.

Zugleich ist auffällig, dass die Reichsbürger in ihren Texten, Pamphleten und ihrer schriftlichen Kommunikation mit staatlichen Stellen stets die Rechtsform imitieren und pseudojuristische Traktate verfassen. Offenbar schreiben sie der juristischen Sprache doch eine quasimagische Macht zu, obwohl sie ansonsten das vom Parlament gesetzte Recht nicht anerkennen wollen. In dem Text »21 Punkte zur tatsächlichen Situation in Deutschland«, einem zentralen ideologischen Text der Szene, dessen Autorschaft aber unklar ist, heißt es beispielsweise, dass »das besatzungsrechtliche Provisorium namens *›Bundesrepublik Deutschland‹* keine vom Volk in freier Wahl angenommene Verfassung, sondern lediglich ein Grundgesetz [bekam]. Ein Grundgesetz ist ein ›Provisorium zur Aufrechterhaltung von Ruhe und Ordnung in einem militärisch besetzten Gebiet für eine unbestimmte Zeit‹.« Kein Gesetz, das sich aus der Verfassung ableitet, wird von den Reichsbürgern akzeptiert. Verwaltungsakte von Behörden, Strafzettel, der Rundfunkbeitrag und Strafurteile werden nicht hingenommen und die Arbeit der zuständigen Behörden durch einen grassierenden »Papierterrorismus« tagtäglich behindert.[59] Nicht ganz zufällig haben die wichtigsten Protagonist:innen der Bewegung oft selbst im Staatsdienst gearbeitet oder sind dort noch tätig. Der »traditionelle und zugleich wandlungsfähige Militärkonservatismus« hat in der Bundeswehr genauso die Funktion eines »Brückendiskurses« zur neuen und extremen Rechten eingenommen wie rassistische Strukturen und Routinen in der Polizei oder Teilen der deutschen Jurist:innenschaft.[60]

Weil die Reichsbürger und Souveränisten das Grundgesetz nicht akzeptieren, streben einige Gruppen einen eigenen verfassungsrechtlichen Gründungsakt an. Sie nennen dies die »verfassungsgebende Versammlung«.

Vordergründig handelt es sich um eine demokratische Forderung. Sie ist zudem anschlussfähig an Debatten, die insbesondere Bürgerrechtler:innen und die PDS in Ostdeutschland nach der Wende erhoben haben, als die Bezirke der ehemaligen DDR durch Beschluss der Volkskammer dem Geltungsbereich des Grundgesetzes beitraten. Politiker wie Gregor Gysi (Die Linke) oder Werner Schulz (Grüne) sprachen sich dafür aus, die Bürger:innen in einem gesamtdeutschen Entscheid über eine neue Verfassung abstimmen zu lassen, um das »Gleichwertigkeitsgefühl und die gesamtdeutsche Identität« zu fördern.[61] Weil es ein solches Referendum nie gab, trifft das von den Reichsbürgern behauptete Fehlen einer legitimierten Verfassung in Teilen der Bevölkerung auf Akzeptanz. Aber im klaren Gegensatz zu dem Wunsch nach einer sozialen und demokratischen Transformation der Verfassung in der Nachwendezeit verknüpfen die Reichsbürger ihr Ziel einer verfassungsgebenden Versammlung mit Gewaltfantasien, Verschwörungsideologien und einem drohenden »Tag X«, an dem der Staatsstreich vollzogen werden soll. Die Gruppierung Verfassungsgebende Versammlung spricht davon, »durch die aktuelle Situation in Deutschland« sei die »gesamte Menschheit versklavt«, »1990 wurden alle Menschen der Erde betrogen«, und die »Bundesrepublik Deutschland heute ist ein US-amerikanisches Unternehmen«. Der Zusammenschluss Verfassungsgebende Versammlung verunglimpft Regierungsmitglieder als »Volksverräter«. Und die Mitglieder der Aktion Klabautermann planten die Entführung des SPD-Gesundheitsministers Karl Lauterbach und wollten in Berlin eine »konstituierende Versammlung« für ein neues Regierungssystem und eine neue Verfassung einsetzen.

Die geplante Entführung von Karl Lauterbach zeigt, wie stark sich die Reichsbürger-Gruppen im Zuge der Coronapandemie radikalisiert haben. Der Ruf nach einer »verfassungsgebenden Versammlung« bekam durch die Querdenken-Bewegung gegen die Coronamaßnahmen öffentliche Aufmerksamkeit. Bei einer zentralen Kundgebung der Bewegung in Berlin im Sommer 2020 forderte der Gründer von Querdenken-711, Michael Ballweg, eine solche Versammlung. Im Publikum waren zahlreiche Reichsbürgergruppen mit entsprechenden Fahnen und anderem Equipment zu sehen. Solche Demonstrationen und Aktionsbündnisse schlagen für die Reichsbürgerszene Brücken in Milieus und zu Personen, die sie zuvor nicht erreichen konnten.

Die Aktivitäten und programmatischen Positionen der Reichsbürger werden innerhalb der neurechten Szene zum Teil heftig diskutiert. Martin Sellner nahm die Festnahme der Mitglieder einer mutmaßlichen Reichsbürger-Gruppierung Ende 2022 zum Anlass, um deren Rechtsstaats- und Verfassungsverständnis aus seiner Perspektive – vor allem auf einer strategischen Ebene – zu kritisieren.[62] Sellner attestiert den Reichsbürgern eine falsche Strategie, wenn diese »grundlos und blindlings die Verfassung« attackieren. »Das Grundgesetz ist nicht die Ursache für Bevölkerungsaustausch, Genderideologie oder die verfehlte Eurorettungspolitik. Die linke Diskursherrschaft und Definitionsmacht, die es so antideutsch wie möglich interpretieren, sind Urheber des Untergangs. Sie legitimieren die herrschende

Politik und müssen daher von der Opposition ins Visier genommen werden«, so Sellner in *Sezession*. Zugleich kaschiert er durch solche Einlassungen, dass die Vorstellungen der Neuen Rechten sehr wohl Prinzipien des Grundgesetzes angreifen.

Sellner setzt also wiederum bei der neurechten Metapolitik an, die im Vorfeld der politischen und juristischen Institutionen einen kulturellen und diskursiven Wandel einleiten soll, um anschließend die Institutionen und ihre Grundlagen umzudeuten und als Vehikel der eigenen Politik zu nutzen. Die Staatsstreichrhetorik der Reichsbürger:innen ist einigen Akteur:innen aus der Neuen Rechten zu rabaukenhaft und zu wenig strategisch. Sellner spricht in diesem Zusammenhang von »infantilen Großprojekten« und einem »im stillen Kämmerlein geplanten, ohnmächtigen Machtrausch«. Tatsächlich ist auch Sellner konspirativen Treffen nicht abgeneigt, auf denen Angriffe auf die Demokratie und die Rechtsstaatlichkeit geplant werden, wie eine CORRECTIV-Recherche aus dem Januar 2024 zeigt.[63]

Die AfD und der Rechtsstaat

»Die AfD ist eine Rechtsstaatspartei. Die AfD steht uneingeschränkt zum Grundgesetz und verteidigt die freiheitlich-demokratische Grundordnung ebenso wie das Gewaltmonopol des Staates«, erklärten der Parteivorsitzende Jörg Meuthen und der Fraktionsvorsitzende Alexander Gauland 2018.[64] Die Kaperung des Rechtsstaatsbegriffs spielt in der AfD eine große Rolle. »Wir müssen den Linksstaat wieder zum Rechtsstaat machen«, fordert der stellvertretende innenpolitische Sprecher der AfD Martin Hess. Denselben Tenor verbreitet der Abgeordnete Gottfried Curio, wenn er der Regierung in einem YouTube-Video mit dem Titel »Vom Rechtsstaat zum Gesinnungsstaat« unterstellt, diese folge nicht mehr den Sicherheitsbehörden, »sondern einer kriminellen Vereinigung; der Antifa, die gegen diesen Rechtsstaat [...] kämpft«.[65] Schließlich meint Björn Höcke: »Die Fassade von Demokratie und Rechtsstaat steht noch.« Aber dahinter würden beide in Trümmern liegen. Die AfD-Politiker schließen an die neurechten Diskurse um eine angebliche linke »Geiselhaft« des Rechtsstaats an. Sowohl programmatisch als auch rechtspolitisch in den Parlamenten verfolgt die Partei die Strategie,[66] den Rechtsstaatsbegriff zu adaptieren und im bürgerlichen Gewand ihre rassistischen und völkischen Interessen durchzusetzen.

Für die AfD ist der Bezug auf den Rechtsstaat offenbar so wichtig, dass sie ihn in der Präambel ihres Grundsatzprogramms von 2016 prominent platzierte. Der angebliche Rechtsbruch durch die Euro-Rettung und die Flüchtlingspolitik wird dort zum sinnstiftenden Gründungsmythos verklärt: »Dem Bruch von Recht und Gesetz, der Zerstörung des Rechtsstaats und verantwortungslosem politischen Handeln gegen die Prinzipien wirtschaftlicher Vernunft konnten und wollten wir nicht länger tatenlos zusehen.«[67] In der Alternative für Deutschland haben seit 2013 viele ehemalige Mitglieder aus CDU und FDP eine neue politische Heimat gefunden, die sich mit einem derartigen Bekenntnis identifizieren. Indem die AfD Teile des »verrohten Bürgertums« in sich vereint, ist sie viel besser und flexibler als die alte Rechte in der Lage, Brücken zum etablierten Konservatismus zu schlagen. Bei den Christdemokraten und den Liberalen gibt es durchaus Strömungen, die keine Berührungsängste mit der AfD haben, wie nicht zuletzt bei der kurzzeitigen Wahl des FDP-Mannes Thomas Kemmerich zum thüringischen Ministerpräsidenten mit Stimmen der AfD deutlich wurde.

In der AfD bündelt sich ein politisches Spektrum, das mit Wilhelm Heitmeyer als autoritärer Nationalradikalismus verstanden werden kann.[68] Demnach sind Kontroll- und Ordnungsparadigmen, dichotomische Gesellschaftsbilder, eine besondere Betonung des Nationalen und das Ziel eines grundlegenden gesellschaftlichen Umbaus kennzeichnende Merkmale dieser Partei. Der Einfluss der neurechten Ideolog:innen und ihrer Publikationsorgane ist dabei virulent, und die Diskurse um Ordnung, Sicherheit und Rechtsstaatlichkeit bedingen sich wechselseitig. Wenn Politiker:innen der AfD zur Verteidigung des Rechtsstaats ansetzen, dann versteckt sich dahinter die Idee eines Ordnungsstaats, der von der Neuen Rechten propagiert wird.

Wenn die AfD behauptet, die Institutionen des Rechtsstaats seien durch eine »linke Meinungsdiktatur« und politische Eliten besetzt, bemängelt sie ironischerweise in ihrem Grundsatzprogramm die Rückkehr »ehemaliger Politiker auf Richterstühle«, da dies »mit dem urdemokratischen Konstruktionsprinzip der Gewaltenteilung nicht vereinbar« sei.[69] Dabei sorgte gerade die Rückkehr ehemaliger AfD-Abgeordneter in den öffentlichen Dienst für Skandale, wie im Falle von Jens Maier, der in Sachsen in den Richterdienst zurückkehren wollte;[70] oder man denke an die bereits genannte Berliner Richterin und mutmaßliche Reichsbürgerin Birgit Malsack-Winkemann. Zwei Monate vor ihrer Festnahme hatte die Berliner Justizsenatorin versucht, Malsack-Winkemann aus dem Richter:innendienst zu entlassen, aber das zuständige Richterdienstgericht wollte bei ihr keine rechtsextreme Gesinnung erkennen. Erst nach der Razzia gelang es, sie vorläufig aus dem Richterdienst zu entfernen.

Gerade bei der Umdeutung des Rechtsstaatsbegriffs zeigen sich Gemeinsamkeiten mit der autoritären »Law and Order«-Strategie aus den Reihen der demokratischen Parteien. Die AfD will die angebliche »Missachtung« des Rechtsstaats beenden, der auch in den apokalyptischen Untergangspublikationen aus der Justiz beschworen wird. Kein Wunder, dass sich in der Partei ausgesprochen viele Staatsanwält:innen, Richter:innen und Anwält:innen versammelt haben. Die AfD startete im Jahr 2020 die Kampagne »Gemeinsam für das Grundgesetz« und stellte eine gleichlautende Homepage online. Dem damaligen Parteichef Jörg Meuthen zufolge sei sie die »Grundgesetz-Partei unseres Landes« und fühle sich der »Bewahrung der darin geschützten Werte und Rechte besonders verpflichtet«. Im dazugehörigen Kampagnenvideo wird gesagt, das Grundgesetz sei für alle da, für »Rechte und Linke«. Es sei die »beste Verfassung«, die die Deutschen je hatten, so der AfD-Politiker Nicolaus Fest. Die Partei spricht auf der Homepage die Grundrechtseinschränkungen während der Coronapandemie an und kritisiert die politische Instrumentalisierung des Verfassungsschutzes, der, so der Tenor in vielen AfD-Reden, politisch Andersdenkende verfolge.

Es ist nicht von der Hand zu weisen, dass der bundesdeutsche Verfassungsschutz eine Behörde der Skandale ist, nicht zuletzt im Hinblick auf den rechtsterroristischen NSU-Komplex.[71] Seit Jahrzehnten fordern Bürgerrechtler:innen seine Auflösung. Und während der Pandemie kam es zu gravierenden Grundrechtseinschränkungen, die in vielen Fällen nicht verhältnismäßig waren. So wurden pauschale Versammlungsverbote, nächtliche Ausgangssperren und diverse behördliche Gängeleien im Nachhinein von Gerichten als rechtswidrig eingestuft. Aber in der breiten Öffentlichkeit fehlte damals eine lautstarke progressive Kritik an den exekutiven Exzessen, der es um eine Verteidigung rechtsstaatlicher Verfassungspositionen ging, ohne verschwörungsideologische und völkische Narrative zu bedienen. Diese Leerstelle konnten sich Autoritäre zunutze machen: »Auch diejenigen, die Demokratie und Freiheit subversiv zersetzen wollen, tun dies im Namen von Demokratie und Freiheit. Die häufig anzutreffende Sprache der Emanzipation und Herrschaftskritik, die jedoch in ihrer Bedeutung verkehrt wird, reflektiert auch die Schwäche traditioneller progressiver Bewegungen, die sich entweder deradikalisiert haben oder in die staatlichen Institutionen eingezogen sind – oft sogar beides zugleich«, so Carolin Amlinger und Oliver Nachtwey.[72] Diese Leerstelle, die eine abwesende progressive Kritik hinterlassen hatte, war umso wichtiger, als sie rechten Akteur:innen den Anschluss an die politische Mitte erlaubte: »Gerade die Skepsis gegenüber der Verfassungsmäßigkeit von Grundrechtseinschränkungen bietet auch Rechtsextremisten und Verschwörungstheoretiker:innen eine willkommene Gelegenheit, den Schulterschluss mit eher ›bürgerlichen‹ Milieus zu suchen«, so der Richter und Podcast-Host Ulf Buermeyer.[73]

Dabei ist die diskursive Strategie der AfD von »Doppeldeutigkeiten« geprägt. Die Einhaltung von Grundrechten wird nämlich nicht für alle Bevölkerungsgruppen gefordert: »Menschen mit nicht-deutscher Herkunft werden durchweg negativ adressiert und der ›ethnisch-kulturelle [...] Wandel der Bevölkerungsstruktur‹ zu einem der drängendsten Probleme erklärt« und bewusst »Leerstellen offengehalten, die jeder Zeit mit traditionellen rassistischen Vorstellungen aufgeladen werden [...], wie es etwa Björn Höcke immer wieder tut.«[74]

Deutlich wird diese Strategie in einer Rede von Alexander Gauland anlässlich einer Bundestagsaussprache zum Thema »70 Jahre Grundgesetz«. Das Grundgesetz, so Gauland, sei ein »Rahmen, in dem vieles möglich ist, auch Kevin Kühnerts Enteignungsfantasien oder eine demokratische Identitätspolitik, wie wir sie vertreten«.[75] Diese Einlassung dient dazu, die Politik der AfD als grundgesetzkonform zu prasentieren – im Grunde mache man nichts anderes als der Jungsozialist Kühnert, nur befinde man sich am gegenüberliegenden Ende des politischen Spektrums. Während das Grundgesetz für die Vergesellschaftung von Produktionsmitteln mit Artikel 15 tatsächlich eine entsprechende Norm bereithält, ist Gaulands Behauptung, eine »demokratische«, gemeint ist rechte Identitätspolitik, sei mit der Verfassung vereinbar, aber nicht haltbar. Das Deutsche Institut für Menschenrechte hat die Unvereinbarkeit rassistischer und völkischer Positionen mit zentralen Verfassungsgrundsätzen wie der Würde des Menschen ausführlich dargelegt.[76] Gauland deklariert die Positionen der AfD, und damit auch den Rassismus der Partei, hingegen schlicht als eine Minderheitsposition. »Das Grundgesetz ist auch ein Schutz für Minderheiten und Mindermeinungen gegen die Überwältigungsfantasien demokratischer Mehrheiten. Weil wir als Minderheit das wissen, schützen wir das Grundgesetz«, so der AfD-Fraktionsvorsitzende.[77] Alexander Gauland betreibt hier eine für autoritäre Bewegungen typische »False equivalence«-Rhetorik, indem er sozialistische Vergesellschaftungsforderungen eines Kevin Kühnert mit den eigenen rassistischen Vorstellungen auf eine Stufe stellt und die von der AfD ausgehende Gefahr für die Demokratie herunterspielt. Die typische Inszenierung der AfD und ihrer Repräsentanten als angebliche Opfer und Widerstandskämpfer für den freien und demokratischen Diskurs kommt hier ebenfalls zum Vorschein.

Zugleich wird das Prinzip des Minderheitenschutzes widersinnig verdreht. Der AfD geht es nicht um den Schutz von Minderheiten, sondern um einen hemmungslosen Angriff auf deren Rechtspositionen. Man muss sich nur ihre beständige Agitation gegen Geflüchtete, LGBTQIA+ und andere vor Augen halten. Für die AfD spricht auch nicht, dass sie mit Alice Weidel die erste offen lesbische Fraktionsvorsitzende im Deutschen Bundestag stellt. LGBTQIA+-Feindlichkeit ist in der Partei tief verankert. Die AfD will unter anderem das Allgemeine Gleichbehandlungsgesetz und die Ehe für alle abschaffen. Weidel selbst verharmlost diese Positionen innerhalb der Partei. So sagte sie beispielsweise in einem Interview mit dem ZDF, »damit muss man auch irgendwie ein bisschen lockerer umgehen« und diese Positionen seien ihr »verhältnismäßig egal«.[78] Den Rechtsstaat versteht die AfD als Stärkung des Gewaltmonopols, das gegen Minderheiten in Anschlag gebracht werden kann. Im Grundsatzprogramm heißt es:

> Wir wollen den Rechtsstaat stärken und dem Recht wieder zur Durchsetzung verhelfen. Erstens müssen sich die Bürger auf das Recht und ihr Recht verlassen können. Zweitens müssen sich die Organe und Institutionen des Staates wieder an das Recht halten. […] Die AfD fordert daher einen »sicherheitspolitischen Befreiungsschlag«, um den Schutz der Bürger an erster Stelle zu setzen. Andere Belange haben sich dem unterzuordnen. Wir wollen einen klaren Systemwechsel hin zu Behörden, die zum maximalen Schutz der Bürger in der Lage sind: Ausländerbehörden, Polizei und Strafverfolgung.

In ihrem Programm für die Bundestagswahl 2021 erklärte die Partei, sie wolle das »Asylparadies Deutschland schließen« und fordere die »Wiederherstellung rechtsstaatlicher Zustände bei Abschiebungen«. Mitunter gibt es aus der CDU/CSU ähnliche Töne der angeblichen Notwehr, etwa wenn sich Horst Seehofer bis

»zur letzten Patrone« gegen die »Zuwanderung in die deutschen Sozialsysteme« (2014) wehren will, Markus Söder von »Asyltouristen« (2018) und Friedrich Merz von »Sozialtouristen« (2022) fabuliert. Die AfD geht bei ihren Forderungen jedoch über das Repertoire der nationalkonservativen »Law and Order«-Fraktion hinaus. Man erinnere sich beispielsweise an die damalige AfD-Vorsitzende Frauke Petry, die den Schießbefehl gegen Geflüchtete an der deutschen Außengrenze ins Spiel brachte. Bedenklich ist, dass derartige Gewaltfantasien auch bei den Konservativen zunehmend auf Resonanz stoßen. Jens Spahn (CDU) erklärte unverhohlen im Oktober 2023, dass »irreguläre Migrationsbewegungen« gegebenenfalls mit »physischer Gewalt« aufgehalten werden müssen. Er redete also völkerrechtswidrigen Pushbacks das Wort. Solche Einlassungen fordern nichts weniger als ein ungezügeltes staatliches Gewaltmonopol, das keinen rechtsstaatlichen Schranken und Rechtfertigungszwängen mehr unterworfen ist – pure staatliche Gewalt statt Recht soll herrschen, das Ganze noch vorgetragen unter dem Banner des Rechtsstaats.

Die AfD belässt es nicht bei rechter Rechtsstaatsrhetorik. Sie versucht, diese durch parlamentarische Initiativen und Klagestrategien umzusetzen. Im Parlament verfolgt sie eine rigorose »Law and Order«-Politik mit Anknüpfungspunkten zum rechten Rand von CDU/CSU und FDP, wenn sie nach härteren Strafgesetzen, der juristischen Verfolgung von Schwangerschaftsabbrüchen oder einer härteren Gangart im Umgang mit der sogenannten Clankriminalität verlangt. Statt um einen rechtsstaatlichen Individualschutz geht es der AfD in den Ausschüssen des Bundestags und der Landtage sowie bei ihren agitatorischen Reden im Plenum um den deutschen Volksschutz.[79]

Besonders deutlich wird das bei Björn Höcke: »[W]ir sollen abstrakte, reine Menschen werden, ausgestattet mit universalen Menschenrechten – möglichst ohne Verschmutzung durch irgendeine Volkszugehörigkeit oder nationale Tradition. Wenn man so will, eine ›ethnische Säuberung‹ der ganz besonderen Art!«[80] Höcke legt damit nahe, dass er die Rechte der Menschen nur in Verbindung mit einer »Volkszugehörigkeit« denkt. Rechtspolitisch versucht die AfD, solche völkischen Konzepte durch Gesetzgebungsinitiativen umzusetzen, die beispielsweise den Strafrechtsparagrafen zur Volksverhetzung um den Tatbestand der Beleidigung der »deutschen Bevölkerung« erweitern sollen. Die auch in der CDU/CSU gärende Rhetorik einer angeblichen »Deutschenfeindlichkeit«, wie sie vor allem von der damaligen Familienministerin Kristina Schröder immer wieder behauptet oder von Horst Seehofer als Kategorie für die Kriminalitätsstatistik eingebracht wurde, findet hier ihren radikalisierten Ausdruck.

Bezüglich des Rechtssystems verfolgt die AfD eine mehrspurige Strategie. Sie hofft erstens auf eine Resonanz ihrer völkischen und rassistischen Rechtspolitik in der Justiz. Dass es dort auch ohne die AfD autoritär zugeht, ist für Absolvent:innen des Studiums nicht verwunderlich. Die »unpolitische Technokratisierung der juristischen Ausbildung« fördert einerseits ein von den gesellschaftlichen Kontexten abgehobenes Verständnis des Rechts, das sich zugleich unfähig darin zeigt, »die

Strategien der Neuen Rechten, das Recht als vermeintlich unpolitisches Spielfeld zu nutzen«, zu erkennen und ihnen zu widerstehen.[81] Personen mit rechten Einstellungen haben zudem mit der Ausübung des Gewaltmonopols in den Staatsanwaltschaften und Gerichten nicht per se ein Problem. Sie wollen das Gewaltmonopol nur anders nutzen, nämlich im Sinne ihrer rassistischen Politik. Inwiefern die Anhänger:innen rechter Weltanschauungen diese jedoch in ihre juristische Praxis konkret einbringen, hängt von der Veränderung gesellschaftlicher Kräfteverhältnisse und einer Verschiebung der Grenzen des Sagbaren im öffentlichen Diskursraum ab.

Durch den Aufstieg der AfD fühlen sich mehr Staatsanwält:innen und Richter:innen ermutigt, ihre »rechtsstaatliche Maske« fallen zu lassen. Bundesweit bekannt geworden ist das Urteil des Richters Andreas Höfer am Verwaltungsgericht Gießen, der unverhohlen »NPD-Narrative« in eine Entscheidung einfließen ließ und abstruse historische Begründungen dazu lieferte, warum »Migration tötet« und insbesondere die deutsche Kultur gefährde.[82] Als in Reaktion auf dieses Urteil ein Geflüchteter in seinem Asylprozess dem Richter Befangenheit vorwarf, erhielt dieser sogar noch Unterstützung vom Gericht, das keine Probleme identifizieren wollte. Erst das Bundesverfassungsgericht schritt am Ende ein und sah eine Verletzung des Rechts auf den gesetzlichen Richter nach Artikel 101 Absatz 1 Satz 2 des Grundgesetzes gegeben.[83]

Neben dem Bundesverfassungsgericht äußerte sich auch der Bundesgerichtshof zum Umgang mit rechten

Richter:innen und stellte fest, »dass Richter:innen Urteile nie zur Verbreitung ihres persönlichen politischen Gedankenguts missbrauchen dürfen«.[84] Denn nicht nur in Einzelfällen lassen Richterinnen und Richter rechte Weltanschauungen in Entscheidungen einfließen. Der Journalist Joachim Wagner hat in seinem Buch *Rechte Richter* Fälle beschrieben, bei denen in Urteilsbegründungen ein rechtspopulistischer Tonfall verwendet, rechte Gewalt verharmlost und entpolitisiert wird oder sich Beschäftigte aus der Justiz in rechten Kreisen bewegen.[85] Ebenso dokumentieren die bisher erschienenen Reports *Recht gegen rechts* zahlreiche Vorfälle und Urteile in der Justiz, die problematische Abgrenzungsschwierigkeiten zu rechten Positionen und rassistische Entscheidungsbegründungen erkennen lassen.[86]

Die zweite Strategie der AfD setzt auf eine offene Kaperung der Justiz, wie sie in Staaten mit starken autoritären Kräften wie in den USA, Ungarn oder Polen bereits vonstattengeht. Solche Vorstöße reichen von den unteren Ebenen bis hoch zur Verfassungsgerichtsbarkeit. Schon die extrem rechte DVU und die NPD riefen in der Vergangenheit ihre Anhänger:innen dazu auf, sich bei Wahlen für ehrenamtliche Stellen als Schöff:innen in der Strafgerichtsbarkeit zu bewerben. Die AfD setzt diese Tradition fort. Gerade in der Strafjustiz können AfD-nahe Schöff:innen bei Fällen, in denen beispielsweise Migrant:innen angeklagt sind, rassistische Positionen einbringen oder auf härtere Strafen drängen. Bei Verfahren vor den Amtsgerichten können sie sogar die Richter:innen zahlenmäßig überstimmen. Der AfD-Bundestagsabgeordnete Mike Moncsek schrieb beispielsweise im Vorfeld der Schöffenwahl 2023 auf seinem Blog, »sorge auch Du dafür, dass Demokratie und Rechtsstaat in Sachsen gelebt werden«.[87] Auch außerparlamentarische rechte Gruppierungen wie die Freien Sachsen mobilisieren über soziale Plattformen wie Facebook für die Wahlen.[88] Zwar können die Kommunalvertretungen auch gegen einzelne Vertreter:innen auf den Wahllisten stimmen[89] – dazu müssen die Gemeindevertreter:innen aber zunächst einmal Kenntnisse über die Personen haben, und das Wissen über rechte Strukturen ist im politischen Raum immer noch sehr dürftig. Zudem üben die Rechten in einigen Kommunen einen so erheblichen Einfluss aus, dass Listen mit entsprechenden rechten Personen durchgewunken werden. Unmittelbaren juristischen Einfluss will die AfD durch die Wahl ihrer Kandidat:innen für die Verfassungsgerichtsbarkeit gewinnen. Auf Länderebene sind ihr entsprechende Vorstöße bereits gelungen, wie zum Beispiel in Baden-Württemberg durch die Wahlen von Sabine Reger und Bert Matthias Gärtner zu Laienrichtern bzw. stellvertretenden Mitgliedern des Verfassungsgerichtshofs.

Die dritte Strategie der AfD ist eine Kopie der erfolgreichen Rechtskämpfe von progressiver Seite. Die Partei betreibt eine strategische Prozessführung, um mit den Mitteln des Rechtsstaats Erfolge gegen die Regierung und die demokratischen Parteien zu erzielen sowie das politische System vorzuführen.[90] Diese Strategie ist innerhalb der rechten Szene nicht unumstritten. Thor von Waldstein schreibt über das Bundesverfassungsgericht, Karlsruhe sei zwar »geographisch weit entfernt von Berlin gelegen«, aber »mental und politisch steht das Gericht indes in Tuchfühlung zu der tonangebenden Klasse im Parteien- und Medienapparat«.[91] In dieser Einlassung wird die Unabhängigkeit zwischen Politik und Recht negiert und eine, verschwörungsideologisch inspirierte, unmittelbare Verschränkung zwischen dem Bundesverfassungsgericht und einer nicht näher definierten politischen Klasse behauptet. Unter solchen Voraussetzungen müssten die Klagen der AfD aussichtslos sein. Aber sie erringt immer wieder juristische Erfolge.

Progressive Rechtskämpfe setzen in der Regel darauf, individuelle und kollektive Rechtspositionen auszuweiten, teils im Zuge von Verteidigungskämpfen gegen neue staatliche Regularien. Die AfD verfolgt eine andere Strategie. Sie versucht, »Fehler« der Regierungen mit juristischen Mitteln anzugreifen oder Pflöcke gegen progressive gesellschaftliche Entwicklungen einzuschlagen. Die AfD-Fraktion scheiterte zwar mit ihrer Klage, feststellen zu lassen, dass die Einreise von Schutzsuchenden seit 2015 demokratiepolitisch unhaltbar gewesen sei.[92] Erfolg hatte sie aber bei der Bekämpfung der Paritätsgesetze in Thüringen und in Brandenburg, die darauf abzielten, den Anteil von Frauen in den Parlamenten auf mindestens fünfzig Prozent zu erhöhen. Die dortigen Landesverfassungsgerichte entschieden, die Gesetze seien mit dem Demokratieprinzip unvereinbar[93] – und reproduzierten damit zugleich eine patriarchale Form des Rechtsstaats, denn das Demokratieprinzip lässt sich genauso als eine Gewährleistungsgarantie verstehen, um eine gleichberechtigte Teilhabe von Frauen zu ermöglichen.[94] Die AfD kann bei ihren Klagen mitunter also darauf hoffen, dass ihr ein reaktionärer juristischer Diskurs entgegenkommt.

Hauptgegenstand der AfD-Verfassungsbeschwerden sind die sogenannten Äußerungsdelikte von Regierungsmitgliedern. Die Partei zieht in der Regel vor das Bundesverfassungsgericht, um die aus ihrer Sicht ungerechtfertigten Eingriffe von Regierungsmitgliedern in den parteipolitischen Wettbewerb zu skandalisieren und damit zusammenhängende demokratische Defizite anzuprangern. Amtsträger:innen, die als Teil der Exekutive agieren, sind zur politischen Neutralität verpflichtet und dürfen insbesondere nach der Rechtsprechung des Bundesverfassungsgerichts nicht die Ressourcen des Staates (Gelder, Infobroschüren, Websites) verwenden, um den politischen Gegner anzugreifen. Einige Klagen und Verfassungsbeschwerden der AfD hatten in unterschiedlichen Instanzen Erfolg: Frankfurts Ex-Oberbürgermeister Peter Feldmann (damals noch Mitglied der SPD) durfte in seiner Funktion als OB keinen kritischen Kommentar über die AfD via Facebook abgeben; Bundesbildungsministerin Johanna Wanka (CDU) wurde untersagt, auf der Homepage ihres Ministeriums der AfD eine symbolische »Rote Karte« zu zeigen; Bundesinnenminister Horst Seehofer musste ein Interview von der Homepage des Ministeriums löschen lassen, in dem er die Alternative für Deutschland als »staatszersetzend« bezeichnet hatte; und Bundeskanzlerin Angela Merkels während einer Pressekonferenz in Südafrika getätigte Stellungnahme zur Ministerpräsidentenwahl in Thüringen, rügte das Bundesverfassungsgericht, habe die AfD in ihrem Recht auf Chancengleichheit verletzt.[95] Merkel und die Regierungen hätten »nicht nur die Rechte der AfD verletzt – sie haben gegen die Verfassung verstoßen und in den demokratischen Willensbildungsprozess eingegriffen«, so AfD-Bundessprecher Tino Chrupalla.

Die Regierung vorführen, ihr das Etikett der Verfassungswidrigkeit anheften und sich selbst als aufrechte Verteidiger des Rechtsstaats inszenieren – das ist Kern der rechtspolitischen Strategie der AfD vor den Gerichten. »Juristische Erfolge [...] münzt die AfD in politische Punktsiege um«, schreiben die Journalist:innen Markus Sehl und Claudia Kornmeier. »Erfolge vor den Gerichten dienen ihr als vermeintliche Belege dafür, dass es sich ›Altparteien‹ und ›Eliten‹ mit Privilegien gemütlich gemacht haben.«[96] Die Partei kann sich dadurch in ihrer Opferrolle bestärkt fühlen und ihren Anhänger:innen den Eindruck vermitteln, dass die Regierung mit undemokratischen Mitteln ihre Ausgrenzung betreibt.

Die Basis dieser Entscheidungen bildet jedoch eine Rechtsprechungslinie des Bundesverfassungsgerichts zu den Äußerungsdelikten von Regierungsmitgliedern, die selbst nicht unproblematisch ist und innerhalb der Rechtswissenschaft kritisiert wird. Handwerkliche Fehler begehen die Regierungsverantwortlichen, wenn sie ihre politischen Bewertungen der AfD mit den Mitteln der Exekutive verbreiten. Aber das Verfassungsgericht überspannt mit seiner Aufforderung zur politischen Neutralität den Bogen, wenn der demokratische Diskurs insgesamt verengt wird. Im Falle der während einer Pressekonferenz geäußerten Ansichten von Angela Merkel ist schlicht nicht erkennbar, warum Regierungsverantwortliche nicht klare Kante gegen die extreme Rechte demonstrieren sollten.[97] Die »Punktsiege« der Alternative für Deutschland in ihrem Kampf um den Rechtsstaat müssten nicht immer so eindeutig ausfallen.

Zur Übernahme der rechten Rechtsstaatsrhetorik

Die Rechtspolitik der Neuen Rechten und der AfD und deren Versuch, den Rechtsstaatsbegriff zu kapern, sind vor allem dann gefährlich, wenn es ihnen gelingt, ihre Diskurse strategisch in die Politik der etablierten demokratischen Parteien einfließen zu lassen. Der parlamentarische Aufstieg der AfD, die Mobilisierung rechter Bewegungen auf der Straße, ihre gewachsene bundespolitische Relevanz, die Angst der anderen Parteien vor einer Abwanderung ihrer Wähler:innen und die damit einhergehende rassistische Verrohung der Debatte dürften in entscheidender Weise zu den erheblichen Asylrechtsverschärfungen seit 2015 beigetragen haben.

In der Migrationspolitik zeigt sich die gefährliche Überschneidung zwischen der AfD und dem ordnungspolitisch orientierten nationalkonservativen Spektrum. Der extremen und der Neuen Rechten gelingt es immer wieder, Narrative in den politischen Mainstream einzuspeisen. Am erfolgreichsten ist ihr dies in Bezug auf den Rechtsstaatsbegriff in den Debatten nach dem Sommer 2015 gelungen, als Hunderttausende Schutzsuchende Zuflucht in Deutschland fanden. Denn die Rede von einem angeblichen »Rechtsbruch« avancierte zu einem wirksamen öffentlichen Narrativ.[98] So sprach Rupert Scholz, konservativer Staatsrechtler und CDU-Mitglied, bereits im Oktober 2015 in einem Interview davon, der Staat gebe »ein Stück der eigenen Staatlichkeit« auf, wenn er seine Grenzen nicht schütze. Angela Merkel, die eine polizeiliche oder gar militärische Abschottung der über 3500 Kilometer langen Grenze der Bundesrepublik ablehnte, hielt er entgegen, der Staat sei »verantwortlich für die Wahrung und den Schutz dieser Grenze«.

Auch andere Staatsrechtler:innen älteren Semesters vertraten derlei Thesen. Der Berliner Rechtsprofessor Ulrich Battis meinte, geltendes Recht werde durch die deutsche Bundesregierung fortwährend gebrochen – ohne auf das europäische Migrationsrecht einzugehen, das Zurückweisungen an innereuropäischen Grenzen eindeutig untersagt. Doch den deutschen Staatsrechtlern ging es vor allem um den territorialen deutschen Rechtsstaat und die Verteidigung seiner Grenzen. »Der Rechtsstaat ist im Begriff«, so die Staatsrechtler Otto Depenheuer und Christoph Grabenwarter, »sich im Kontext der Flüchtlingswelle zu verflüchtigen, indem das geltende Recht faktisch außer Kraft gesetzt wird. Regierung und Exekutive treffen ihre Entscheidungen am demokratisch legitimierten Gesetzgeber vorbei, staatsfinanzierte Medien üben sich in Hofberichterstattung, das Volk wird stummer Zeuge der Erosion seiner kollektiven Identität.«[99]

Der Diskurs gipfelte in einer Stellungnahme von Horst Seehofer, damals Ministerpräsident von Bayern, der die Flüchtlingspolitik der unionsgeführten Bundesregierung als eine »Herrschaft des Unrechts« bezeichnete. Seehofer übernahm ein Narrativ aus dem extrem rechten Lager. Geprägt hatte die Formel nämlich der Jurist Ulrich Vosgerau, der die AfD bei zahlreichen Gelegenheiten juristisch beraten und vertreten hat. In der Dezemberausgabe des Magazins *Cicero* hatte er unter dem Titel »Die Herrschaft des Unrechts« einen Gastbeitrag publiziert.[100] Durch Seehofer gelangte die Formel dann in den politischen Mainstream und zierte die Titelseiten einiger Leitmedien.

Eine solche Rhetorik verselbstständigt sich und ist anschlussfähig – bis in rechtsterroristische Kreise. Der Journalist Martin Steinhagen schildert in seinem Buch über den Mord an dem CDU-Politiker Walter Lübcke die Vernehmung von dessen Mörder Stephan Ernst: »Wenn Ernst [...] über seine eigenen Emotionen spricht, wird deutlich, wie sehr er dafür Begriffe aus dem Diskurs jener Zeit fischt. [...] Er spricht von ›Grenzöffnung‹, die ›Unrecht‹ war, vom ›Kontrollverlust‹, dass man all das der Politik zu verdanken habe, der Bundeskanzlerin.«[101] Der damalige Präsident des Bundesverfassungsgerichts, Andreas Voßkuhle, bewertete Seehofers Worte als eine »inakzeptable Rhetorik«, die »Assoziationen zum NS-Unrechtsstaat wecke«.[102] Sicher ist, dass Voßkuhles Kritik an dem Jargon des späteren Innenministers in der Öffentlichkeit viel weniger wahrgenommen wurde als Seehofers Rechtsbruch-Rabulistik.

Tatsächlich gab es diesen vermeintlichen »Rechtsbruch« nicht. Richtig ist, dass das EU-Recht prinzipiell die Zuständigkeit für Asylverfahren dem EU-Staat zuweist, in dem Asylsuchende zuerst europäischen Boden betreten haben (das sogenannte Ersteinreisekriterium). Und das sind in der Regel die Staaten mit EU-Außengrenzen wie Griechenland und Italien, aber auch Ungarn, das sich eine Grenze mit dem europäischen Drittstaat Serbien teilt. Jedoch gibt es in der Dublin-III-Verordnung, welche die Zuständigkeiten regelt, noch ganz andere Kriterien, auf die sich die Länder und sogar die Asylsuchenden selbst berufen können. Wer zum Beispiel bereits Familienangehörige in einem EU-Staat hat, verfügt unter Umständen über einen Anspruch darauf, dorthin umverteilt zu werden. Die Dublin-III-Verordnung enthält zudem eine sogenannte humanitäre Ermessensklausel. Staaten können selbst entscheiden, ob sie abweichend vom Ersteinreisekriterium die Verfahren von Asylsuchenden übernehmen.[103] Genau das hat die Bundesregierung in der humanitären Notsituation von 2015 für syrische Schutzsuchende letztendlich beschlossen. Auch der Europäische Gerichtshof urteilte in einem Verfahren aus dem Jahr 2017, dass EU-Mitgliedsstaaten im »Geist der Solidarität« Anträge auf internationalen Schutz prüfen dürfen, auch wenn sie nach der Dublin-III-Verordnung eigentlich nicht zuständig sind.[104]

Die Aufnahme Schutzsuchender im Jahr 2015 geschah also im Einklang mit geltendem Recht. Aber der von unterschiedlichen Seiten erhobene Vorwurf des »Rechtsbruchs« hat in der Öffentlichkeit verfangen und der AfD nachhaltig einen Resonanzboden beschert. Über die Folgen dieses Diskurses schreiben Stephan Detjen und Maximilian Steinbeis:

> Die Delegitimierung und Kriminalisierung der Flüchtlingspolitik war das Ergebnis eines Zusammenspiels von publizistischen Zuspitzungen, rhetorischen Eskalationen und schließlich einer offenen Radikalisierung des politischen Diskurses. [...] So entstand das toxische Gemisch aus dem Raunen »besorgter Staatsrechtler«, spektakulären Strafrechtsspekulationen, akademischen Hypothesen und politischen Rechtsgutachten, in dem sich der Rechtsbruch-Vorwurf zu politischem Sprengstoff verdichten ließ.[105]

Im Koalitionsvertrag zwischen CDU/CSU und SPD aus dem Jahr 2018 wurden diese Narrative über den Sommer 2015 sogar übernommen. So hieß es dort, die Koalition wolle die Anstrengungen fortsetzen, »die Migrationsbewegungen nach Deutschland und Europa angemessen mit Blick auf die Integrationsfähigkeit der Gesellschaft zu steuern und zu begrenzen, damit sich eine Situation wie 2015 nicht wiederholt«.[106] Schon zuvor hatte Angela Merkel auf dem CDU-Parteitag von 2016 gesagt, »eine Situation wie die des Sommers 2015 kann, soll und darf sich nicht wiederholen«.[107] Mittlerweile wird der Spruch »2015 darf sich nicht wiederholen« von vielen Seiten mantraartig und ohne weitere Erklärung des Kontextes bei jeder sich bietenden Gelegenheit verbreitet, oft mit dem Unterton, hier sei von der Bundesregierung gesinnungsethisch und zugleich rechtswidrig gehandelt worden.

Gegenmeinungen, die in der Rechtswissenschaft in der Mehrheit sind, Gerichtsentscheidungen und journalistische Beiträge, die auf die europarechtliche Konformität des Vorgehens im Sommer 2015 verweisen, dringen nicht durch.[108] Die »Rechtsbruch-« und »Grenzöffnungsthese« verhalfen nicht nur in Deutschland extrem rechten Akteur:innen wie der AfD dazu, die Flüchtlingspolitik für ihre politischen Interessen zu mobilisieren. Auch in Österreich, Ungarn oder Frankreich bezogen sich rechte Kräfte in ihren Wahlkämpfen auf diese Deutung.[109]

Schließlich erfolgten im Kontext der Migrationspolitik ordnungspolitische Umdeutungen des Rechtsstaatsbegriffs, bei denen durch die Übernahme rechter Agitation und Diskurse die Institutionen des Rechtsstaats selbst ins Visier gerieten. CSU-Landesgruppenchef Alexander Dobrindt, der Anfang 2018 in der *Welt* noch eine »konservative Revolution« gefordert hatte,[110] sprach im Mai desselben Jahres in der *Bild am Sonntag* von einer »Anti-Abschiebe-Industrie«: »eine unsägliche Allianz von Zwangsideologen und Partikularinteressen, die durch Klagewellen versucht, Abschiebungen zu verhindern und die Durchsetzung des Rechtsstaates zu sabotieren. Diese Allianz arbeitet nicht für das Recht auf Asyl, sondern gegen den gesellschaftlichen Frieden.«[111] Dobrindt führte zwar nicht aus, welche Akteur:innen er dieser »Anti-Abschiebe-Industrie« zurechnete, aber offensichtlich spielte er auf Asylrechtsanwält:innen, Menschenrechtsorganisationen wie Pro Asyl und Flüchtlingsräte sowie die Flüchtlingssozialarbeit an.

Dobrindt bediente sich aus dem rhetorischen Instrumentenkasten autoritärer Akteure: Sein Begriff suggeriert, dass die genannten Akteur:innen durch eine gemeinsame Betriebsamkeit verbunden sind und ein ökonomisches Interesse an Fluchtmigration haben. Die verhältnismäßig kleine »Menschenrechtsszene« in

Deutschland erscheint in dieser Rhetorik als großer Industriemonolith, der ein gemeinsames Interesse daran hat, dass Geflüchtete lange in Deutschland bleiben, um von ihren Verfahren zu profitieren. Dass die Tätigkeiten in der Asylrechtsanwaltschaft ökonomisch nicht besonders profitabel sind, mitunter sogar ein Verlustgeschäft darstellen und es zudem um die Verteidigung fundamentaler Menschenrechte bei der rechtsstaatlichen Kontrolle von Asylentscheidungen und Abschiebungen geht, spielt in dieser Agitation keine Rolle.

Der Begriff »Asylindustrie« hat eine besondere rechte Migrationsgeschichte: Der aufgrund der sogenannten »Ibiza-Affäre« zurückgetretene extrem rechte Politiker Heinz Christian Strache benutzte ihn Mitte der 2000er Jahre in der österreichischen Bleiberechtsdebatte, um die Arbeit von Wohlfahrtsverbänden wie der Caritas zu verunglimpfen und ihnen zu unterstellen, bei ihrem humanitären Engagement für Geflüchtete seien vorrangig ökonomische Interessen am Werk. In Ungarn hat Viktor Orbán den Kampf gegen die angebliche »Asylindustrie« quasi zur Staatsräson erhoben. Durch zahlreiche Gesetzesverschärfungen (den sogenannten »Stop Soros«-Gesetzespaketen) gängelt und kriminalisiert der ungarische Staat Asylrechtsanwält:innen und Menschenrechtsorganisationen. In der Öffentlichkeit werden sie, auch getragen durch Regierungspropaganda, quasi als »Staatsfeinde« markiert. In Deutschland griffen neben AfD-Politiker:innen auch extrem rechte Publizisten wie Udo Ulfkotte in seinem gleichnamigen Buch die Chiffre auf. Der Polizeigewerkschafter Rainer Wendt diffamierte im Fernsehen Organisationen wie Pro Asyl als

Asylindustrie. Aber erst durch Alexander Dobrindt fand der Begriff Resonanz in der breiteren Öffentlichkeit. Obwohl der ehemalige Verkehrsminister insinuierte, er setze sich für eine »Durchsetzung des Rechtsstaats« ein, griff er mit einer derartigen Rhetorik gerade dessen Fundament an: die freie Anwaltschaft, die unabhängig die individuellen Rechte von Betroffenen der Staatsgewalt verteidigt.

Für die Kaperung des Rechtsstaats durch die Rechte wird ein fruchtbarer Boden hergestellt, wenn bürgerliche Parteien und Strömungen deren Narrative übernehmen – und dabei ist es egal, ob dies aus der Intention geschieht, den Rechten das Wasser abzugraben, denn in der Regel ist das Gegenteil der Fall. In Deutschland sind die extreme und die Neue Rechte bisher nicht in eine Position gekommen, in der sie ihre völkischen Vorstellungen des Rechtsstaats in Regierungspraxis hätten umsetzen können. Aber in Europa gibt es autoritäre Labore, in denen seit Jahren die unteilbaren Freiheits- und Gleichheitsrechte zugunsten des »Volksschutzes«, die unabhängige Justiz zugunsten von regierungsparteiischen Gerichten und die Demokratie zugunsten kleptokratischer Staatsstrukturen umgeformt werden.

5
Umbau
Wie Europa (erfolglos) versucht, die Rechtsstaatskrise einzudämmen

> Ich möchte über die Tragödie Europa sprechen. In weiten Gebieten starren ungeheure Massen zitternder menschlicher Wesen gequält, hungrig, abgehärmt und verzweifelt auf die Ruinen ihrer Städte und Behausungen. Und doch gibt es ein Mittel, das wie durch ein Wunder die ganze Szene verändern und in wenigen Jahren ganz Europa so frei und glücklich machen könnte, wie es die Schweiz heute ist. Welches ist dieses Heilmittel? Es ist die Neuschöpfung der europäischen Völkerfamilie. Wir müssen eine Art Vereinigte Staaten von Europa errichten.

Winston Churchill sprach diese pathetischen Worte während seiner »Rede an die akademische Jugend« in der Aula der Universität Zürich im Jahr 1946.[1] Noch heute beziehen sich proeuropäische Bewegungen emphatisch auf die Idee der »Vereinigten Staaten von Europa«. Doch die einstmals so erfolgreiche Erzählung von einer »immer engeren Union« hat spätestens seit den gescheiterten Verfassungsreferenden Mitte der 2000er Jahre und schließlich aufgrund der Abfolge zum Teil miteinander verknüpfter Krisen nur noch wenige Anhänger:innen. Zwar war die »Geschichte der Europäischen Integration [schon immer] eine Geschichte der Krisen«, aber in der Vergangenheit konnte die Kommission diese oft als Fenster für eine weitere Integration nutzen.[2] Angesichts der Wirtschafts- und Finanzkrise, der Krise des Flüchtlingsschutzes, des Brexits und der Folgen der Coronapandemie sind die Vereinigten Staaten von Europa jedoch in meilenweite Ferne gerückt.

Vor allem die europäische Krise der Rechtsstaatlichkeit berührt die europäischen Fundamente und Werte, wie sie in Artikel 2 des EU-Vertrages festgehalten sind. Damit sind Vorgänge gemeint, durch die rechtsstaatliche Garantien und die Normen und Werte des EU-Vertrags systematisch untergraben werden. Üblicherweise richtet sich in diesem Zusammenhang der Blick nach Osteuropa, speziell nach Polen und Ungarn, wo diese Krise am deutlichsten sichtbar ist. Dort sind in den vergangenen Jahren die »autoritären Labore« am stärksten ausgebaut worden. Während die extreme und die Neue Rechte in anderen Staaten lediglich in Texten, Manifesten und anderen Positionspapieren davon schwadroniert, den Rechtsstaat aus seiner »Geiselhaft« zu befreien und zu kapern, ist es Viktor Orbán und Co. gelungen, zentrale Elemente der Rechtsstaatlichkeit auszuschalten oder zu umgehen, um undemokratische politische Ordnungssysteme zu installieren. Rechte und konservative Ordnungspolitiker:innen sehen in Ungarn daher ein Vorbild. Martin Sellner spricht lobend von einer »patriotischen Erneuerung Ungarns«, die »nur den Willen der ungarischen Mehrheit« vollstrecke,[3] Alice Weidel und Alexander Gauland gratulierten Ministerpräsident Orbán zur Wiederwahl im Jahr 2018 und freuten sich über einen »gute[n] Tag für Europa«,[4] und Alexander Dobrindt begrüßte inmitten des ungarischen

Wahlkampfs 2018 »unseren Freund Viktor« bei einer CSU-Klausurtagung, nur um im selben Monat in der *Welt* von einer »konservativen Revolution« zu träumen, die auf die angebliche Dominanz von Eliten der Post-68er-Phase folgen müsse.[5]

Dieses Kapitel wendet sich autoritären Phänomenen in der Europäischen Union zu, veranschaulicht den Umbau europäischer Rechtsstaaten in autoritäre Ordnungsstaaten, rekonstruiert, wie der Begriff des Rechtsstaats durch die autoritären Akteur:innen verwendet wird, und diskutiert kritisch den Umgang der europäischen Institutionen mit diesen Vorgängen. Im Gegensatz zu den mehrheitlich liberalen Analysen wird aber zugleich die »andere Rechtsstaatlichkeitskrise« Europas in den Blick genommen, wie die Rechtswissenschaftlerin Dana Schmalz sie genannt hat, und der Blick auf die EU selbst und die vermeintlich liberalen Zentralstaaten gelenkt.[6] Denn während die Europäische Union energisch darauf drängt, dass in Polen und Ungarn rechtsstaatliche Standards eingehalten werden, unterminieren die wirtschafts- und migrationspolitischen Maßnahmen ihrer eigenen Organe rechtsstaatliche Garantien und Institutionen.

Die Laboratorien des Autoritarismus

Um ihren Machterhalt zu stabilisieren, entwickeln autoritäre Akteur:innen zunehmend ein Interesse an Verfassungen und am Recht. Putin in Russland und Erdoğan in der Türkei waren in dieser Hinsicht Vorreiter.

Die Rechtswissenschaftlerin Kim Lane Scheppele spricht von »autokratischen Legalisten«.[7] Darunter fasst sie autoritäre politische Projekte, die Verfassungen, Gerichte, Grundrechtskataloge und Wahlen nicht einfach abschaffen – ja, oft übernehmen sie sogar die Sprache des demokratischen Konstitutionalismus in ihre Agitation –, sie aber im Namen »echter Demokratie« oder »des Volkes« überwinden wollen.[8] »Legalistische Autokraten sind geschickt darin, sich die schlimmsten Praktiken aus liberalen Demokratien herauszupicken, um daraus etwas Illiberales und Monströses zusammenzufügen.«[9] Im liberalen Konstitutionalismus selbst sind autoritäre Momente angelegt, wie Günter Frankenberg ausführt: Ausnahmezustände, weitreichende Ermessensspielräume der Exekutive und andere informalisierte Staatstechniken. Und autoritäre Akteur:innen bedienen sich für ihre Zwecke in diesem »Schattenreich« des Legalen.[10]

Die Fidesz-Partei in Ungarn unter Viktor Orbán hat die legalistische Autokratie seit 2010 perfektioniert und die Rechtsstaatlichkeit sukzessive angegriffen. Dass Orbán die liberale Klaviatur beherrscht, ist kein Wunder, schließlich startete Fidesz als ein (national-)liberales Projekt und war zunächst auf europäischer Ebene in die liberale Parteienfamilie eingebunden. Bis heute bestehen Kontakte zu Parteien wie der FDP. Aber der Fidesz-Parteistratege Tamás Lánczi schreibt unmissverständlich, der Liberalismus von Fidesz reflektiere eher einen traditionellen, aus dem 19. Jahrhundert stammenden spezifisch ungarischen Liberalismus und gerade nicht die, wie er sagt, »europäische Mainstream-Ideologie«.[11] Der Politikwissenschaftler Moritz Elliesen, der die Anfangsphase von Fidesz analysiert hat, kommt zu dem Ergebnis, dass die Partei zunächst politisch heterogen war. Doch spätestens seit 1993 dominiert die nationalpopulistische Strömung unter Orbán.[12] Der heutige Ministerpräsident selbst macht aus seinem Verständnis des Liberalismus kein Geheimnis. Im Rahmen seiner mittlerweile berüchtigten Rede auf der Bálványos-Sommeruniversität in Băile Tuşnad im Jahr 2014 nannte er das Ziel seines Umbaus: Er wolle aus Ungarn einen »illiberalen Staat« machen.

> Was also heute in Ungarn geschieht, kann so verstanden werden, dass die politische Führung heute einen Versuch unternommen hat, die persönliche Arbeit und das persönliche Interesse der Menschen, die anerkannt werden müssen, in eine engere Beziehung zum Leben der Gemeinschaft, zur Nation zu stellen, und diese Beziehung zu erhalten und zu stärken. Mit anderen Worten, die ungarische Nation ist nicht einfach eine bloße Ansammlung von Individuen, sondern eine Gemeinschaft, die organisiert, gestärkt, ja sogar aufgebaut werden muss. In diesem Sinne ist also der neue Staat, den wir in Ungarn bauen, kein liberaler Staat, sondern ein illiberaler Staat. Er verneint nicht die Grundwerte des Liberalismus, wie die Freiheit, und ich könnte noch weitere Beispiele nennen, macht aber diese Ideologie nicht zum zentralen Element der Staatsorganisation, sondern enthält einen von dieser abweichenden, eigenen, nationalen Denkansatz.[13]

Als Orbán 2010 eine absolute Mehrheit bei den Wahlen errang, ging die neue Regierung schnell dazu über, eine autoritäre Transformation des Staatsapparats und des politischen wie kulturellen Feldes voranzutreiben. Inspiriert von den Ideen Carl Schmitts entwickelte Orbáns Regierung intelligente legalistische Techniken, um in der Semantik liberaler Verfassungsordnungen den autoritären Umbau zu betreiben.[14] Zunächst brachte sie eine umfangreiche Verfassungsreform auf den Weg. Dabei ist der spezifische ungarische Kontext bedeutsam. Nach dem Zusammenbruch der Sowjetunion konnten sich die demokratischen Kräfte am runden Tisch nicht auf ein gemeinsames konstitutionelles Projekt einigen. Daher veränderten sie die ungarische Verfassung von 1949, um sie an die Voraussetzungen einer parlamentarischen Demokratie anzupassen, ließen sie aber formal bestehen. In Teilen des ungarischen Diskurses wurde sie deswegen weiterhin mit der Herrschaft der Sowjetunion in Verbindung gebracht. Auf diese Weise konnte Orbán sich als »Revolutionär« und »Antikommunist« inszenieren, dessen neues Verfassungsprojekt radikal mit den Restbeständen der Sowjetzeit brechen würde. Aber die Regierung leitete keinen demokratischen Prozess für ein Referendum ein. Es hält sich das Gerücht, den ersten Entwurf habe ein Fidesz-Abgeordneter auf seinem iPad verfasst. Die Abgeordneten diskutierten ihn ausschließlich hinter verschlossenen Türen. Eine vollwertige parlamentarische Debatte fand nicht statt. In Windeseile verabschiedete das Parlament das neue Grundgesetz, das am 1. Januar 2012 in Kraft trat.

Fidesz ließ eine völkische und christlich-fundamentalistische Präambel einfügen, die unter dem Namen »nationales Glaubensbekenntnis« firmiert und auf das nicht nur Orbán als identitätsstiftendes Moment in seinen agitatorischen Reden Bezug nimmt, sondern das sich zugleich konkret auf die politische Praxis und die Rechtsprechung auswirkt. So soll sich etwa das Verfassungsgericht daran orientieren. Die Regierung entmachtete das oberste Gericht, indem es ihm in wichtigen Angelegenheiten die Rechtsprechungsbefugnis entzog (zum Beispiel in der Steuergesetzgebung). Orbán ließ Richter:innen frühverrenten und ersetzte sie durch parteikonforme Jurist:innen. Selbst ein Urteil des Europäischen Gerichtshofs, der die Maßnahme als unzulässige Altersdiskriminierung bewertete,[15] hielt den autoritären Umbau nicht auf. Zum Zeitpunkt der Urteilsverkündung hatten die meisten Richter:innen ihre Robe bereits abgelegt. Das Verfassungsgericht hat seitdem nur in seltenen Fällen politische Projekte der Exekutive behindert.

Dem autoritären Bestreben entsprechend, »im gesellschaftlichen Bereich alle auf Pluralismus und Wettbewerb angelegten Medien und Organisationen [...] durch staatliche Kontrolle oder Gleichschaltung zu neutralisieren«,[16] hat Fidesz Museen, Theater, Bildungseinrichtungen und Stiftungen auf die nationale politische Linie navigiert, den ohnehin grassierenden Geschichtsrevisionismus und die völkische Ideologie im Land bestärkt,[17] fast alle Medien unter direkte oder mittelbare staatliche Kontrolle gebracht und Organisationen der kritischen Zivilgesellschaft mit drakonischen Maßnahmen wie zusätzlichen Steuern oder Strafverfahren gegängelt. In Reaktion auf eine massive Streikwelle von Lehrkräften Ende 2022 wurden streikende Lehrer:innen suspendiert.

Für ihr Vorgehen wird die ungarische Regierung von

europäischen Institutionen, auch von der Venedig-Kommission des Europarats, von Journalist:innen und Menschenrechtsorganisationen stets hart kritisiert. Orbán und seine Mitstreiter:innen gehen jedoch geschickt vor, wenn sie nach virulenter Kritik bestimmte Reformvorhaben zunächst abschwächen oder zurücknehmen, nur um kurze Zeit darauf neue Angriffe auf die rechtsstaatliche und demokratische Verfasstheit des Landes zu starten. Orbáns Jurist:innen sind nicht zu unterschätzen, denn sie finden immer wieder kreative Wege, um den Staatsapparat auf eine Art und Weise umzubauen, die es der EU-Kommission oder den Gerichten schwierig macht, eindeutige Brüche der Rechtsstaatlichkeit zu identifizieren. In anderen politischen Verhältnissen mögen Verfassungsänderungen wie die von Orbán in die Wege geleiteten keine prinzipielle Gefahr für den demokratischen Rechtsstaat darstellen. Im konkreten Fall des autoritären Staatsumbaus in Ungarn können scheinbar technokratische oder gar kosmetische Veränderungen jedoch einen enormen Einfluss haben, wie die ungarische Verfassungsrechtlerin Renáta Uitz beschreibt.[18] Orbán hat die neurechte Metapolitik perfektioniert und zielt auf eine nachhaltige Neugestaltung von Gesellschaft, Kultur und Politik ab, so dass kurzfristige Misserfolge kein Hindernis für Fidesz darstellen.

In Polen hat die PiS-Partei seit ihren Wahlsiegen von 2015 und 2019 unter der Leitung des polnischen Justizministers Zbigniew Ziobro den Rechtsstaat umgebaut und seine Grundfesten ausgehöhlt, bis sie 2023 die Macht wieder verlor. Die Partei hat nicht zufällig »Recht und Gerechtigkeit« (auf Polnisch: Prawo i Sprawiedliwość, daher die Abkürzung PiS) als ihren Namen gewählt. Dabei handelt es sich um die polnische Variation des »Law and Order«-Narrativs. In einem ihrer ersten Manifeste versprach PiS die »Reparatur des Staates« und die »Wiederherstellung der Sicherheit für die Bürger«. Die Partei will die Altlasten der Transformationsphase nach 1989 entsorgen und einen »guten Wandel« einleiten.[19] Dieser Prozess ist durch die Wahlen von 2023, bei denen das liberale Wahllager um Donald Tusk unerwartet einen Sieg davongetragen hat, erst einmal zum Stillstand gekommen. Die PiS wurde zwar stärkste Partei, konnte aber keine neue Regierung formen. Abzuwarten bleibt jedoch, ob sich der autoritäre Staatsumbau innerhalb einer Wahlperiode rückgängig machen lässt – oder ob die Pflöcke, die die PiS eingeschlagen hat, ihr einen dauerhaften Zugang zur Macht verschaffen. Luke Dimitrios Spieker und Armin von Bogdandy warnten in der *FAZ* bereits vor Schnellschüssen. Sie erachten es als »hoch problematisch, wenn die neue Mehrheit pauschal alle Richterinnen und Richter absetzen würde, die unter der alten Mehrheit ernannt oder befördert wurden«.[20] Denn das liberale Lager würde sich in diesem Fall jener antirechtsstaatlicher Mittel bedienen, die die Rechtsstaatlichkeitskrise erst hervorgebracht haben. Ohnehin, so die beiden Autoren, wäre ein derartiges Vorgehen im Widerspruch zum EU-Recht: »Der Versuch einer raschen und radikalen demokratischen Transition in Polen könnte also mit der Norm in Konflikt geraten, um deren Geltung es letztlich geht.«[21] Der noch im Amt befindliche PiS-Präsident Duda sprach bezeichnenderweise von »rechtsstaatlichem Terror«, den die neue Regierung beim Rückbau des Autoritarismus ausübe, obwohl sie schlicht gegen die Korruption im Staat vorging. Demokratische und rechtsstaatliche Übergänge brauchen Zeit – Zeit, die Demokraten oft nicht haben. Dieser Voraussetzung fühlen sich autoritäre Kräfte gerade nicht verpflichtet. Sie haben daher immer einen Vorteil im Kampf um Machtpositionen.

Mit Fidesz in Ungarn teilen die polnischen Rechten die Erfahrung, dass sie schon einmal an der Macht waren (2005-2007) und anschließend Wahlen verloren haben. Die Gründung der Partei als dominante Kraft innerhalb des neurechten polnischen Spektrums war das Ergebnis eines längeren Prozesses: Man wollte aus den Fehlern der Vergangenheit lernen und Strategien entwickeln, um die Macht der Rechten im Staat nachhaltig sicherzustellen.[22] Die polnische Rechtssoziologin Marta Bucholc fasst den Umbau wie folgt zusammen:

> Seit 2015 hat die konservative Regierung es geschafft, ihre politische Kontrolle über die Staatsanwaltschaften noch stärker abzusichern. Sie hat die volle politische Kontrolle über den Verfassungsgerichtshof übernommen, sie hat die Nominierung von Richter:innen auf allen Ebenen der Justiz politisiert und ein Modell von Disziplinarverfahren für juristische Professionen durchgesetzt, welches die Vertreter:innen dieser Professionen weitgehendem politischen Druck aussetzt.[23]

Das System macht der demokratischen Nachfolgeregierung zu schaffen. Die PiS kopierte autoritäre Maßnahmen wie die Frühverrentung von Richter:innen, die schon Fidesz in Ungarn eingesetzt hatte. Als die Präsidentin des Obersten Gerichts, Malgorzata Gersdorf, und mit ihr weitere Kolleg:innen frühzeitig pensioniert werden sollten, setzte sie sich erfolgreich zur Wehr. Die Bilder, wie Gersdorf das Gerichtsgebäude betrat und gegen ihren Zwangsruhestand protestierte, gingen um die Welt. Ministerpräsident Mateusz Morawiecki erkannte Gersdorf aber nicht als Richterin an. Die Folge war eine veritable Verfassungskrise. Die Regierung suchte zwar das Gespräch mit dem Obersten Gericht, allem Anschein nach aber nur, um die massive Kritik an ihrem Vorgehen zu besänftigen. Letztendlich erreichte die PiS-Partei aber ihr Ziel: Gersdorf schied 2020 nach Ablauf ihrer Amtszeit aus dem Justizdienst aus, und die Regierungspartei konnte das Gericht nach den eigenen politischen Vorstellungen besetzen. Gersdorfs Nachfolgerin, Małgorzata Manowska, war bereits in den 2000er Jahren unter Justizminister Ziobro Staatssekretärin im Justizministerium. Obwohl sie bei der Richter:innenwahl nicht die meisten Stimmen erhielt, ernannte Staatspräsident Andrzej Duda sie zur Gerichtspräsidentin, da die Verfassung ihm das Recht einräumt, unter allen Vorgeschlagenen frei auszuwählen. Diese Richter:innen sind auch unter der neuen liberalen Regierung im Amt. Sie könnten zentrale Vorhaben der Regierung blockieren.

Neben diesen Entwicklungen hat vor allem die 2018 geschaffene – und 2022 wieder aufgelöste – Disziplinarkammer für Richter:innen europaweit für massive Kritik gesorgt. Eine solche Einrichtung ist nicht ungewöhnlich, aber in Polen bestimmte die Regierung ihre Zusammensetzung, wodurch die richterliche Unabhängigkeit untergraben wurde. Außerdem, und das war beachtlich, konnte die Kammer die Vorlage von Fragen an den Europäischen Gerichtshof, das zentrale Element des europäischen Rechtsschutzsystems und die Basis für die Rechtsmobilisierung durch zivilgesellschaftliche Akteur:innen, als Disziplinarvergehen werten.

Die Absicht der polnischen Rechten bei solchen Projekten ist klar: Sie setzen auf den nationalen Rechtsstaat, der durch die PiS-Partei nach eigenem Gusto umgestaltet wird, und widersetzen sich einer Transnationalisierung des Rechts. Dadurch sollen die Handlungsmöglichkeiten der unteren Gerichtsinstanzen und der kritischen Zivilgesellschaft eingeschränkt werden, die das Europarecht nutzen, um den autoritären Staatsumbau aufzuhalten. Das neue polnische Verfassungsgericht liefert in diesem Sinne die Entscheidungen, die die PiS haben will: Es wertete ein Urteil des Europäischen Gerichtshofs zur polnischen Justizpolitik als verfassungswidrig und erkannte auch die Rechtsprechung des Europäischen Gerichtshofs für Menschenrechte nicht an. Dadurch hat das Gericht einen grundsätzlichen Konflikt mit der europäischen Gerichtsbarkeit provoziert und die europäische Rechtsstaatlichkeitskrise verschärft. Tatsächlich geht es hier ums Ganze: Sowohl das europäische Menschenrechtssystem wie noch viel stärker das Europarecht basieren darauf, dass die Mitgliedsstaaten seine Anwendbarkeit anerkennen.

Der polnische Umbau des Rechtsstaats ging schneller, zum Teil unvorsichtiger und weniger strategisch vonstatten, als es in Ungarn der Fall gewesen ist. Vermutlich ist das auch ein Grund, warum die Gegenproteste durch die eigene Zivilgesellschaft größer ausfielen. Zum Beispiel trugen starke feministische Bündnisse ihren Widerstand gegen das Abtreibungsverbot auf die Straße, das auch vom polnischen Verfassungsgericht gestützt wurde. Die Mobilisierungsfähigkeit der polnischen sozialen Bewegungen war für den Wahlsieg der Koalition aus Liberalen, Linken und Konservativen nicht unwichtig. Aber die PiS konnte den Rechtsstaat zuvor kapern und es ist ungewiss, wie nachhaltig dies sein wird.

Die autoritäre Abwehr des Rechtsstaats

Die Rechtsstaatlichkeitskrise begleitet die Europäische Kommission und das Europäische Parlament nun schon seit einigen Jahren. Mit immer neuen Vorstößen wird versucht, der schleichenden Erosion entgegenzutreten. Die rechten Akteur:innen in Polen und Ungarn ihrerseits deuten das Rechtsstaatsprinzip um. Dabei sind unterschiedliche Abwehrstrategien zu beobachten, die trotz ihrer Widersprüche zum Teil parallel ablaufen und miteinander verschränkt sind.

Erstens werfen die PiS und Fidesz der Europäischen Union doppelte Standards vor. Der ehemalige Fidesz-Politiker József Szájer spricht davon, die Kontrollmechanismen der EU-Institutionen seien selbst rechtsstaatlich defizitär, die Union besäße keine hinreichende demokratische Legitimation.[24] Auch der ehemalige polnische Minister für Finanzen und Regionalpolitik, Grzegorz Puda, prangerte »Doppelstandards« an sowie politischen Druck, den Brüssel auf sein Land ausübe. Die beiden rechten Regierungen kündigten 2020 die Gründung eines Instituts für vergleichende Rechtsstaatsforschung an, um zu überprüfen, inwiefern in anderen Mitgliedsstaaten oder durch die EU selbst rechtsstaatliche Grundsätze verletzt würden. Der ungarische Außenminister Péter Szijjártó erklärte dazu, das Ziel der Einrichtung sei es, »dass wir nicht zum Narren gehalten werden«.[25]

Tatsächlich gibt es auch in anderen Mitgliedsstaaten virulente Rechtsstaatsdefizite. In Spanien blockierten konservative Kräfte um die Partido Popular jahrelang die Neuwahl des Justizrates, der für die Unabhängigkeit der Justiz im Land sorgen soll.[26] In Österreich hat die Regierung unter Sebastian Kurz massiv in die Unabhängigkeit der Wirtschaftsstaatsanwaltschaft eingreifen wollen und Angriffe auf die Justiz inszeniert. Aber den rechten Akteuren in Warschau und Budapest geht es nicht darum, als Verteidiger des Rechtsstaats aufzutreten. Sie wollen durch diese Initiativen von den systematischen Brüchen des Rechtsstaatsprinzips in ihren Staaten ablenken beziehungsweise diese relativieren.

Das groß angekündigte Institut für die vergleichende Rechtsstaatsforschung gibt es bis heute nicht. Aber der 2006 gegründete rechte ungarische Thinktank Nézőpont Intézet veröffentlichte 2023 eine »Studie«, in der die Rechtsstaatlichkeit der EU unter die Lupe genommen wird.[27] Das Ergebnis ist ein Generalangriff auf die europäischen Institutionen. Das Europäische Parlament sei undemokratisch und weite seine Befugnisse in verfassungswidriger Weise aus, der EuGH agiere auf Linie der Kommission und nehme den Mitgliedsstaaten die Möglichkeit eines fairen Verfahrens. Die

Kommission sei eine parteiische politische Akteurin und keine Hüterin der Verträge, und die allgemein gehaltene Formulierung des Rechtsstaatsprinzips öffne einer willkürlichen Auslegung Tür und Tor. In dem Bericht wird unter anderem auf die spanische Justizkrise rekurriert: Die Kommission habe in diesem Fall kein Vertragsverletzungsverfahren eingeleitet, während Polen und Ungarn unter dem Vorwurf einer Verletzung der Rechtsstaatlichkeit Gelder vorenthalten würden. Zoltán Kovács, der ungarische Regierungssprecher für internationale Angelegenheiten, bezog sich positiv auf den Report und warf Brüssel vor, dort grassiere eine »Kultur von politisch motivierten Verfahren und Entscheidungen«.[28]

Fidesz und PiS sprechen nur selten von der »Europäischen Union«. Sie betreiben vielmehr einen Kulturkampf, indem sie konsequent die Chiffre »Brüssel« verwenden und die europäische Hauptstadt zu einem verkommenen Moloch stilisieren. Die belgische Stadt steht dabei stellvertretend für einen mit »ausländischen kulturellen Eliten« besetzten europäischen Bürokratieapparat, der von oben in die nationalen Souveränitätsrechte der Mitgliedsstaaten eingreift.[29] Die Gleichsetzung Europas mit einem Brüsseler »Elitenprojekt« ist, genauso wie die Behauptung, die EU sei von links gekapert worden, in neurechten Diskursen gängig. Orbán behauptet beispielsweise, die westliche Generation der 68er-Bewegung habe die europäischen Institutionen übernommen. Sein Projekt sei es, diese durch die Generation der 90er zu ersetzen.[30] Damit meint er vordergründig die demokratischen Freiheitsbewegungen in den ehemaligen Ostblockstaaten, wobei er aber nur einen Teil davon – nämlich den eigenen nationalistischen Flügel – in Machtpositionen hieven will. Nicht nur Orbáns identitätsstiftender Antikommunismus wird hier deutlich. Mehr noch betrachtet er die Auseinandersetzungen mit der EU-Kommission und dem Parlament als einen Kulturkampf um Europa.

In der souveränistischen Abwehrstrategie gegen den Rechtsstaat kann der Widerstand gegen »Brüssel« als antikolonialer Freiheitskampf verbrämt werden, den Budapest und Warschau »mutig und heldenvoll« anführen. Diese Agitation setzen die rechten Regierungen innenpolitisch um, sowohl in Wahlkämpfen als auch in öffentlichkeitswirksamen Plakataktionen. Im Jahr 2019 brachte die ungarische Regierung landesweit Poster an, auf denen der lachende damalige Kommissionschef Jean-Claude Juncker in einer Fotomontage neben den jüdischen Unternehmer George Soros gesetzt wurde. Darunter stand: »Auch Sie haben das Recht zu erfahren, was Brüssel vorbereitet.« Die Regierung behauptete, die EU plane die Einführung humanitärer Visa für Geflüchtete und wolle eine grenzenlose Migration nach Europa ermöglichen.

Der in Budapest geborene Soros ist der erklärte Staatsfeind Nummer 1 der ungarischen Regierung, die mit ihren »Stop Soros«-Gesetzen eine beispiellose Kriminalisierung der Zivilgesellschaft in Gang gesetzt hat. Im Jahr 2022 sagte Orbán während einer programmatischen Rede, »Brüssel, verstärkt durch Soros-nahe Truppen, will uns Migration aufzwingen«.[31] Neurechte Ideologen beschreiben »Ungarns Verhältnis zum Westen in

Begrifflichkeiten des Postkolonialismus« und bezeichnen »Fidesz als ›die Partei der Eingeborenen‹«.[32] Die angeblich von »Brüssel« aufoktroyierte europäische Rechtsstaatlichkeit bezeichnen neurechte ungarische Publizist:innen konsequenterweise als Form »westlicher Unterdrückung« und stellen damit den universellen Charakter der Rechtsstaatlichkeit in Frage.[33]

Ähnliche Diskurse gibt es auch in Polen. Die dortige Rechte betrachtet die Rechtsstaatlichkeit als ein »postkoloniales Relikt« aus der Transformationsphase nach der Wende.[34] Entsprechend dem erklärten Vorhaben von PiS, mit der Erbschaft dieser Zeit zu brechen, wendet sich die Partei energisch gegen die europäische Idee von Rechtsstaatlichkeit. Marta Bucholc hat die programmatische Agenda der PiS ausgewertet und zahlreiche Narrative herausgefiltert, die der Partei eine antikoloniale Stoßrichtung gegenüber »Brüssel« verleihen sollen. Die globale Neoliberalisierung in Form von Privatisierungen und Ausverkäufen schlug sich nach 1989 massiv in Ostmitteleuropa nieder und trug in mancher Hinsicht durchaus Züge einer kolonialen Erschließung.[35] Die PiS münzt diese reale Erfahrung aber in einen Generalangriff auf die Institutionen der Justiz und die Rechtsstaatlichkeit um. Richter:innen werden als Teil einer »Elite« bezeichnet, die nicht die Interessen der polnischen Bürgerinnen und Bürger vertrete.[36] Imaginiert wird ein Kampf gegen »Brüssel« und die inländische Justiz, der in einer »Rückkehr zur nationalen Authentizität« kulminieren soll.[37] Die neurechten Akteur:innen versuchen mit dieser Strategie zugleich, die innenpolitischen Spaltungen und Klassengegensätze zu kaschieren: Wer alle Kräfte im Kampf gegen Europa sammelt, der muss über seine Verantwortung für den sozialen Abstieg der Menschen im eigenen Land nicht sprechen.

Die dritte Abwehrstrategie fußt darauf, das Rechtsstaatsprinzip zu delegitimieren und zu relativieren. Immer wieder verunglimpft die ungarische Regierung in öffentlichen Äußerungen den Rechtsstaat beziehungsweise die *rule of law* als politisch sowie ideologisch eingesetztes Instrument. An vorderster Front steht dabei Zoltán Kovács, einer der provokantesten Agitatoren in Orbáns Regierung. In einem Beitrag für die Plattform Euractiv attackierte er die ungarische Europaabgeordnete Anna Donáth als »rule of law warrior«, die keine objektiven Kriterien in der Hand habe, um die Rechtsstaatlichkeit Ungarns zu bewerten.[38] Dem Vorwurf, seine Regierung unterliege keinen Beschränkungen, hielt er entgegen, die eigentlichen Schranken seien die Wahlen, und bei denen habe Orbán mehrmals die Mehrheit errungen. Dabei sparte er natürlich aus, dass zum Beispiel die Organisation für wirtschaftliche Zusammenarbeit und Entwicklung die ungarischen Parlamentswahlen als »nicht fair« bezeichnet hatte und Orbán sich durch verschiedene Wahlreformen, wie dem Stimmrecht für die sogenannten »Auslandsungarn«, ein Wahlsystem geschmiedet hat, das der Fidesz-Partei entgegenkommt.[39]

Als der Streit zwischen den EU-Institutionen und den beiden osteuropäischen Mitgliedsstaaten 2020 zusehends eskalierte, verfolgte die ungarische Regierung die Strategie, die Rechtsstaatlichkeit einerseits zu delegitimieren und sie sich andererseits auf spezifische Weise anzueignen. In einer Pressemitteilung, die Viktor Orbán anlässlich seiner Blockade des Haushalts der Europäischen Union veröffentlichte, sagte er, in Brüssel würden nur diejenigen Mitglieder als Rechtsstaaten anerkannt, die Migrant:innen hereinlassen, während diejenigen, die ihre Grenzen schützen, diese angeblich verletzten. Orbán stellte klar: »Ungarn ist ein überzeugter Anhänger der rule of law.«[40] Damit positionierte er sich gegen ein europäisches Verständnis von Rechtsstaatlichkeit und setzte diesem eine nationale Ausprägung entgegen. Das Narrativ der Neuen Rechten geht davon aus, »Rechtsstaatlichkeit ließe sich gar nicht allgemeingültig für die EU definieren; sie sei abhängig von nationaler Geschichte und Kultur und daher müsse jeder Mitgliedstaat seine eigene Vorstellung davon verwirklichen«.[41] Die europäische Neue Rechte betreibt damit ein antiuniversalistisches Projekt.

Zugleich inszenierte sich Orbán in seiner Pressemitteilung als Freiheitskämpfer, wenn er betont, die Mitglieder seiner aktuellen Regierung hätten für die Demokratie gegen die kommunistische Diktatur gekämpft – er ordnete sich selbst in die Tradition der sogenannten »90er« ein. Dagegen, so Orbán, habe »Brüssel« das Prinzip der Rechtsstaatlichkeit in eine politische und ideologische Waffe transformiert. Hier klingen die neurechten Verschwörungserzählungen an, denen zufolge sich der Rechtsstaat in der Geiselhaft einer Elite oder auch der Linken befände. Ganz offen kam dieses Narrativ zum Ausdruck, als Orbán im September 2022 auf einen von der Kommission »in einem kontinuierlichen Dialog mit den Mitgliedsstaaten« erstellten »Bericht über die Rechtsstaatlichkeit« reagierte.[42] Der Report sei eine politische Attacke auf Ungarn, die europäische Linke habe das Parlament übernommen und könne nicht akzeptieren, dass sich die Wählerinnen und Wähler in seinem Land für eine rechte Regierung entschieden hätten.

Der Umgang der EU mit der Krise der Rechtsstaatlichkeit

Die Europäische Union verfügte lange nur dann über Kontrollmöglichkeiten in Bezug auf Demokratie und Rechtsstaatlichkeit, wenn Staaten der Gemeinschaft beziehungsweise später der Union beitreten wollten. Rückblickend müssen bereits in dieser Hinsicht deutliche Defizite diagnostiziert werden. Dass sich aber ein Land nach seinem Beitritt »von den in Artikel 2 des Unionsvertrages aufgelisteten Wertevorstellungen ernsthaft abwenden könnte«, so der Staatsrechtler Alexander Thiele, »schien schlicht nicht vorstellbar«.[43] Als die EU schon einmal mit einer Rechtsstaatlichkeitskrise konfrontiert war, nämlich aufgrund der Regierungsbeteiligung der Freiheitlichen Partei Österreichs unter Jörg Haider, beschlossen die Führungen der übrigen vierzehn Mitgliedsstaaten, die bilateralen Beziehungen zur Alpenrepublik Anfang des 21. Jahrhunderts auf ein Mindestmaß zu beschränken. Dabei handelte es sich aber um zwischenstaatliche Absprachen, nicht um ein Vorgehen innerhalb des europäischen Rechtsrahmens.

Ab Anfang der 2010er Jahre sah sich die Union nun mit offenen und massiven Verstößen gegen rechtsstaatliche Normen und Prinzipien in Ungarn konfrontiert. Die EU-Institutionen, so eine oft zu vernehmende Kritik, ignorierten die Entwicklungen zu lange und griffen kaum effektiv ein. Dabei war der autoritäre Umbau in dem osteuropäischen Land schon früh zu erkennen gewesen. Aber erst 2014 ging Brüssel in die Offensive: Die Kommission brachte den »neuen EU-Rahmen zur Stärkung des Rechtsstaatsprinzips« auf den Weg. In einem dreistufigen Verfahren – Bewertung, Empfehlung, Überwachung – soll die mögliche Erosion von Rechtsstaatlichkeit in einzelnen Mitgliedsstaaten analysiert werden. Allerdings wurde ein entsprechender Prozess bislang nur in Bezug auf Polen zu Ende gebracht.

Im ungarischen Fall stand dem lange Zeit die konservative Europäische Volkspartei (EVP) im Weg, der Fidesz bis März 2021 angehörte. Helmut Kohl hatte Orbán Anfang der 2000er Jahre zum Übertritt in die konservative Parteienfamilie animiert und sah in ihm eine große politische Hoffnung. Orbán bezieht sich bis heute auf Kohl, um den vermeintlichen Verrat konservativer Werte durch die EVP zu beklagen. In seiner Budapester Europa-Rede bei einer Veranstaltung der Konrad-Adenauer-Stiftung im Jahr 2018 sprach er davon, man wolle »an der Seite der Ideale Helmut Kohls und seiner Parteienfamilie ausharren« und daran mitwirken, »die Europäische Volkspartei [zu] erneuern, und ihr dabei helfen, zu ihren christdemokratischen Wurzeln zurückzufinden«.[44] Aufgrund der starken Verankerung der EVP in den europäischen Institutionen dauerte es lange, bis die öffentliche Kritik an den Entwicklungen in Ungarn so groß war, dass der Rückhalt bei den Konservativen bröckelte. Nachdem einzelne Parteien den Rauswurf gefordert hatten, verließ Fidesz im Jahr 2021 die EVP.

Mittlerweile verfügt die EU über Instrumente, um die Krise der Rechtsstaatlichkeit zu beheben, darunter die schon lange existierenden, aber oft ineffektiven Vertragsverletzungsverfahren beim Europäischen Gerichtshof, Sanktionen sowie den seit 2020 bestehenden Rechtsstaatsmechanismus,[45] bei dem der europäische Haushalt und die finanziellen Mittelzuweisungen als Druckmittel benutzt werden.[46] Außerdem verurteilte der Europäische Gerichtshof Warschau wegen Angriffen auf die rechtsstaatlichen Institutionen des Landes 2021 zu einem Zwangsgeld in Höhe von einer Million Euro täglich – wobei der Betrag 2023 halbiert wurde. Ohne den europäischen Rechtsrahmen hätte der polnische und ungarische Autoritarismus zweifellos deutlich mehr Durchschlagskraft entfalten können.

Der autoritäre Umbau in beiden Staaten wurde durch die EU jedoch nicht aufgehalten, sondern nur verlangsamt. Es zeigt sich sogar, dass die rechten Akteure in Warschau und Budapest noch offensiver gegen »Brüssel« mobilisieren, wenn neue Sanktionen oder Mechanismen in Anschlag gebracht werden. Fidesz ist ein Meister darin geworden, Urteile der europäischen Gerichte in der Praxis zu umgehen und die Vorgaben der EU so umzusetzen, dass ihr Spielraum zur Aushöhlung des Rechtsstaats und der Demokratie erhalten bleibt. Auch die PiS verfolgte diese Strategie bis zu ihrer Abwahl. Durch die Wahlsiege rechter Parteien in Italien oder den lange sozialdemokratisch dominierten Staaten wie Schweden oder Finnland verlieren liberale Kräfte an Boden im Europäischen Rat. Die europäischen Rechten sehen sich prinzipiell im Aufwind und verfolgen eine Strategie, die Institutionen der EU für ihre Interessen zu nutzen. Denn der Rat ist entscheidend, um ein Rechtsstaatsverfahren auszulösen, an dessen Ende der Stimmentzug des betreffenden Landes im Rat oder sogar die Suspendierung der EU-Mitgliedschaft stehen könnte.

Der Umgang der Union mit ihrer inneren Krise ist jedoch noch aus ganz anderen Gründen unzulänglich. Ihre Vorgehensweise adressiert die eigentlichen Probleme nicht. Die neurechten Strategien werden unterschätzt beziehungsweise ausgeblendet. Ignoriert werden erstens die massiven Verschiebungen der gesellschaftlichen Kräfteverhältnisse in vielen europäischen Ländern. In Ungarn ist dies das Ergebnis einer jahrzehntelangen (neu-)rechten Metapolitik und einer völkischen Ideologie, in anderen Staaten haben vor allem die Krisen der vergangenen Jahre autoritäre Pfade eröffnet. Gerade Fidesz hat während ihrer Zeit in der Opposition zwischen 2002 und 2010 mit ihrem Unterstützer-Netzwerk aus circa 11 000 sogenannten Bürgerkreisen eine rechte Hegemonie in der Zivilgesellschaft errungen.[47] Abgesehen von ein paar kleineren Graswurzelbewegungen und Menschenrechtsorganisationen konnte sich abseits der Fidesz-Bürgerkreise keine aktive Zivilgesellschaft herausbilden, die der Partei ernsthafte Paroli bieten könnte. Zwar gab es in den vergangenen Jahren große Demonstrationen gegen die Attacken auf die Central European University, die 2019 von Budapest nach Wien umsiedeln musste, oder gegen das inzwischen vom Europäischen Gerichtshof gekippte NGO-Gesetz, dem zufolge sich Nichtregierungsorganisationen registrieren lassen mussten, wenn sie größere Spenden aus dem Ausland erhalten wollten. Doch verstetigten sich diese Proteste nicht. Von Ungarn wurde erwartet, das institutionelle Modell des liberalen Westens schnell zu kopieren, wie die ungarische Rechtswissenschaftlerin Béata Bakó schreibt, ohne jedoch die gesellschaftlichen Voraussetzungen dafür zu schaffen. Die Verlierer:innen der Transformation wendeten sich nicht ohne Grund autoritären Akteuren zu.[48]

Zweitens wird unterschätzt, dass die neurechten Akteure in Europa eine Gegenhegemonie zur aktuellen Verfasstheit der EU aufbauen, um auch das europäische Projekt nachhaltig zu verändern. Die Rechten wollen Europa nicht mehr per se überwinden – ein wesentlicher Teil der Rechten will ein anderes Europa. Waren es in den 2000er Jahren noch linke Parteien und Bewegungen, die sich für ein anderes, ein sozialeres Europa einsetzten und zugleich erhebliche Kritik am neoliberalen Charakter der EU vorbrachten, dominieren inzwischen die Rechten in diesem Punkt die Öffentlichkeit. Der Politikwissenschaftler Daniel Keil argumentiert, (neu-)rechte Strategien seien nicht pauschal antieuropäisch, vielmehr zielten sie darauf ab, ein völkisches Europabild zu schaffen.[49] »Die Grundlagen eines völkisch-europäischen Gegennarrativs liegen in tradierten faschistischen Europavorstellungen, die in der Krise aktualisiert werden.«[50] Auch Dorothee Bohle, Béla Greskovits und Marek Naczyk argumentieren, die Regierungen in Budapest und früher in Warschau verfolgten eine Strategie der Gegenhegemonie auf der nationalen und der europäischen Ebene, indem sie versuchen, die liberale Ordnung durch eine nationalistische, ultrakonservative und christliche zu ersetzen.[51]

Die EU-Institutionen unterschätzen die Eigensinnigkeit dieses rechten Ideologieamalgams, wenn sie davon ausgehen, Parteien wie Fidesz würden in der Rechtsstaatskrise irgendwann aus machttaktischen Gründen einlenken. Innenpolitische Stabilität ist nicht mehr ihr alleiniges Ziel. Sie wollen ihre Kämpfe auf ein europäisches Level heben und transnationale rechte Allianzen bilden.[52] Um die europäische Rechtsstaatskrise wirklich zu bewältigen, wäre ein sehr viel mühsamerer Weg notwendig, als die EU ihn bisher gegangen ist: Die gesellschaftlichen Kräfteverhältnisse in den autoritären Staaten müssten verschoben, dortige progressive zivilgesellschaftliche Akteur:innen unterstützt und auf eine Transformation von innen heraus gesetzt werden. Die Wahlniederlage der PiS im Oktober 2023 hat gezeigt, dass solche Kämpfe möglich sind.

Die »andere Rechtsstaatlichkeitskrise« der EU

Die Debatte um die Rechtsstaatlichkeitskrise der Europäischen Union wird im liberalen Mainstream mit einer hochproblematischen Dichotomisierung betrieben. Auf der einen Seite, so heißt es gerne, stünden die klaren

»Freunde« des Rechtsstaats, zu denen die dominanten (neo-)liberalen Akteur:innen und Eliten zählten. Auf der anderen Seite rotteten sich die »Feinde« des Rechtsstaats zusammen, die den liberalen Konsens aufkündigen wollten. Klare Freund-Feind-Unterscheidungen sind nicht nur unterkomplex, sondern schneiden in diesem Fall wesentliche Teile der europäischen Rechtsstaatlichkeitskrise ab, die sich eben nicht nur in den besonders drastischen Entwicklungen in Polen und Ungarn manifestiert. »Innerhalb und außerhalb der Mauern des Liberalismus wird gesündigt«, wie Günter Frankenberg zutreffend die Verschwisterung des liberalen Paradigmas mit autoritären Momenten beschrieben hat.[53]

Die multiplen Krisen, die den europäischen Integrationsprozess seit Mitte der 2000er Jahre prägen, haben zu einer Beschädigung von Rechtsstaatlichkeit durch die europäischen Institutionen und Mitgliedsstaaten geführt, darunter nicht nur durch die üblichen Verdächtigen aus dem rechten Lager. Die Intellektuellen des (neo-)liberalen Projekts sind davon überzeugt, »dass die strukturelle Gefährdung des liberalen Kapitalismus autoritär kompensiert werden müsse«, weshalb sie »in das Lager der neokonservativen Staatstheorie und damit zu Carl Schmitt« geflohen sind.[54] Die Neue Rechte trifft daher durchaus einen Punkt, wenn sie der EU beziehungsweise dem dominanten (neo-)liberalen Modell und den anderen Mitgliedsstaaten doppelte Standards vorwirft. Es ist diese »andere, leisere Rechtsstaatlichkeitskrise«, von der Dana Schmalz spricht, die inmitten von Europa und an seinen Rändern in einer systematischen »Rechtsmissachtung« zum Ausdruck kommt.

An dieser Stelle sollen vier Aspekte dieser »anderen Rechtsstaatlichkeitskrise« beleuchtet werden: Die vermeintlichen »Freunde des Rechtsstaats« haben in der Wirtschafts- und Finanzkrise eine rechtsstaatswidrige Austeritätspolitik zu Lasten der Menschen in der südlichen Peripherie Europas durchgedrückt, Proteste gegen diese Form der Krisenbearbeitung mit polizeilichen Ausnahmezuständen niedergehalten, die systematische Entrechtung von Geflüchteten an den Außengrenzen geduldet oder sogar gefördert und schließlich Angriffe auf die europäische Gerichtsbarkeit mitzuverantworten, die das europäische Menschenrechtssystem schwächen.

Der Rechtsstaat in der Wirtschafts- und Finanzkrise

Weit mehr als der Sommer der Migration 2015 haben die Wirtschafts- und Finanzkrise sowie der politische Umgang mit ihr den Aufstieg rechter Parteien begünstigt. Ausgangspunkt war der Zusammenbruch der Investmentbank Lehman Brothers im September 2008 und die anschließende Krise des globalen Finanzsystems. Schnell erfasste der Flächenbrand auch die Europäische Union, als wichtige Player auf das Ende des Euro spekulierten. In der Union, besonders der Währungsunion, gab es zahlreiche »hausgemachte Krisen«. Dem Politikwissenschaftler Johannes Gerken zufolge war die »Euro-Krise zu Beginn durch nationale Krisenpfade und eine mitgliedsstaatliche Bewältigungspolitik geprägt«.[55] Vor allem die starke Dominanz des Neoliberalismus in den EU-Institutionen und im Binnenmarktprojekt, das eine

Ausstrahlungskraft auf die Nationalstaaten hat, begünstigte die Anfälligkeit der Eurozone. Die ökonomische Krise verschärfte zugleich die politische Krise der EU, in der die Grundwerte von Demokratie und Rechtsstaatlichkeit zur Disposition standen und aufgrund der lang anhaltenden Folgewirkungen immer noch stehen.[56]

Für die Frage der Rechtsstaatlichkeitskrise ist in diesem Zusammenhang zunächst relevant, dass die europäische Wirtschafts- und Finanzkrise zuerst die Länder an der Peripherie der Union traf. Ungarn war der erste Mitgliedsstaat der EU, der im Jahr 2008 in Schwierigkeiten geriet und ein Garantiepaket in Höhe von 25 Milliarden Dollar durch den Internationalen Währungsfonds erhielt. Das Land war erst vier Jahre zuvor der Europäischen Union beigetreten. Viele Ungarinnen und Ungarn erhofften sich durch den Beitritt wirtschaftliche Prosperität. Doch die europäische Finanz- und Wirtschaftskrise bewirkte das Gegenteil.

Damals waren in Ungarn die Sozialisten an der Macht, die unter dem ökonomischen Druck und der Logik im Rahmen der EU-Integration eine schon lange vorher verfolgte neoliberale Sparpolitik noch verschärften, die zu drastischen Kürzungen im Sozialbereich und in der öffentlichen Infrastruktur führte. Die Regierung reduzierte die Löhne, strich das Krankengeld zusammen, erhöhte das Renteneintrittsalter und schränkte besondere Vergütungen im öffentlichen Sektor ein.[57] Der Wahlkampfslogan der Sozialisten von 2006, »Reformen ohne Austerität«,[58] erwies sich als unglückliche Wahl, da er nicht eingehalten werden konnte. Die immer stärker werdende rechtsextreme Jobbik-Partei auf der einen und die Fidesz-Partei unter Orbán auf der anderen Seite nahmen die Sozialisten in die Zange. Orbáns Erdrutschsieg bei den Parlamentswahlen von 2010 basierte auf einer Kampagne, die sich gegen ausländische Banken, den Internationalen Währungsfonds und das Austeritätsprojekt der Sozialisten wendete. »In diesem Moment, in dem sich die massive politische Krise mit der gravierenden wirtschaftlichen Krise verschränkte, öffnete sich für den Fidesz das [...] Möglichkeitsfenster.«[59]

Der Wahlsieg von Fidesz resultierte also nicht nur aus der geschickten metapolitischen Mobilisierung. Zum Wahlerfolg Orbáns trugen ganz erheblich die politischen Fehler der sozialistischen Partei, die globale wirtschaftliche Krise sowie die durch die EU und Institutionen wie den Internationalen Währungsfonds verordnete Austeritätspolitik bei. Ungarn war das Laboratorium der sogenannten Troika – bestehend aus Europäischer Zentralbank, Internationalem Währungsfonds und Europäischer Kommission – für eine rigide Sparpolitik. In den 2010er Jahren erzwang sie dann harte Einsparungen in Griechenland. Ähnliche Vorgänge lassen sich für Italien oder Polen beschreiben, in denen autoritäre Kräfte im Zuge der Krise erstarkten. In den Debatten um die Rechtsstaatlichkeitskrise wird diese spezifische Verantwortung der EU für die unsoziale Krisenbearbeitung und die damit einhergehende stärkere Mobilisierungsfähigkeit autoritärer Akteur:innen ausgeblendet.

Die Wirtschaftskrise traf die EU-Staaten der Peripherie, die ohnehin schon mit Problemen zu kämpfen hatten, besonders hart. In Griechenland mangelte es beispielsweise, auch aufgrund der schwierigen Übergangsphase nach dem Ende der Diktatur 1974, an rudimentären administrativen und rechtsstaatlichen Verfahren. Diese Situation konnten sich vor allem vermögende Bürger:innen zunutze machen, die ihr Geld systematisch an der öffentlichen Hand vorbei ins Ausland brachten. Der EU die Schuld daran zu geben würde den konkreten Beitrag der herrschenden Klassen in den betroffenen Staaten außer Acht lassen.

Aber die vorhandenen innenpolitischen Probleme versuchte die EU zu Lasten der unteren sozialen Klassen zu »lösen«, indem sie rigide Sparprogramme verordnete. Diesem Vorgehen fehlte jedoch eine tragfähige rechtsstaatliche Grundlage. Das europäische Krisenbewältigungsregime, das die EU-Kommission und die Mitgliedsstaaten vorantrieben, basierte auf einer systematischen Flucht aus dem Recht in autoritäre Exekutiventscheidungen. »Zentrale Bausteine der neoliberalen Krisenpolitik«, darunter die von der Kommission vorgeschlagene »New Economic Governance« oder der Fiskalpakt, verfügen »über keine ausreichende Rechtsgrundlage in der ›europäischen Verfassung‹« und konnten »nur durch Umgehung des ordentlichen Vertragsänderungsverfahrens (Art. 48 EUV) errichtet werden«.[60] Durch diese »rechtswidrige Einpressung der neuen Wirtschaftspolitik in die europäische Verfassung« hat die EU einen wesentlichen Aspekt von Rechtsstaatlichkeit in der Wirtschaftskrise aufgegeben:[61] die strikte Bindung der Exekutive an das Gesetz, damit »keiner Staatsgewalt der geringste Anteil an Recht setzender Tätigkeit (und damit Selbstprogrammierung) zugestanden wird«.[62]

Während der europäischen Krise zeigte sich eine unheilvolle Renaissance einer auf Thomas Hobbes und Carl Schmitt zurückgehenden Staatstechnik der Ausnahmezustände und Notstandsregime, bei der die Troika lenkend tätig war. In vielen wissenschaftlichen Beiträgen über die Rechtsstaatlichkeitskrise der EU wird diese autoritäre Krisenbearbeitung mit keinem Wort erwähnt.

Menschenrechtsverletzungen und Ausnahmezustände

Die Maßnahmen der Troika konnten rechtlich kaum unabhängig überprüft werden. Nicht nur die Rechtsstaatlichkeit litt unter diesen Programmen, sondern auch die Demokratie und die Menschenrechte der Betroffenen in den Staaten der südlichen und östlichen Peripherie. Franziska Brachthäuser und Anton Haffner konstatierten beispielsweise eine »Entleerung substantieller Parlamentsbefugnisse«:[63] Zwar wurden die Parlamente formal an den Austeritätsmaßnahmen beteiligt, um den demokratischen und rechtsstaatlichen Anschein zu wahren, aber echte Debatten oder ein politisches Ringen um einen gemeinwohlorientierten Weg fanden nicht statt. Die demokratische Frage ist auch deshalb so relevant, weil mit der Sparpolitik in Italien oder Griechenland erheblich in Grund- und Menschenrechte eingegriffen wurde: »Die Tarifautonomien werden ausgehöhlt, Mindestlöhne gesenkt, Gesundheitskosten auf

Patienten abgewälzt«, beanstandete seinerzeit der Rechtswissenschaftler Andreas Fischer-Lescano über die Situation in Griechenland. Die EU-Institutionen müssten »wieder auf den Boden des Rechts zurückgeführt werden«.[64]

Dass diese Krisenbearbeitung nachhaltigen Schaden anrichten kann, zeigt zudem die Situation Italiens während der Coronapandemie. Gerade zu Beginn traf es das Land sehr hart – die Bilder von Leichentransporten und überfüllten Krankenhäusern in Bergamo haben sich in das kollektive Gedächtnis Europas gebrannt. Das Gesundheitssystem war für eine akute Notsituation besonders anfällig, weil seit Jahrzehnten daran gespart wird. Die europäischen Vorgaben hatten dafür gesorgt, dass sich Italien »seit Anfang der 1990er Jahre in einem dauerhaften Austeritätsregime« befand.[65] Nach dem Ausbruch der Finanz- und Wirtschaftskrise nahmen die Einsparungen im Gesundheitssektor erheblich zu. »Die Covid-19-Krise offenbart auf tragische Weise die Konsequenzen eines durch Ausgabenreduktion motivierten Abbaus der Kapazitäten im italienischen Gesundheitssystem«, heißt es in einem Fachbeitrag für die Friedrich-Ebert-Stiftung.[66] »Austerität und neoliberale Reformen bedrohen in Italien und anderen europäischen Ländern jedoch darüber hinaus auch die Versorgung zu ›normalen Zeiten‹ und verschärfen die sozioökonomische Ungleichheit beim Zugang zur Gesundheitsversorgung.«[67]

In der Konsequenz hat die Austeritätspolitik dazu geführt, dass der italienische Staat seinen rechtsstaatlichen Auftrag für den Schutz des Lebens und der Gesundheit, wie er zum Beispiel in Artikel 2 der Europäischen Menschenrechtskonvention verankert ist, nicht adäquat erfüllen kann. Auch dafür trägt die EU nicht die alleinige Verantwortung. Lange vor Einführung der Maastricht-Kriterien kürzten italienische Regierungen die Mittel für die Infrastruktur. Aber insbesondere die seit 2008 verordneten Spardiktate haben die prekäre Situation verschärft.[68] Eine entsprechende rechtsstaatliche Aufarbeitung der EU-Krisenpolitik hat bis heute nicht stattgefunden.

Zeitgleich zur neoliberalen Krisenpolitik gab es in den letzten Jahren in vielen EU-Mitgliedsstaaten erhebliche Einschnitte in die Rechte der Bürgerinnen und Bürger. In Reaktion auf Proteste verschärften etliche Regierungen die Sicherheits- und Polizeigesetze, so etwa die vom konservativen Ministerpräsidenten Mariano Rajoy geführte Regierung in Spanien im Jahr 2014. Ein Sicherheitsgesetz legalisierte Pushbacks an den Landgrenzen der Enklaven Ceuta und Melilla zu Marokko, führte erhebliche Geldstrafen für bestimmte Protestaktionen ein und sollte insgesamt abschreckend auf die neuen Bewegungen wirken, die sich gegen die Sozialpolitik der Regierung zur Wehr setzten.

In den westeuropäischen Staaten feierte zudem die Ausnahmezustandslogik und -rhetorik eine Renaissance. Besonders in Frankreich ergriff die Regierung harte Maßnahmen. Noch unter dem Staatspräsidenten François Hollande von den Sozialisten nutzte die Regierung den Ausnahmezustand, der eigentlich aufgrund der islamistischen Terroranschläge ausgerufen worden war, »zur Verhängung von Demonstrationsverboten für Aktivist:innen […] und Hausdurchsuchungen ohne richterlichen Befehl […]. Erprobt hatte sie diese Maßnahmen bereits im Rahmen des UN-Klimagipfels […]: Obwohl alle kommerziellen Großveranstaltungen planmäßig durchgeführt wurden, untersagte die Exekutive alle Demonstrationen und stellte Klimaaktivist:innen unter Hausarrest.«[69] Auch der vermeintlich liberale Staatspräsident Emmanuel Macron stellte sich in die Tradition des Konservativen Charles de Gaulle und betrieb einen autoritären Konstitutionalismus.[70] Er nutzte Notstandsbestimmungen aus der Verfassung von 1958 und Gesetze, die ursprünglich im Kontext des Algerienkriegs von den Gaullisten eingeführt worden waren. Mit einem neuen Antiterrorgesetz legalisierte Macron den Ausnahmezustand. Macron legte zudem Hand an die demokratische Verfasstheit der französischen Rechtsstaatlichkeit. Um seine hochumstrittene Rentenreform gegen die Widerstände in der französischen Gesellschaft durchzudrücken, nutzte Macron Sonderbestimmungen aus der Verfassung, um den demokratischen Prozess auszuhebeln. Er berief sich auf Artikel 49.3 der Verfassung, um die Reform ohne die Zustimmung der Nationalversammlung zu beschließen. Dies ist nach der Verfassung nur möglich, wenn die Regierung ein Misstrauensvotum übersteht – was Macron gelang. Die undemokratisch zustande gekommene Reform hat zweifellos die tiefe Spaltung des Landes verschärft.

In Deutschland reagierte der Staat auf antikapitalistische Proteste gegen die Maßnahmen zur Bewältigung der Finanzkrise mit zeitlich begrenzten und lokalen Ausnahmezustandsregimen. In Frankfurt am Main, wo sich aufgrund des Sitzes der Europäischen Zentralbank viele Proteste bündelten, gab es pauschale Aufenthaltsverbote, Zonen, in denen nicht demonstriert werden durfte, und harte Polizeieinsätze.[71] Das Gleiche zeigte sich bei den Auseinandersetzungen rund um den G20-Gipfel in Hamburg im Jahr 2017. Zum Teil gelang es betroffenen Aktivist:innen, in mühseligen Verfahren nach Jahren der juristischen Aufarbeitung das behördliche Vorgehen als rechtswidrig bewerten zu lassen – weshalb der Rechtsstaat in seiner Schutzfunktion für die Grundrechte nicht völlig ausgehöhlt werden konnte –, aber durch exekutive Willkür und Exzesse gelang es dem Staat, die Krisenproteste einzudämmen.

Der Rechtsstaat in der Flüchtlings- und Migrationspolitik

Eine weitere Dimension der »anderen Rechtsstaatlichkeitskrise« zeigt sich in der europäischen Flüchtlings- und Migrationspolitik. Seitdem sie Anfang der neunziger Jahre aus der Taufe gehoben wurde, hat sie stets in einem Krisenmodus operiert, wenngleich dies in den zentraleuropäischen Staaten lange Zeit ausgeblendet werden konnte. Dieses Politik- und Rechtsfeld ist gekennzeichnet von widerspruchsvollen Mechanismen der Inklusion und Exklusion von Geflüchteten und Migrant:innen. Im Rahmen des europäischen Flüchtlingsrechts wurde mit der Dubliner Zuständigkeitsverordnung ein unsolidarisches Aufnahmesystem geschaffen, durch das die zentraleuropäischen Staaten jahrelang die

Asylverfahren von Geflüchteten an die Länder mit Außengrenzen auslagern konnten. Aufgrund fehlender legaler Zugangswege nach Europa werden Schutzsuchende genötigt, lebensgefährliche Routen durch Wüsten und über das Mittelmeer zu nehmen. Behörden und Organisationen wie Frontex haben engmaschige Überwachungssysteme installiert, um die Bewegungen Geflüchteter zu kontrollieren. Schließlich weigert sich die EU, eine proaktiv tätige Küstenwache und ein europäisch koordiniertes Seenotrettungsprogramm einzurichten, um dem Sterben auf dem Mittelmeer ein Ende zu bereiten.

Zugleich orientiert sich das europäische Asylrecht eng am Flüchtlingsbegriff der Genfer Flüchtlingskonvention und geht damit hinsichtlich seines Schutzumfangs erheblich über die Standards einiger EU-Mitgliedsstaaten, auch Deutschlands, hinaus. So erkennt es beispielsweise Verfolgungsgründe wie geschlechtsspezifische Diskriminierung an, die nicht unmittelbar mit staatlichen Akteuren zusammenhängen. Migrantische Bewegungen und Menschenrechtsorganisationen haben in den vergangenen Jahren immer wieder das Europarecht mobilisiert, um gegen restriktive nationale Asylgesetze vorzugehen. Auch die Kommission hat in der Vergangenheit mitunter dem Druck von Seiten der »Law and Order«-Politiker:innen aus den Mitgliedsstaaten widerstanden und, orientiert an der Rechtsprechung des Europäischen Gerichtshofs, die Rechte von Asylsuchenden ausgeweitet.

2015 änderte sich das schlagartig.[72] Die Kommission fürchtete um die Stabilität der EU, als Hunderttausende

Asylsuchende die Union erreichten. Um die europäische Binnenfreizügigkeit zu erhalten, hat sie in zahlreichen Gesetzgebungsinitiativen Vorschläge auf den Weg gebracht, die zu einem Rollback bei den individuellen Rechten von Asylsuchenden führten. Der neue EU-Asylkompromiss zielt faktisch darauf ab, Schutzsuchenden den Zugang zum europäischen Rechtsstaat zu verwehren.[73] Nach jahrelangen Blockaden im Europäischen Rat stimmte eine qualifizierte Mehrheit im Juni 2023 den Asylrechtsverschärfungen zu. Auch die Ampelregierung machte bei den Verschärfungen mit, obwohl sie im Koalitionsvertrag einen »Paradigmenwechsel« in der Flüchtlingspolitik versprochen hatte. Bundesinnenministerin Nancy Faeser sprach angesichts der Einigung aber von einem »historischen Moment«.

Das Paket sieht unter anderem vor, dass viele Geflüchtete an den Grenzen kein reguläres inhaltliches Asylverfahren mehr bekommen. Sie sollen inhaftiert und schnell abgeschoben werden. Hierfür will die EU wieder einmal Deals mit autokratischen Drittstaaten schließen, die Verantwortung soll möglichst weit weggeschoben werden. Um Rückführungen in solche Staaten zu erleichtern, wird zudem der Rechtsschutz von Asylsuchenden erheblich abgeschwächt.[74] Die lautstarke Kritik aus der Migrationswissenschaft und von Menschenrechtsorganisationen verhallte größtenteils.

Im Umgang mit Geflüchteten an den Grenzen zeigen sich die Kontinuitäten rassistischer und (neo-)kolonialer Ausschließungsmechanismen, die das europäische Rechtsstaatsprojekt seit seinen Anfängen begleitet haben.[75] Der »Law and Order«-Fraktion in den Innenministerien, Polizei- und Grenzbehörden der Mitgliedsländer geht es vorrangig darum zu verhindern, dass Geflüchtete in den Schutzbereich des europäischen Rechtsstaatssystems gelangen – beispielsweise indem sie einen Fuß auf EU-Territorium setzen oder durch Polizei- und Grenzschutzkräfte auf hoher See oder an den Landgrenzen abgefangen werden. Erst wenn es direkte Berührungspunkte gibt, ist der Anwendungsbereich des europäischen Flüchtlingsrechts eröffnet und Geflüchtete können gegen ihre willkürliche Be- und Misshandlung, freilich unter enormen Schwierigkeiten und verbunden mit formalen Hürden, vor Gericht ziehen.[76]

Damit genau das nicht passiert, betreiben die EU-Staaten seit nunmehr über dreißig Jahren eine rigorose Politik der Externalisierung von Migrationskontrollen.[77] Grenzkontrollen werden an autokratische Staaten wie Libyen, die Türkei, Tunesien oder Marokko ausgelagert, in denen Schutzsuchenden massive Menschenrechtsverletzungen und eine unwürdige Behandlung durch Folter, Verfolgung oder Kettenabschiebungen in ihre Herkunftsländer drohen. Die EU ist an diesen Menschenrechtsverletzungen indirekt beteiligt, wenn sie der sogenannten libyschen Küstenwache, die eigentlich aus Milizen und Warlords besteht, finanzielle Mittel zur Verfügung stellt oder sie trainiert und mit ihrer Hilfe extraterritoriale Lager etwa in Mauretanien betrieben werden.

Schaffen es Geflüchtete dieser Auslagerungspraxis zum Trotz in die Nähe der europäischen See- und Landgrenzen, sind sie mit Pushbacks durch nationale Grenz- und Polizeieinheiten sowie Frontex-Beamt:innen konfrontiert, die Möglichkeiten suchen, um die Betroffenen möglichst rasch zurückzuschieben.[78] Solche europa- und völkerrechtswidrigen Pushbacks laufen oft brutal, mitunter sogar tödlich ab – zum Schutz des »European Way of Life« ist die Gewalt gegenüber Geflüchteten zu einer fest verankerten Alltagspraxis der europäischen Exekutiven geworden. Der EU-Mitgliedsstaat Litauen hat im April 2023 Pushbacks sogar legalisiert. Das entsprechende Gesetz sieht zudem vor, dass freiwillige »supporters« des »Rechtsstaats« für den Grenzschutz eingesetzt werden. Dass zivile Bürgerwehren an den europäischen Grenzen patrouillieren, gelegentlich sogar mit den zuständigen europäischen Behörden kooperieren, ist bekannt. Aber Litauen ist der erste Staat, der ein solches Vorgehen verrechtlicht – und sich damit nicht nur gegen seine internationalen Menschenrechtsverpflichtungen stellt, sondern zugleich ein Grundprinzip des Rechtsstaats berührt: dass nämlich nur der Staat das rechtlich gebundene Gewaltmonopol innehat.

Das politische Klima in Europa hat sich in den letzten Jahren derart gewandelt, dass Rechtsbrüche inzwischen trauriger Alltag sind. Die *New York Times* hat im Mai 2023 mit Videomaterial belegt, wie die griechische Küstenwache mit einem Boot, das mit EU-Mitteln finanziert wurde, hilflose Schutzsuchende auf einem Schlauchboot ausgesetzt hat.[79] In den Lagern beziehungsweise den EU-Hotspots auf den griechischen Inseln hat sich seit 2016 eine beispiellose Unzuständigkeits- und Entrechtungsstruktur herausgebildet.[80] Und die EU-Mitgliedsstaaten, auch die, die zum »liberalen Club der Freunde des Rechtsstaats« gezählt werden, sind zum

Zwecke einer rigorosen Abschottungspolitik bereit, europäisches Recht und Urteile der Gerichte zu umgehen oder sogar die Grundlagen der Menschenrechtskonventionen zur Disposition zu stellen.

Nicht nur in Ungarn zeigt sich also eine Durchsetzungskrise des Rechts. Der Europäische Gerichtshof entschied beispielsweise 2022, dass Grenzkontrollen im Schengenraum, die im Sommer der Migration 2015 eingeführt worden waren, europarechtswidrig sind, wenn keine neue »ernsthafte Bedrohung der öffentlichen Ordnung oder der inneren Sicherheit« angeführt werden kann.[81] Damit will das Gericht in ständiger Rechtsprechung verhindern, dass es systematische und auf Dauer angelegte Binnengrenzkontrollen in Europa gibt. Trotz des Urteils hat die deutsche Bundesregierung Kontrollen an der deutsch-österreichischen Grenze wiederholt verlängert, ohne eine neue Begründung für sie zu liefern.[82] Auch die Regierungen vermeintlich liberaler Staaten halten sich mitunter nicht an das Europarecht, wenn es ihren politischen Projekten zuwiderläuft. Die Gewalt an den Grenzen wird normalisiert, Migrationsbehörden in ganz Europa umgehen und missachten rechtsstaatliche Verfahren, und Schutzsuchende werden entrechtet.

Dieses Grenzregime wird durch Politiker:innen unterschiedlicher parteipolitischer und institutioneller Couleur legitimiert. Der damalige Innenminister Thomas de Maizière sprach anlässlich der Kooperation mit der Türkei und der Rückschiebung von Geflüchteten davon, dass man »jetzt einige Wochen ein paar harte Bilder aushalten« müsse, »unser Ansatz« aber richtig sei.

Alexander Gauland sagte, »wir müssen die Grenzen dichtmachen und dann die grausamen Bilder aushalten. Wir können uns nicht von Kinderaugen erpressen lassen.«[83] Auch sein Parteifreund Björn Höcke sprach in Anspielung auf den Philosophen Peter Sloterdijk von einer »Politik der ›wohltemperierten Grausamkeit‹«, durch die sich »menschliche Härten und unschöne Szenen nicht immer vermeiden lassen«.[84] Sebastian Kurz, damals österreichischer Außenminister, meinte 2016, bei der Schließung der Grenzen werde es nicht »ohne hässliche Bilder gehen«.[85]

Hinter den Worten von »hässlichen Bilder[n]« stehen Menschen, die vor Gewalt, Willkür, Perspektivlosigkeit, Verarmung oder Dürren fliehen. Aber diese Wörter verdecken auch eine Krise der Rechtsstaatlichkeit, wenn die Mittel der Gewalt und der Abschiebung das kodifizierte Flüchtlingsrecht übertrumpfen sollen. Wenn eine solche Gewalt hingenommen wird, hat dies spürbare Effekte auf die europäischen Gesellschaften selbst. Der Politikwissenschaftler Volker M. Heins und der Historiker Frank Wolff schreiben, »die Gewalt gegen Menschen jenseits der Grenze wirkt auch auf die Menschen diesseits der Grenze« und birgt erhebliche Gefahren für die offene Gesellschaft.[86] »Geschlossene Grenzen korrumpieren die Demokratie, indem sie die Abkehr der Regierungspraxis von den konstitutiven Prinzipien der Republik sowie die Erosion der zivilen Alltagsmoral begünstigen.«[87] Durch die Migrationsabwehr nach außen erodieren die Werte und Normen der europäischen Gesellschaften nach innen. Der Abbau der Grund- und Menschenrechte an den Grenzen geht einher mit dem Abbau der Rechte in Europa. Die Grenzschließungen an der polnisch-belarussischen Grenze im Jahr 2021 wurden beispielsweise begleitet von Einschränkungen der Pressefreiheit. Journalistinnen und Journalisten konnten den Grenzstreifen nicht mehr ungehindert betreten. Geschlossene Grenzen befördern eine Versicherheitlichung nach innen, Diskurse um Rechte werden durch Rufe nach »Law and Order« ersetzt.

Zugleich, so Volker M. Heins und Frank Wolff, verhärte diese Abschottungspraxis die Menschen selbst. Wer die grausamen Bilder an den Grenzen als selbstverständlich erachte oder solche Grenzpraktiken sogar einfordere, der oder die demonstriert Einverständnis mit der alltäglichen Verletzung von Menschenrechten. Die Grenzabschottung verstärkt die ohnehin in der kapitalistischen Gesellschaft angelegte »bürgerliche Kälte«, wie sie Theodor W. Adorno beschrieben hat.[88]

Vor solchen Entwicklungen sind die EU-Institutionen und insbesondere die Europäische Kommission nicht gefeit. Kommissionspräsidentin Ursula von der Leyen reiste 2020 nach Griechenland, nachdem die Türkei einseitig den Deal mit der EU aufgekündigt und Tausende Schutzsuchende versucht hatten, nach Europa zu gelangen. Die griechische Regierung reagierte mit äußerst brutalen Pushbacks und einer eindeutig europarechtswidrigen einmonatigen Suspension des Rechts auf Asyl.[89] Anstatt diese Verstöße klar zu benennen, lobte von der Leyen mit militaristischer Rhetorik die konservative griechische Regierung dafür, in diesen Zeiten als »Schutzschild Europas« zu fungieren. Die Kommission nahm den Rechtsbruch an der Grenze wissend in Kauf.

Die autoritären Rückkoppelungseffekte haben in den vergangenen Jahren dazu beigetragen, dass nicht nur die Rechte von Schutzsuchenden ausgehöhlt, sondern auch deren europäische Unterstützer:innen kriminalisiert werden. Überall in der EU, in Griechenland, Italien, Großbritannien, Ungarn oder Kroatien, werden Anwält:innen, Menschenrechtsaktivist:innen und Seenotretter:innen überwacht, vor Gericht gestellt oder der Bildung krimineller Vereinigungen bezichtigt. In Deutschland gab es Razzien in Kirchengemeinden, die Geflüchteten Kirchenasyl angeboten hatten. Legitimiert wird eine solche Kriminalisierung durch einen öffentlichen Diskurs, in dem extreme und Neue Rechte sowie Konservative von einer »Asylindustrie« sprechen. Mit den Mitteln des Strafrechts wird massiv Druck auf die Menschenrechtsnetzwerke aufgebaut, konkrete Solidarität wird unmöglich gemacht. Die Orbánisierung Europas droht nicht nur, in mancher Hinsicht hat sie bereits um sich gegriffen.

Angriffe auf die europäische Gerichtsbarkeit

Den Kern der europäischen Rechtsstaatlichkeitskrise bilden die Angriffe autoritärer Regierungen etwa in Polen oder Ungarn auf unabhängige Gerichte sowie die Frontstellung der auf Parteilinie gebrachten nationalen Gerichtsbarkeit gegenüber den europäischen Gerichten. Allerdings werden derartige Einflussnahmen auch von Regierungen aus den Reihen liberaler Staaten betrieben. Vor allem der Europäische Gerichtshof für Menschenrechte steht seit Jahren unter einem populistischen Dauerfeuer, weil das Straßburger Gericht bis zum Jahr 2015 eine vergleichsweise progressive Rechtsprechung in Migrationsrechtsfragen etabliert hat und die Rückführungspolitik der Nationalstaaten behindert. Derlei Attacken begleiten die Arbeit des Gerichts spätestens seit den neunziger Jahren, als der Individualbeschwerdemechanismus eingeführt wurde. Seitdem gibt es deutlich mehr Klageverfahren, und in Europa bildete sich eine Menschenrechtsszene, die sich auf entsprechende Verfahren spezialisierte und wichtige Erfolge erringen konnte. Beispielsweise konnten Anwält:innen im Flüchtlingsrecht praktisch eine exterritoriale Geltung der Menschenrechte und der Rechtsstaatlichkeit erreichen. Auch fernab des Landterritoriums, auf hoher See beispielsweise, sind europäische Grenzbehörden an die Menschenrechte gebunden, wie der EGMR 2012 in seiner berühmten Hirsi-Entscheidung feststellte und Rückschiebungen nach Libyen durch italienische Grenzbehörden verurteilte. Solche Entscheidungen behindern Regierungen darin, eine unbeschränkte Entrechtung Schutzsuchender durchzusetzen. Und deswegen greifen rechte Akteure und die »Law and Order«-Fraktionen diese Gerichtsinstanz an.

Die Angriffe bewegen sich auf verschiedenen Ebenen. Erstens drohen die Regierungen der Nationalstaaten mit dem Austritt aus der Europäischen Menschenrechtskonvention. Entsprechende Aussagen gab es in den vergangenen Jahren von Seiten der konservativen wie auch der sozialdemokratisch geführten Regierung Dänemarks, von den Tories in Großbritannien, der PiS in Polen, der Fidesz in Ungarn oder zuletzt der Österreichischen Volkspartei. Der CDU-Politiker Jens Spahn stellte in der Talkshow *Markus Lanz* im Mai 2023 die Frage, ob die Genfer Flüchtlingskonvention und die Europäische Menschenrechtskonvention mit ihren individuellen Verfahren noch zeitgemäß seien und heutzutage funktionierten.

Zweitens haben Regierungen der Nationalstaaten versucht, die Kompetenzen des EGMR anzugreifen und zu beschneiden. Die dänische Regierung startete eine entsprechende Initiative, als sie den Vorsitz im Europarat innehatte. Im Rahmen des »Kopenhagener Prozesses« sollte der Straßburger Gerichtshof in migrationsrechtlichen Fragen entmachtet werden und nur noch in wenigen Ausnahmen Urteile fällen dürfen. Der EGMR ist als ein transnationales Gericht nur subsidiär tätig, das heißt, Beschwerdeführer:innen müssen zunächst den innerstaatlichen Rechtsweg vor den nationalen Gerichten (erfolglos) beschritten haben, um überhaupt in Straßburg Klage einreichen zu dürfen. Ausnahmen von der Rechtswegeerschöpfung und dem Subsidiaritätsgrundsatz gibt es nur, wenn die Nationalstaaten den Betroffenen von Menschenrechtsverletzungen keine Möglichkeit einräumen, um Rechtsmittel einzulegen. In der Hirsi-Entscheidung hatte der EGMR eine solche Situation erkannt, weil die Schutzsuchenden keine reale Möglichkeit hatten, gegen ihren Pushback in Italien zu klagen. Es sind solche Ausnahmeregelungen, die insbesondere ordnungspolitischen Kräften aus dem nationalkonservativen und extrem rechten Spektrum ein Dorn im Auge sind, denn die Rechtsprechung des Gerichtshofs ist ein Hindernis für Abschiebungen und Pushbacks.

Drittens drohen Regierungen mit dem Entzug finanzieller Mittel. Das Gericht erhält sein Budget aus einem Teilposten des Europarats, der aus den 46 Konventionsstaaten finanziert wird (Russland ist seit dem völkerrechtswidrigen Angriff auf die Ukraine nicht mehr Teil des Europarats). Um zu verhindern, dass das Budget von den politischen Mehrheiten in den Nationalstaaten abhängig ist, setzt es sich aus fixen Beiträgen zusammen, relativ zum Bevölkerungsanteil und dem nationalen Wirtschaftsvolumen des jeweiligen Staates. Das Budget belief sich beispielsweise im Jahr 2022 auf rund 74 Millionen Euro. Jedoch haben Vertreter:innen der Nationalstaaten damit gedroht, die Gelder zurückzuhalten oder in politischen Reformprozessen des Europarates neu auszutarieren.

Viertens haben Regierungen auf die mitunter progressive Rechtsprechung des Gerichtshofs mit der Berufung reaktionärer Richter:innen reagiert. Viele Jahre lang dürfte es die meisten europäischen Regierungen kaum interessiert haben, welche Personen in Straßburg Recht sprachen. Dabei steht jedem Staat, der die Europäische Menschenrechtskonvention unterzeichnet hat, das Recht zu, eine:n Richter:in an den Gerichtshof zu entsenden. Die Wahlverfahren werden in der Regel über die in den Staaten zuständigen Ministerien organisiert und finden abseits einer größeren Öffentlichkeit statt. Oft handelte es sich bei den Richter:innen am Straßburger Gerichtshof um Professor:innen mit dem Spezialgebiet Völkerrecht oder Jurist:innen, die zuvor in internationalen Organisationen gearbeitet hatten. Personen also, die als ausgewiesene Expert:innen galten und ein eigenes Interesse daran hatten, das internationale Recht zu stärken – oft auch entgegen der Mehrheitsmeinung an vielen juristischen Fakultäten in Europa.

Doch die gestiegene Relevanz des Gerichtshofs und seine neue Rolle als Adressat der Prozessstrategien von Menschenrechtsorganisationen ließ viele nationalkonservative Akteur:innen zu der Überzeugung gelangen, dass in Straßburg ein problematischer Gegenspieler zu ihrer ordnungspolitischen Agenda heranwachse. Spanien berief unter der postfranquistischen Partido Popular zum Beispiel eine Richterin mit mutmaßlichen Verbindungen zum erzkonservativen Opus Dei, die sich homophob geäußert haben soll.[90] Die polnische PiS-Regierung versuchte ebenfalls ihre bislang nationale Strategie, durch die Umbesetzung von Richter:innen parteipolitischen Einfluss auf die Justiz zu gewinnen, auf die transnationale Gerichtsbarkeit auszudehnen. Als der polnische Richter am EGMR in den Ruhestand treten sollte, plante die PiS, einen Richter nach Straßburg zu entsenden, der den reaktionären katholischen Thinktank Ordo Juris gegründet hatte.[91] Dieser Thinktank arbeitet darauf hin, die progressiven Erfolge in der Geschlechterpolitik zurückzudrängen. Der Politikwissenschaftler Dieter Plehwe schreibt, Ordo Juris sei unter anderem als ein zentraler Akteur bei der Anti-Abtreibung-Gesetzgebung in Polen in Erscheinung getreten wie auch bei Angriffen auf das 2011 in Istanbul ausgehandelte und von 45 Staaten unterzeichnete Übereinkommen des Europarats zur Verhütung und Bekämpfung von Gewalt gegen Frauen und häuslicher Gewalt.[92] Der Wahlniederlage der PiS und dem in diesem Fall verzögerten Auswahlprozess sei Dank konnte die Wahl des Richters verhindert werden.

In der Gesamtschau erweisen sich die Angriffe aus unterschiedlichen europäischen Staaten, nicht nur aus den Reihen der üblichen Verdächtigen, als der Versuch, die Souveränität des nationalen Rechtsstaats gegenüber einer transnationalen Gerichtsbarkeit zu verteidigen, um dadurch die Handlungsmöglichkeiten der Exekutive zu erhalten oder gar auszuweiten. Der Druck hat in Straßburg Spuren hinterlassen. Der Gerichtshof hat seit 2015 einen beispiellosen Rollback in seiner Migrationsrechtsprechung vollzogen und national-souveränistische Positionen gegenüber den Menschenrechten von Geflüchteten gestärkt.[93] Die Rechtsstaatlichkeitskrise ist nicht mehr nur auf die Verfasstheit der Justiz in den Nationalstaaten beschränkt. Das Amalgam autoritärer, konservativer und neurechter Akteure hat die Krise in die europäischen Institutionen selbst getragen.

6
Utopie
Der kommende Rechtsstaat?

Als Generalanwältin beim Europäischen Gerichtshof in Luxemburg war die Britin Eleanor Sharpston viele Jahre eine prägende Gestalt des Europarechts. Mit dem Brexit verließ Großbritannien den europäischen Rechtsraum, und Sharpston schied vorzeitig aus dem Amt aus. Bei einem Vortrag am Max-Planck-Institut für ausländisches und internationales Privatrecht in Hamburg im Jahr 2022 mahnte sie, in westlichen Demokratien würde die europäische Rechtsstaatlichkeit für etwas Selbstverständliches gehalten. Im Grunde hinterfrage niemand mehr, wie es um sie stehe. Das habe dazu geführt, dass man sich die Frage stellen müsse, ob man Gefahren für den Rechtsstaat beziehungsweise die *rule of law* überhaupt noch erkennen würde, wenn sie sich direkt vor einem auftun.[1]

Angesichts der vielgestaltigen Versuche, den Rechtsstaat ordnungspolitisch umzudeuten, ihn zu kapern und Brüche der Rechtsstaatlichkeit zu normalisieren, sollten Sharpstons Worte eine Warnung sein. Auf unterschiedlichen Feldern, in öffentlichen Diskursen, in Klageverfahren und durch institutionelle Umbauten wurde der liberaldemokratische Gehalt des Rechtsstaats(-begriffs) in den letzten Jahren zusehends ausgehöhlt und bis zur Unkenntlichkeit verstellt. Zwar mag in bestimmten Kreisen die Wachsamkeit für Gefährdungen des Rechtsstaats infolge der autoritären Tendenzen in Polen und Ungarn gestiegen sein. Tatsächlich hat es ja auch politische und rechtliche Konsequenzen gegeben. Aber die »Law and Order«-Diskurse in den zentraleuropäischen Staaten und die autoritären Politiken liberaler Demokratien und der Europäischen Union werden nur selten in der breiten Öffentlichkeit als Krise der Rechtsstaatlichkeit diskutiert.

Kaum eine Gesellschaft zeigt sich gegenüber dem »Law and Order«-Denken immun. Selbst in den liberaldemokratischen Kernländern wie Frankreich haben derlei Politiken um sich gegriffen und den alten Gaullismus revitalisiert; in den angeblichen Vorzeigedemokratien und Sozialstaaten in Skandinavien haben extrem rechte Parteien Wahlerfolge erzielt, wie jüngst in Schweden und in Finnland. Nicht zuletzt die Coronapandemie hat gezeigt, wie schnell demokratische Gesellschaften im Krisenmodus die Bereitschaft entwickeln, rechtsstaatliche Standards und elementare Grundrechte wie die Versammlungs- und Bewegungsfreiheit außer Kraft zu setzen. Extrem rechte Bewegungen und Verschwörungsideologen konnten diese Situation für ihre Mobilisierung ausnutzen.

Und an Szenarien, die zu einer weiteren Erosion des Rechtsstaats führen könnten, mangelt es nicht. Angesichts drohender klimatischer Kipppunkte stehen Demokratie und Rechtsstaatlichkeit fundamental auf dem Spiel. Die Folgen der Klimakrise könnten Staaten, auch im Globalen Norden, dazu animieren, zu autoritären Mitteln zu greifen.[2] Eine wirkliche ökologische Transformation kann aber nur demokratisch gelingen. »Die Frage ist nicht, ob die Probleme der Welt jeden von uns betreffen werden, sondern zu welchen Bedingungen sie dies tun werden«, stellt der US-amerikanische Rechtswissenschaftler Jedediah Purdy fest.[3] Paradoxerweise werden genau jene Akteur:innen aus der Klimaschutzbewegung als antidemokratisch und antirechtsstaatlich bezeichnet, die diese reale Gefahr schon heute benennen. Insbesondere die Debatten um die Letzte Generation haben gezeigt, wie schnell ein repressiver Rechtsstaatsbegriff in Anschlag gebracht wird.

Die öffentliche Debatte um den Rechtsstaat dominieren zumeist liberale Akteur:innen. Sie stellen sich gegen die »Feinde des Rechtsstaats«, reflektieren jedoch nicht die Schattenseiten des Liberalismus. Eine dezidiert progressive Perspektive auf den Rechtsstaat ist auch unter dem Gesichtspunkt wichtig, dass ohne sie manche Gefahren gar nicht als solche erkannt werden. Tatsächlich erleben wir einige der heftigsten Attacken auf den Rechtsstaat in Ländern mit einer langen liberalen Tradition, man denke an die Vereinigten Staaten, aber auch an Polen, das sich bereits 1791 eine demokratische Verfassung gab. Ein noch größeres Problem stellt das konservative Spektrum dar, das schon immer »Law and Order«-Politiken vertreten hat. Aber mittlerweile werden von konservativer Seite aus die Fundamente des Rechtsstaats und sogar der Menschenrechte zur Disposition gestellt. Diese »rohe Bürgerlichkeit«, wie Wilhelm Heitmeyer sie beschrieben hat, ist eine ganz wesentliche Voraussetzung für den neuen Autoritarismus, weil genau hier Brücken aus der extremen und der Neuen

Rechten in das politische Feld geschlagen werden. Ohne eine progressive Kritik bleibt die liberale Auffassung vom Rechtsstaat zudem blind für die materiellen Gefahren, die ihm aus ihm selbst heraus drohen. Aber diese Frage geht grundsätzlich auch alle Menschen an, die sich als Demokrat:innen verstehen. Denn der Rechtsstaat ist kein bloßes vernachlässigbares Add-on zur Demokratie, sondern ihre Grundlage. Um für die Aufgaben, die sich bei der sozialökologischen Transformation stellen, gewappnet zu sein, ist eine Verteidigung von Rechtsstaatlichkeit wie eine ebenso grundsätzliche progressive Kritik des Rechtsstaats unerlässlich.[4] Dazu abschließend ein paar Vorschläge.

Die Rechtsstaatskrise sichtbar machen

Für zu viele Menschen ist es selbstverständlich geworden, dass vom Rechtsstaat geredet wird, wo eigentlich das Gewaltmonopol gemeint ist. Dass weder in der breiten Öffentlichkeit noch in der wissenschaftlichen Fachdebatte ein avancierter Rechtsstaatsdiskurs geführt wird, macht es den Verfechter:innen von »Law and Order«-Ansätzen einfach, das Diskursfeld zu kapern. Selbst von Seiten der Rechts- und Politikwissenschaften, in denen Diskussionen um den Rechtsstaat nach 1945 für die Neugründung der Disziplinen entscheidend waren, sind nur selten Stimmen zu vernehmen, die ihn gegen das »Law and Order«-Denken verteidigen.

Die erste wichtige Aufgabe besteht darin, die vielgestaltigen autoritären Strategien zur Aneignung des

Rechtsstaates und die Erosionen von Rechtsstaatlichkeit sichtbar zu machen, zu dokumentieren und wissenschaftlich einzuordnen. Dieses Buch versteht sich als Teil dieser Arbeit. Auch zivilgesellschaftliche Kollaborationsprojekte wie der *Grundrechte-Report* und der Bericht *Recht gegen rechts* sowie Stellungnahmen von NGOs und Graswurzelbewegungen zu Menschenrechtsverstößen sind in diesem Zusammenhang zu nennen.[5]

Wichtig ist, die dokumentierten Vorgänge in den öffentlichen Diskurs einzuspeisen und niedrigschwellig zu vermitteln, zum Beispiel im Rahmen politischer Bildung. Der in der Einleitung beschriebene »Tag für den Rechtsstaat« wäre dafür ein guter Anfang. Aber genau in diesem Rahmen hat die hessische Landespolitik den Rechtsstaat unter anderem mit der Polizei gleichgesetzt. Anstatt die Sicherheitskräfte zu einem zentralen Akteur einer solchen Wissensvermittlung zu machen, wäre daran zu denken, Bürger:innenrechtsorganisationen und kritische zivilgesellschaftliche Akteur:innen einzubinden, die alltäglich für den Rechtsstaat in seiner Schutzfunktion und für die Grundrechte eintreten. Dass die Politik genau diese Bündnisse nicht sucht, ist indes kein Zufall: Schließlich sind die Innenminister:innen auf Landesebene in der Regel die Speerspitze des »Law and Order« Denkens, wenn sie Polizei- und Versammlungsgesetze verschärfen, Kritik an der Polizei abprallen lassen oder härtere Abschiebepolitiken zu verantworten haben. Sie wollen selbstverständlich aus ihrer Position heraus die Kritik an ihrer Politik nicht fördern. Ohne eine wirkliche Veränderung der gesellschaftlichen Verhältnisse wird es also nicht gehen.

Alle Demokrat:innen müssen ein genuines Eigeninteresse daran haben, Rechtsstaatlichkeit zu verteidigen. Dabei gilt es, bei aller Unzulänglichkeit, Angriffe auf die liberale Konzeption des Rechtsstaates einzudämmen. Kompromisse mit den Orbáns und Trumps dieser Welt werden die Demokratie und Rechtsstaatlichkeit nicht retten, sondern zu ihrer Erosion beitragen. Aber auch gegenüber den »Law and Order«-Diskursen, die in den demokratischen politischen Spektren geführt werden, in denen der Rechtsstaatsbegriff aus strategischem Kalkül, zur Mobilisierung von Themen der inneren Sicherheit, manchmal aber auch aus Unwissenheit und Ignoranz autoritär umgedeutet wird, ist öffentlich lautstarker Widerspruch zu artikulieren.

Abstinenz von diesen Kämpfen stellt im Ringen um die Veränderung gesellschaftlicher Kräfteverhältnisse keine Alternative dar. Man überließe damit, in den Worten Pierre Bourdieus, einen zentralen »Kampfplatz« um die Deutung der »guten Ordnung« ordnungspolitischen Akteur:innen.[6] Autoritäre Kräfteverhältnisse gehen stets mit »drakonischen und vielfältigen Einschränkungen der sogenannten ›formalen‹ Freiheiten [einher], die man erst wirklich schätzen lernt, wenn sie einem genommen werden«.[7]

Aus einer kritischen Perspektive schließt das Engagement für den Rechtsstaat notwendigerweise strategische Bündnisse zwischen all jenen Gruppen ein, die ein aufrichtiges Interesse an seiner Verteidigung haben. In demokratischen und sozialen Fragen mag es zwischen linken und liberalen Akteur:innen fundamentale Unterschiede geben, aber sie eint punktuell die Verteidigung eines rechtsstaatlichen Minimalkonsenses. Solche Bündnisarbeit ist kompliziert, denn sie verlangt die Zusammenarbeit von Akteur:innen mit sehr unterschiedlichen Zielvorstellungen. Man muss sich jedoch vergegenwärtigen, dass es darum geht, die (eigene) politische Handlungsfähigkeit aufrechtzuerhalten und sich zu schützen gegenüber willkürlichen Eingriffen der Exekutive in die Freiheitsrechte.

Der Kampf um Rechte ist in dieser Hinsicht, mit Wolfgang Abendroth gesprochen, gleichzeitig ein Kampf um die Demokratie.[8] Organisationen und Netzwerke, die diese Kämpfe seit Jahrzehnten führen, sind Bürger:innenrechtsorganisationen wie das Komitee für Grundrechte und Demokratie, die Vereinigung demokratischer Juristinnen und Juristen und kritische Anwaltsvereinigungen wie der Republikanische Anwältinnen- und Anwälteverein. Sie eint ihre sozialistische Gründungsgeschichte und gleichzeitig ein universelles Verständnis von kritischer Rechtsstaatlichkeit, das die schützenswerten Aspekte des liberalen Freiheitsdenkens mit einem Verständnis materieller Gerechtigkeit verbindet. In der Öffentlichkeit bilden sie einen wichtigen Gegenpol zum »Law and Order«-Denken.

Der Abbau von Rechtsstaatlichkeit trifft in allen westlichen Demokratien marginalisierte gesellschaftliche Gruppen, kritische soziale Bewegungen wie auch die Verteidiger:innen von Rechtsstaatlichkeit, die »Rule-of-law-Defenders«, von denen Elena Sharpston in ihrem Vortrag beim Max-Planck-Institut sprach. Rechtsstaatlich nicht haltbare Strafverfahren gegen Geflüchtete, denen Schlepperei vorgeworfen wird, die Kriminalisierung der Klimaprotestbewegungen und von Seenotrettungsorganisationen haben in den vergangenen Jahren zugenommen. Zudem sorgt ein ordnungspolitischer Diskurs, der sozialen Bewegungen eine angebliche Unvereinbarkeit mit Rechtsstaatlichkeit vorwirft, für eine Einschränkung demokratischer Handlungsspielräume.

Progressive Bewegungen mögen sich hinsichtlich ihrer Themen, Aktionsformen und strategischen Ausrichtungen unterscheiden. Aber sie alle können schnell zum Ziel autoritärer Akteur:innen werden. Diese Gemeinsamkeit ließe sich in eine Stärke umwandeln: In einer Allianz für Rechtsstaatlichkeit könnten sie ein strategisches Bündnis eingehen. »Der Aufruf, für die Verfassung zu kämpfen, ist ein Appell an die an dieser Verfassung interessierten politisch-gesellschaftlichen Kräfte, ihre eigenen Interessen und deren verfassungsrechtlichen Sicherungen zu erkennen und zu verteidigen. [...] Der Kampf um Verfassungspositionen ist ein Kampf um die eigenen Interessen«, wie es der Bürgerrechtler und Politikwissenschaftler Jürgen Seifert formuliert hat.[9]

Ohnehin erfordert die Komplexität der heutigen Krisenkonstellationen eine Zusammenarbeit progressiver Bewegungen. Im gemeinsamen Eintreten für die Rechtsstaatlichkeit könnte ein verbindendes Element zu finden sein, das nicht nur die Verteidigungslinien gegen die »Law and Order«-Fraktionen stärken könnte, sondern gleichzeitig einen inhaltlichen Diskursraum eröffnet, der demokratische Potenziale freisetzt und Kämpfe miteinander verknüpft. Ein Beispiel: Im Frühjahr 2023 einigte sich die Ampelregierung darauf, den europäischen Asylkompromiss im Europäischen Rat mitzutragen, bei dem es um die tiefgreifendsten Asylrechtsverschärfungen der letzten dreißig Jahre geht. Gleichzeitig führten die Strafverfolgungsbehörden Razzien gegen die Letzte Generation mit dem Vorwurf durch, eine kriminelle Vereinigung gebildet zu haben. Und die Staatsanwaltschaft bezeichnete schon auf der gekaperten Homepage die Letzte Generation als kriminelle Vereinigung. Auf den ersten Blick scheinen beide Vorfälle inhaltlich nichts miteinander zu tun zu haben. Aber in beiden Konstellationen sind die zivilgesellschaftlichen Organisationen und Bewegungen, die Menschenrechtsorganisationen und die Klimagerechtigkeitsbewegung, mit einer verselbstständigten Exekutive konfrontiert, die Rechtspositionen angreift. Beim EU-Asylkompromiss geht es um den Zugang von Schutzsuchenden zum Rechtsstaat und bei den Razzien gegen die Letzte Generation um den Bruch mit rechtsstaatlichen Prinzipien, wie zum Beispiel einer unzulässigen Vorverurteilung durch die Staatsanwaltschaft. Beide Themen sind also miteinander verknüpft.

Nicht zuletzt das Bündnis Unteilbar hat dieses Potenzial unter Beweis gestellt. 2018 brachte es mehr als 200 000 Menschen auf die Straße, um gegen Rassismus und die Verteidigung der Menschenrechte zu demonstrieren. Der ursprüngliche Impuls ging von Anwält:innen aus, die eine zunehmende Erosion rechtsstaatlicher Grundsätze beklagten sowie vermehrt Angriffe aus der Politik auf die freie Anwaltschaft registrierten. Dieser ursprüngliche Kontext spielte in der öffentlichen Aufmerksamkeit jedoch kaum eine Rolle. Unteilbar wurde in erster Linie als Gegenbewegung zu einer stärker werdenden AfD wahrgenommen. Eigentlich zielte die Kritik aber darauf ab, dass die Erosion der Rechtsstaatlichkeit auch von der politischen Mitte ausgeht, etwa wenn Anwält:innen als »Anti-Abschiebe-Industrie« verunglimpft oder Abschiebungen trotz gegenteiliger Gerichtsurteile durchgesetzt werden. Um Rechtsstaatlichkeit aus einer progressiven Perspektive zu verteidigen, ist es notwendig, die simple Dichotomie von den liberalen »Freunden« und den autoritären »Feinden« des Rechtsstaats zu überwinden, die insbesondere in extremismustheoretischen Ansätzen mit simplifizierenden Hufeisenmodellen betrieben wird. »Unteilbar« war in dieser Hinsicht ein wichtiger Impuls, indem die Gefahren für den Rechtsstaat aus der Mitte der Gesellschaft und vom Staat thematisiert wurden. An solche erfolgreichen Bündnisbildungen lässt sich anschließen.

Rechtsstaatlichkeit und Demokratie sind gleichursprünglich, wie Jürgen Habermas stets betont hat. In den Parlamenten gibt es aber ein zunehmendes Defizit im Hinblick auf das Verständnis, was der Rechtsstaat eigentlich ist, warum man ihn verteidigen muss und welche rechtsstaatlichen Standards bei Gesetzesreformen zu beachten sind. Gesetzgebungsverfahren werden oft im Eilverfahren durchgezogen, ohne wirklich auf grund- und menschenrechtliche Einwände aus Fachkreisen und der Zivilgesellschaft einzugehen. Es mangelt an kohärenten rechtspolitischen Grundsatzpositionen innerhalb des progressiven Parteienspektrums, die nicht tagesaktuellen Wahlumfragen geopfert werden. Solche grundsätzlichen Positionen sind notwendig, weil es eine parteiübergreifende »Law and Order«-Fraktion in der Innenpolitik gibt, die bei jeder Gelegenheit für härtere Strafen und mehr Polizei eintritt. Insbesondere in der Flüchtlingspolitik und bei den Gesetzgebungsreformen zur Polizei lässt sich dies beobachten. Ausländerbehörden und Sicherheitsapparate bekommen vom Gesetzgeber oft eine Carte blanche. Solche für die Demokratie und Rechtsstaatlichkeit gefährlichen Verselbstständigungen der Exekutive können im bürgerlichen Rechtsstaat nicht vollständig unterbunden, aber durch rechtsstaatlich fundierte Gesetzgebungen eingehegt und zurückgedrängt werden. Zu oft werden jedoch Verfassungspositionen und Menschenrechte Teil von politischen Kompromissen. Dadurch haben sich auch die Kanäle von Bürger:innenrechtsorganisationen verengt, die mit ihrer Kritik kaum Ankerpunkte in den Parlamenten finden.

Dieses Problem zeigt sich auch im Wechselwirkungsverhältnis zwischen dem politischen Feld und dem Recht. Progressive Bewegungen und NGOs haben in den vergangenen Jahrzehnten immer wieder Erfolge vor Gerichten erzielt und Verfassungspositionen gegen exekutive Zugriffe verteidigt. Aber im parlamentarischen Betrieb, wo sie gesetzlich umgesetzt werden müssten, schlagen sie sich kaum nieder. Ingeborg Maus hat in ihren Schriften zum Rechtsstaat und zur Volkssouveränität stets betont, dass es die Aufgabe des Parlaments sei, Gesetze so zu formulieren, dass die Exekutive nicht in der Lage ist, sich vom gesetzgeberischen Willen zu emanzipieren oder grundlegende Verfassungspositionen in der Praxis zu umgehen.[10] Dafür müssen Gesetze gut formuliert sein und dürfen keinen übermäßigen Interpretationsspielraum für die Exekutive lassen, damit diese keinen Freifahrtschein hat. Gegenüber Strategien, gesellschaftliche Kräfteverhältnisse über Gerichtsverfahren zu verändern, blieb sie stets skeptisch. Aber um nicht ständig neue Rechtskämpfe zu führen, müsste dieses Verständnis für gute Gesetzgebungen wieder innerhalb der progressiven Parteienlandschaft an Gewicht gewinnen. Progressive Gesetzgebung sollte sich daran orientieren, wie demokratisches Handeln in der Gesellschaft ermöglicht, nicht, wie es unterbunden wird.

Im Hinblick auf das politische Feld ist zudem mit Besorgnis zu beobachten, dass der Rechtsstaatsbegriff von parteipolitischer Seite oft ins Feld geführt wird, um Alternativlosigkeit zu suggerieren. Der Jurist Philipp Eschenhagen bringt dieses Problem auf den Punkt: »Rechtliche Begriffe haben nicht nur viel Raum in der Öffentlichkeit gewonnen, sondern sie dienen Politikern oft zur Rechtfertigung, sich selbst aus der Verantwortung zurückzuziehen.«[11] Bei politischen Grundsatzentscheidungen wird zum Beispiel unkritisch auf Gerichtsurteile verwiesen, die keinen Raum für politisches Handeln ließen. Eschenhagen nennt in diesem Zusammenhang die polizeiliche Räumung des Dorfes Lützerath Anfang 2023 auf Betreiben der RWE AG. Insbesondere die an der Regierung beteiligten Grünen behaupteten, keine Möglichkeit zu haben, um die Räumung zu verhindern und den Erhalt des Dorfes zu sichern. Unkritische Verweise auf das Recht negieren die Umkämpftheit des Rechts, in der sich gesellschaftliche Kräfteverhältnisse spezifisch ausdrücken. Und sie verhüllen, dass das Parlament überhaupt erst die gesetzlichen Grundlagen schafft, auf deren Basis Gerichte entscheiden. Wenn ein unreflektierter Rechtsstaatsbegriff gegen das Politische eingesetzt wird, geht damit eine »There is no Alternative«-Rhetorik einher und im Ergebnis entmündigen sich die Parlamentsabgeordneten selbst.

Law statt Order

Der Kampf um den Rechtsstaat ist in aller Regel ein Verteidigungskampf, um auf die Einhaltung von Grund- und Menschenrechten zu insistieren oder sich dem Abbau von Verfassungspositionen entgegenzustellen. In solchen Kämpfen wird die liberale Demokratie mit ihren eigenen Normen und Maßstäben konfrontiert. Auf die enorme Bedeutung eines solchen Unterfangens, das zugleich ein wichtiger Bestandteil von Gesellschaftskritik ist, hat Theodor W. Adorno hingewiesen: »Tatsächlich ist es keineswegs stets möglich, der Kritik die unmittelbare praktische Empfehlung des Besseren beizugeben, obwohl vielfach Kritik derart verfahren kann, indem sie Wirklichkeiten mit den Normen konfrontiert, auf welche jene Wirklichkeiten sich berufen: die Normen befolgen, wäre schon das Bessere.«[12] Würde man in der europäischen Flüchtlingspolitik die selbstgesetzten Normen aus der Genfer Flüchtlingskonvention und dem europäischen Flüchtlingsrecht beachten, bei Auseinandersetzungen auf der Straße dem Versammlungsrecht gegenüber polizeilichen Eingriffen zur Geltung verhelfen und bei der Bewältigung der Klimakrise das Staatsziel zur Bewahrung der natürlichen Lebensgrundlagen ernst nehmen und die Politik und Gesetzgebung an diesen Maßstäben ausrichten, wäre schon einiges gewonnen. Law statt Order wäre schon das Bessere.

Dabei geht es nicht darum, der kritisierten Entpolitisierung durch den naiven Bezug auf das Recht den Weg zu ebnen, sondern demokratisches Handeln und subjektive wie kollektive Rechtspositionen miteinander zu verknüpfen. Demokratisches Handeln braucht Rechte, um nicht willkürlich durch den Staat unterbunden zu werden, aber demokratisches Handeln ist zugleich die Voraussetzung dafür, dass Rechte erkämpft werden. Jacques Derrida hat einmal geschrieben, die »Demokratie bleibt künftig, bleibt im Kommen, bleibt, indem sie kommt«.[13] Über den Rechtsstaat ließe sich dasselbe sagen. Der Rechtsstaat war in der Geschichte weit mehr ein Postulat als eine Beschreibung des Bestehenden, ein normativer Maßstab, der womöglich noch nie erreicht wurde und für dessen Verwirklichung es sich zu kämpfen lohnt.

Die Kämpfe internationalisieren

Die rechtsstaatlichen Prinzipien, die sich im 18. und 19. Jahrhundert herausgebildet haben, waren an die Entwicklung territorialer Nationalstaaten gebunden und sind es noch. In Kapitel 2 habe ich dargelegt, wie diese Verknüpfung immer wieder Ausschlüsse produziert hat. Heute, im 21. Jahrhundert, muss der territorial gebundene Rechtsstaat angesichts globaler Migrationsbewegungen und transnationaler politischer Gemeinwesen ergänzt werden. Menschen, denen zum Beispiel aufgrund von Fluchterfahrungen und wegen des autoritären Umbaus ihrer Heimatstaaten der Zugang zum traditionellen Rechtsstaat verwehrt ist, benötigen Schutz. Glücklicherweise war in den letzten Jahren die Herausbildung transnationaler und internationaler Rechtsstaatsdiskurse zu beobachten. Durch die Einflüsse des Europa- und Völkerrechts gab es in einigen gesellschaftlichen Bereichen progressive Verschiebungen, zum Beispiel hinsichtlich der sozialen und politischen Rechte, der menschenrechtlichen Sorgfaltspflichten in Lieferketten, der Rechte von Geflüchteten und nicht zuletzt im Bereich des Klimaschutzrechts.

Eine Bezugnahme auf diese Rechtspositionen stößt

auf Widerstand in den Nationalstaaten, weil die nationalen Exekutiven dadurch in ihrem Handeln beschränkt werden, selbst wenn sie es geschafft haben, die Justiz auf ihre politische Linie zu navigieren. Viele Politiker:innen behaupten, das Europarecht und das internationale Recht behinderten die Demokratie und untergrüben Beschlüsse nationaler Parlamente. Gerade Anfang des 21. Jahrhunderts gab es eine solche progressive Europakritik angesichts eines neoliberalen Binnenmarktprojekts, bei dem beispielsweise die Streikrechte von Arbeiter:innen nicht viel zählten. Eine auf das Soziale zielende Kritik der europäischen Verhältnisse bleibt nach Jahrzehnten der Sparpolitik enorm wichtig. Zugleich ist eine Kritik an der EU verkürzt, die das zweifellos vorhandene demokratische Defizit stets überbetont. Denn gerade im EU-Parlament zeigt sich, dass die dortigen Aushandlungsprozesse oft viel demokratischer ablaufen als in den nationalen Parlamenten, weil sie nicht immer an eine Parteilogik rückgebunden sind. Das Europarecht und das internationale Recht kann die demokratische Gesetzgebung bereichern und neue Handlungsspielräume eröffnen, wenn zum Beispiel der UN-Sozialpakt neue Argumente ins Spiel bringt, um die Sanktionen im Asylbewerberleistungsgesetz oder im Bürgergeld auf den Prüfstand zu stellen.

Die Internationalisierung der Kämpfe spiegelt sich darin wider, dass viele soziale Bewegungen in Europa mittlerweile genuin transnationale Formen angenommen haben, wie die Seenotrettungsorganisationen auf dem Mittelmeer, die feministischen Bewegungen in Mittel- und Osteuropa oder die stark vernetzte Klimaschutzbewegung. Wenn diese politischen Erfahrungen in aktuelle Kämpfe einbezogen werden, kann sie das nur stärker machen.

Dem Rechtsstaat den eigenen Stempel aufdrücken

Angesichts der immensen Herausforderung einer sozialökologischen Transformation ist es zugleich nicht möglich, beim liberalen Rechtsstaatsbegriff stehen zu bleiben. Seine immanenten Grenzen waren und sind legitime Gegenstände von Kritik und Praxis. Vorschläge für einen sozialen Rechtsstaat, wie er Hermann Heller, Helmut Ridder, Wolfgang Abendroth oder Jürgen Seifert vorschwebte, haben das liberale Rechtsstaatsmodell aus sozialistischer Sicht materiell anzureichern versucht. In modernen Verfassungen und Rechtsstaatstraditionen sind Residuen einer sozialen Rechtsstaatlichkeit vorhanden, die aber erst noch aktiviert und ausgefüllt werden müssen. Dies ist in Verfahren gegen die Hartz-IV-Sanktionen vor dem Bundesverfassungsgericht gelungen. Das Gericht hat ein soziokulturelles und menschenwürdiges Existenzminimum aus Artikel 1 (Würde des Menschen) und Artikel 20 (Sozialstaatsgebot) des Grundgesetzes anerkannt. Diese Rechtsprechung steht politisch massiv unter Druck, und es werden sogar Vorschläge gemacht, das Sozialstaatsprinzip des Grundgesetzes zu ändern – dessen Grundsätze wegen der Ewigkeitsgarantie aus Artikel 79 Absatz 3 GG aber nicht angetastet werden dürfen. Offensichtlich ist jedoch, dass solche Rechtskämpfe am Ende unzureichend sind. Denn das

Sanktionsregime wurde durch das Urteil nicht überwunden. Die Auseinandersetzung muss politisch geführt werden.

Noch weiter reichende Konsequenzen für die Umgestaltung der Wirtschafts- und Produktionsverhältnisse liefert Artikel 15 des Grundgesetzes, der eine Vergesellschaftung von Grund und Boden sowie Produktionsmitteln vorsieht, mithin als ein »Grundrecht auf Entprivatisierung« verstanden werden kann.[14] Der Verfassungsartikel fristete lange ein Nischendasein und wurde nicht genutzt. Im Zuge der Wohnraumkrise haben Bündnisse wie Deutsche Wohnen und Co. enteignen in Berlin die Verfassung als Vehikel einer progressiven Gemeineigentumsstrategie wiederentdeckt. Der mit großer Mehrheit gewonnene Volksentscheid im September 2021 initiierte eine öffentliche wie juristisch-fachliche Debatte, in deren Zuge der Möglichkeitsraum für eine offensive soziale Rechtsstaatlichkeit neu vermessen wurde. Abseits der neoliberalen Pfade lieferte die Debatte um den sozialen Rechtsstaat das Initial für eine Demokratisierung der Wohnungspolitik,[15] indem sie ins Zentrum öffentlicher Debatten gerückt wurde und sich innerhalb der Berliner Initiative zahlreiche Aktivist:innen mit Bewohner:innen vernetzt haben.

Die Umgehung des Volksentscheids in der Berliner Politik verweist darauf, dass sich die zivilgesellschaftlichen und juridischen Kräfteverhältnisse noch nicht stark genug verschoben haben, um solchen sozialistischen Verfassungspositionen Geltung zu verschaffen. Die Berliner Vergesellschaftungsdebatte zeigt jedoch, dass es Potenziale gibt, um im Rahmen der Verfassung entsprechende Strategien zu verfolgen. Um aus dem starren liberalen Korsett der nur individuell gedachten Freiheitsrechte herauszukommen, ist es aus progressiver Perspektive notwendig, dem Rechtsstaat den eigenen sozialen Stempel aufzudrücken.

Rechtsmobilisierung und soziale Bewegungen

Der Kampf um den Rechtsstaat und die Grund- und Menschenrechte hat sich in den vergangenen Jahren ausgeweitet und professionalisiert. Mit Akteuren wie dem European Center for Constitutional and Human Rights und der Gesellschaft für Freiheitsrechte sind juristische Organisationen entstanden, die das Recht mobilisieren, um gesellschaftliche Veränderungen voranzutreiben, und die in vielen Fällen vor Gericht konkrete Erfolge erzielen und Betroffenen von Menschenrechtsverletzungen ein Stück Gerechtigkeit erstreiten konnten. Im Gegensatz zu einer reinen Verteidigungsstrategie eröffnen sich über strategische Rechtskämpfe und -mobilisierungen zudem Möglichkeiten für eine progressive Umgestaltung der Kräfteverhältnisse, wenn politische und soziale Bewegungen mit juristischen Akteur:innen eng zusammenwirken. Der bedeutsame Beschluss des Bundesverfassungsgerichts zum Klimaschutzgesetz, in dem der erste Senat einen neuen Freiheitsbegriff entwickelt hat, der sich an Generationengerechtigkeit und Nachhaltigkeit orientiert, wäre ohne Fridays for Future oder den Bund für Umwelt und Naturschutz, die beide als Kläger:innen auftraten und zugleich in der Öffentlichkeit Aufmerksamkeit auf das Verfahren lenkten, nicht möglich gewesen. Soziale Bewegungen bringen auch das »Recht in Bewegung«.[16]

In ihrem Handeln wollen einige dieser Organisationen die »konkrete Utopie der Menschenrechte« verwirklichen, wie der Anwalt Wolfgang Kaleck es unter Rekurs auf Ernst Bloch beschrieben hat.[17] Kaleck plädiert für einen Kampf um die Dekolonialisierung des Rechts in Zusammenarbeit mit Akteur:innen aus dem Globalen Süden, für weniger Wettbewerb und mehr arbeitsteilige Kooperation zwischen strategisch arbeitenden Menschenrechtsorganisationen und für eine Verklammerung heterogener Kämpfe.[18] Ein solches Verständnis hebt sich ab von einer rein liberalen Verteidigung des Rechtsstaats, wenn das Rechtsstaatsdenken um (transnationale und globale) soziale wie politische Grund- und Menschenrechte angereichert wird. Oder wie es die Juristin Hannah Birkenkötter so treffend schreibt: »Durch das Bekenntnis zum Recht unterwerfen sich die Herrschenden seinen Formen und Institutionen, und hierin liegt das emanzipatorische Potenzial der Rechtsstaatlichkeit: Auch wenn die Rechtsregeln primär den Herrschenden dienen, so erlangen sie doch in ihrer Gesamtheit eine Unabhängigkeit und Eigendynamik, die punktuell die Machtlosen schützen kann.«[19] Dadurch verschiebt sich die rein liberale Rechtsstaatskonzeption, weg von einer Fokussierung auf den Schutz des Privateigentums und des isolierten Individuums und hin zu einer umfassenden demokratischen Teilhabe der vielen. Wenngleich in der Auseinandersetzung mit dem Autoritarismus strategische Bündnisse zwischen Liberalen und Linken gefordert sind, ist genau an diesem Punkt die rechtspolitische Trennlinie zu ziehen. Der Politikwissenschaftler Wolf-Dieter Narr hat zutreffend gefordert, sich von dem »herrschenden Rechtsstaatskonsens« mit seinem ordnungspolitischen und liberalen Fokus abzuwenden.[20] Nur ein menschenrechtlich fundierter Rechtsstaat ist aus progressiver Perspektive überhaupt von Interesse, so Narr. Denn soziale Rechte müssen nicht selten gegen ein liberales Rechtsstaatsmodell erkämpft werden, das sich auf den Schutz des Eigentums konzentriert.

Über den Rechtsstaat hinaus

Der Kampf um den Rechtsstaat(-sbegriff) ist im Rahmen der aktuellen Herrschaftsverhältnisse alternativlos. Aber diese Herrschaftsverhältnisse sind nicht alternativlos. Eine umfassende sozialökologische Transformation der Arbeits- und Wirtschaftsverhältnisse sowie der politischen Institutionen kann am Ende dazu führen, dass neue gesellschaftliche Verkehrsformen zwischen den Menschen entstehen. Eine radikale Demokratisierung aller Lebensbereiche, einschließlich der Ökonomie, könnte neue Assoziationen und Kollaborationen hervorbringen, die an die Stelle des liberalen Rechtsstaats treten.

Der liberale Rechtsstaatsbegriff ist das historische Ergebnis der gesellschaftlichen Kämpfe der letzten zweihundert Jahre in Westeuropa und in der politischen Menschheitsgeschichte etwas vergleichbar Neues. Es wäre jedoch ein Fehlschluss, den Rechtsstaat als alternativlos zu setzen und anderen gesellschaftlichen Organisationsweisen damit die Legitimität zu entziehen. Gerade in den neueren abolitionistischen Bewegungen wird produktiv darüber gestritten,[21] wie sich Demokratie und Solidarität ohne den Bezug auf den Rechtsstaat realisieren lassen. In den sozialen Kämpfen werden diese Fragen ausgefochten. Wichtig ist jedoch, nicht hinter die rechtsstaatlichen Errungenschaften zurückzufallen, das heißt, Menschen ohne Schutz unmittelbaren Machtverhältnissen auszusetzen.

In den zwischenmenschlichen Beziehungen und den zivilrechtlichen Verträgen lauern Machtverhältnisse, die von einer vergleichbaren Gewalt geprägt sind, wie sie im Verhältnis zwischen dem Gewaltmonopol und den Menschen vorhanden sind. Gerade transnationale Konzerne sind zu mächtigen Akteuren geworden, gegen die es kaum rechtsstaatlichen Schutz gibt. Unternehmer:innen aus dem Silicon Valley gründen Privatstädte und fliehen auf Inseln, um sich dem Staat, der Besteuerung und Unternehmensüberwachung zu entziehen. Elon Musk hat mit Twitter die zentrale digitale Kommunikationsplattform übernommen und gestaltet sie nach seinem Gusto um. Wie der Historiker Quinn Slobodian zeigt, arbeiten Libertäre aktiv an einem Kapitalismus ohne Demokratie.[22] Man müsste ergänzen: an einem Kapitalismus ohne Demokratie und Rechtsstaatlichkeit. Diese Entwicklungen aufzuhalten wird ein zentraler Kampf um die Rechtsstaatlichkeit im 21. Jahrhundert.

Der Rechtsstaat ist nichts Naturgegebenes, sondern ein Produkt gesellschaftlicher, das heißt menschlicher

Handlungen und Kämpfe. Die Geschichte, die die Menschen mit dem Rechtsstaat heute und morgen beschreiten wollen, ist also noch nicht geschrieben.

Danksagung

Wie viele andere bewegt mich die autoritäre Formierung wissenschaftlich und politisch. Ich hoffe, mit meinem Buch einen Beitrag zur aktuellen Auseinandersetzung um Demokratie und Rechtsstaatlichkeit geleistet zu haben. Die Gedanken in diesem Buch habe ich in den vergangenen Jahren immer rege mit anderen Kolleg:innen und Freund:innen diskutiert, denen ich danken möchte. Ohne Sonja Buckel und Günter Frankenberg, meinen wichtigsten wissenschaftlichen Inspirationsquellen, hätte ich nie der kritischen Auseinandersetzung mit dem Recht die Treue gehalten. Adriana Cancar und Lukas Hoffmann haben wesentlich zu den Recherchen zu diesem Buchprojekt beigetragen. Im Rahmen der Forschungsgruppe »Internalizing Borders« am Zentrum für interdisziplinäre Forschung der Universität Bielefeld unter Leitung von Frank Wolff, Volker M. Heins, Dana Schmalz und Sabine Hess konnte ich als Fellow vorläufige Thesen rege diskutieren. Martin Steinhagen hat mir wichtige Rückmeldungen zu dem Kapitel über die extreme und die Neue Rechte geliefert und Daniel Mullis aufmerksam den Schluss des Buchs kommentiert. Besonders dankbar bin ich an dieser Stelle Bernd Mesovic, mit dem ich nicht nur im Vorfeld zahlreiche grundlegende Gespräche geführt habe, sondern der das gesamte erste Manuskript ohne falsche freundschaftliche Zurückhaltung auseinandergenommen hat. Marie-Luise Wallis hat mit mir kontinuierlich diskutiert und mich beständig zur Reflexion angehalten. Ohne Alfio Furnari von Landwehr & Cie und seinem energischen Beharrungsvermögen hätte ich mich nicht überwunden, dieses Buchprojekt anzugehen. Christian Heilbronn vom Suhrkamp Verlag danke ich für ein fabelhaftes Lektorat und das beständige kritische Mitdenken.

Einige der in diesem Buch vorgenommenen Ausführungen habe ich in veränderter Form in dem Artikel »Kämpfe um den Rechtsstaat«, der im Jahr 2023 in der *Zeitschrift für Politische Theorie* erschienen ist, dem Essay »Gefahr für den Rechtsstaat« in der Zeitschrift *WestEnd* (2023), dem Beitrag »Wie der Rechtsstaat ordnungspolitisch gekapert wird« in *Legal Tribune Online* (2019) sowie in meiner Doktorarbeit *Rechtskämpfe*, die 2021 im Campus-Verlag herausgekommen ist, veröffentlicht. Auch mein gemeinsam mit Eric von Dömming verfasster Artikel in der Zeitschrift *Kritische Justiz* (2020) zur Rechtspolitik der AfD sei hier erwähnt.

Anmerkungen

I
Ubiquitär
Die Allgegenwärtigkeit des Rechtsstaates

1 Hessisches Ministerium der Justiz, Pressemitteilung (6. Februar 2023); online verfügbar unter: {https://hessen.de/presse/vom-klassenzimmer-zur-judikative-und-exekutive}.
2 Rede des Präsidenten John F. Kennedy in der Frankfurter Paulskirche (25. Juni 1963); online verfügbar unter: {https://www.kas.de/c/document_library/get_file?uuid=821d843b-ab16-4123-32da-0e81f29867cb&groupId=252038}.
3 »›Tag des Rechtsstaates‹ in der Paulskirche«, *Hessenschau* (6. Februar 2023); online verfügbar unter: {https://www.hessenschau.de/tv-sendung/tag-des-rechtsstaates-in-der-paulskirche,video-179330.html}.
4 »Darüber spricht der Bundestag«, in: *Zeit Online*; online verfügbar unter: {https://www.zeit.de/politik/deutschland/2019-09/bundestag-jubilaeum-70-jahre-parlament-reden-woerter-sprache-wandel}.
5 Deutscher Bundestag, 12. Wahlperiode, 128. Sitzung, 10. Dezember 1992, Plenarprotokoll, S. 11041; online verfügbar unter: {https://dserver.bundestag.de/btp/12/12128.pdf}.
6 Lorenz Leitmeier, »Apokalyptische Richter«, in: *Legal Tribune Online* (*LTO*) (21. November 2020), online verfügbar unter: {https://www.lto.de/recht/feuilleton/f/richter-buecher-rechtsstaat-in-gefahr-gnisa-zantke-schleif-papier-guise-ruebe-rezension/}.
7 Eine Ausnahme bildet Ronen Steinke, *Vor dem Gesetz sind nicht alle gleich*, Berlin 2022.
8 Michael Bauchmüller/Georg Ismar/Nicolas Richter, »Ich bereue nichts«, in: *Süddeutsche Zeitung* (14. Oktober 2023), S. 3.
9 *Süddeutsche Zeitung* (22. Juni 2020).
10 *Frankfurter Allgemeine Zeitung* (2. November 2020).
11 *Volksstimme* (2. Januar 2019).

12 *Der Spiegel* (16. Mai 2021).
13 Deutsche Welle (23. September 2018).
14 *Süddeutsche Zeitung* (25. November 2022).
15 Markus Sehl, »Hallo Ex-Verkehrsminister!«, in: *LTO* (25. November 2022); online verfügbar unter: {https://www.lto.de/recht/meinung/m/kommentar-dr-markus-sehl-hallo-herr-justizminister-twitter-trend-ex-verkehrsminister-scheuer-klimaaktivisten/}.
16 Hannah Birkenkötter, »Hat der Begriff der Rechtsstaatlichkeit ein emanzipatorisches Potenzial?«, in: *Kritische Justiz* 2 (2021), S. 172-181, hier S. 180.
17 In Artikel 16 und 23 ist nur von rechtsstaatlichen Grundsätzen die Rede.
18 Ernst-Wolfgang Böckenförde, »Entstehung und Wandel des Rechtsstaatsbegriffs«, in: ders., *Recht, Staat, Freiheit*, Frankfurt am Main 2006 [1969], S. 143-169, hier S. 168.
19 Wolfram Schaffar, *Globalisierung des Autoritarismus. Aspekte der weltweiten Krise der Demokratie*, herausgegeben von der Rosa-Luxemburg-Stiftung, Berlin 2019; Günter Frankenberg, *Autoritarismus. Verfassungstheoretische Perspektiven*, Berlin 2020.
20 »WJP Rule of Law Index 2022 Global Press Release«, Pressemitteilung vom 26. Oktober 2022; online verfügbar unter: {https://worldjusticeproject.org/news/wjp-rule-law-index-2022-global-press-release}.
21 Siehe etwa Yascha Mounk, *Der Zerfall der Demokratie. Wie der Populismus den Rechtsstaat bedroht*, München 2018.
22 Wolfgang Janisch, »Die Gewalt, die uns schützt«, in: *Süddeutsche Zeitung* (26. Oktober 2018); online verfügbar unter: {https://www.sueddeutsche.de/leben/essay-die-gewalt-die-uns-schuetzt-1.4182361?reduced=true}.
23 Markus Sehl, »Hallo Ex-Verkehrsminister!«, in: *LTO* (25. November 2022); online verfügbar unter: {https://www.lto.de/recht/meinung/m/kommentar-dr-markus-sehl-hallo-herr-justizminister-twitter-trend-ex-verkehrsminister-scheuer-klimaaktivisten/}.
24 Sina Aaron Moslehi, »Härte des Rechtsstaats«, in: *Übermedien* (12. Januar 2021); online verfügbar unter: {https://uebermedien.de/55012/haerte-des-rechtsstaats/}.
25 Verena Weidenbach, »Der neue Law-and-Order-Fetischismus«, in: *Zeit Online* (25. Mai 2018); online verfügbar unter: {https://

www.zeit.de/kultur/2018-05/rechtsstaat-begriff-cdu-csu-alexander-dobrindt-horst-seehofer-10nach8?utm_referrer=https%3A%2F%2Fwww.google.com}

26 Jonas Schaible, »Wie die Union den ›Rechtsstaat‹ kapert«, T-Online News (8. Mai 2018); online verfügbar unter: {https://www.t-online.de/nachrichten/deutschland/innenpolitik/id_83734658/dobrindts-provokation-wie-die-union-den-rechtsstaat-kapert.html}.

27 Eva Marlene Hausteiner, »Der Ruf nach dem ›starken Staat‹«, Deutschlandfunk Kultur (15. Januar 2023); online verfügbar unter: {https://www.deutschlandfunkkultur.de/rechtsstaat-randale-ruf-nach-dem-starken-staat-100.html}.

2
Ursprünge
Wie der Rechtsstaat entstanden ist und wie um ihn gekämpft wurde

1 Ernst Benda, »Rechtsstaat«, in: Diether Nohlen/Rainer-Olaf Schultze (Hg.), *Lexikon der Politikwissenschaft*, Bd. 2, München 2002, S. 786-788, hier S. 786.

2 Günter Frankenberg, *Staatstechnik. Perspektiven auf Rechtsstaat und Ausnahmezustand*, Berlin 2010, S. 71.

3 Ernst-Wolfgang Böckenförde, »Entstehung und Wandel des Rechtsstaatsbegriffs«, in: ders., *Recht, Staat, Freiheit*, Frankfurt am Main 2006 [1969], S. 143f.

4 Ebd., S. 144.

5 Richard Bäumlin/Helmut Ridder, »Art. 20 Abs. 1-3 III«, in: *Alternativkommentar zum Grundgesetz*, Bd. 1, 2. Auflage, Neuwied 1989, S. 1342.

6 Kristin Y. Albrecht/Lando Kirchmair/Valerie Schwarzer, »Die Krise des demokratischen Rechtsstaats im 21. Jahrhundert«, in: dies. (Hg.), *Die Krise des demokratischen Rechtsstaats im 21. Jahrhundert*, Stuttgart 2020, S. 11-20.

7 Böckenförde, »Entstehung und Wandel des Rechtsstaatsbegriffs«, S. 146-148.

8 Frankenberg, *Staatstechnik*, S. 75.

9 Bäumlin/Ridder, »Art. 20 Abs. 1-3 III«, S. 1343.

10 Michel Foucault, »Leben und etwas mehr als nur leben: Zur (Vor-)

Geschichte der Polizei«, in: Daniel Loick (Hg.), *Kritik der Polizei*, Frankfurt am Main, New York 2018, S. 39-49, hier S. 47.

11 Till Patrik Holterhus, *Rechtsstaat. Informationen zur politischen Bildung* 351/2 (2022), S. 18.

12 Ulrich K. Preuß, *Legalität und Pluralismus*, Frankfurt am Main 1973, S. 11.

13 Erhard Denninger, »Rechtsstaat«, in: Erhard Denninger/Klaus Lüddersen (Hg.), *Polizei und Strafprozeß im demokratischen Rechtsstaat*, Frankfurt am Main 1978, S. 67-78, hier S. 68.

14 Aus diesem Grund war die Idee des Rechtsstaats global attraktiv: An den jeweiligen historischen Kontext angepasste Transfers des Rechtsstaatskonzepts lassen sich in Afrika, Russland oder in Osteuropa nachweisen: Jens Meierheinrich, »Rechtsstaat versus the Rule of Law«, in: Jens Meierhenrich/Martin Loughlin (Hg.), *The Cambridge Companion to the Rule of Law*, Cambridge 2021, S. 39-67, hier S. 41f.

15 Otto Kirchheimer, »Über den Rechtsstaat«, in: ders., *Politische Herrschaft. Fünf Beiträge zur Lehre vom Staat*, Frankfurt am Main 1967, S. 122-151, hier S. 125.

16 Eckart Kehr, »Zur Genesis der preußischen Bürokratie und des Rechtsstaats«, in: ders., *Der Primat der Innenpolitik*, herausgegeben von Hans-Ulrich Wehler, Berlin 1965, S. 31-52, hier S. 41.

17 Ebd., S. 42.

18 Karl Marx, *Der achtzehnte Brumaire des Louis Bonaparte*, in: *Marx-Engels-Gesamtausgabe* (MEGA), Abt. I, Bd. 11, Berlin 1985, S. 96-189, hier S. 116f. und S. 178f.

19 Sonja Buckel, *Subjektivierung und Kohäsion*, Weilerswist 2007, S. 83.

20 Carole Pateman, »Der Geschlechtervertrag«, in: Erna Appelt/Gerda Neyer (Hg.), *Feministische Politikwissenschaft*, Wien 1994, S. 73-93, hier S. 74.

21 Cara Röhner, *Ungleichheit und Verfassung*, Weilerswist 2019, S. 20.

22 Ute Frevert, *»Mann und Weib, und Weib und Mann.« Geschlechter-Differenzen in der Moderne*, München 1995, S. 80f.

23 Fabian Klose, Zur Legitimation kolonialer Gewalt, in: *Archiv für Sozialgeschichte*, 48, 2008, S. 249-274.

24 Svenja Ahlhaus, *Die Grenzen des Demos. Mitgliedschaftspolitik aus postsouveräner Perspektive*, Frankfurt am Main, New York, 2020.

25 Felix Hanschmann, »Die Suspendierung des Konstitutionalismus im Herz der Finsternis. Recht, Rechtswissenschaft und koloniale Expansion des Deutschen Reiches«, in: *Kritische Justiz* 2 (2012), S. 144-162, hier S. 154.
26 Frankenberg, *Staatstechnik*, S. 89.
27 Ingeborg Maus, *Rechtstheorie und politische Theorie im Industriekapitalismus*, München 1986, S. 14.
28 Martin Loughlin, »The Rule of Law in European Jurisprudence«, Venedig-Kommission, CDL-DEM (2009) 006, S. 7; online verfügbar unter: {https://www.venice.coe.int/webforms/documents/default.aspx?pdffile=CDL-DEM(2009)006-e}.
29 Zitiert nach Carl Schmitt, *Staatsgefüge und Zusammenbruch des zweiten Reichs*, Berlin 1934, S. 21.
30 Michael Stolleis, *Geschichte des öffentlichen Rechts in Deutschland*, Bd. 2: *Staatslehre und Verwaltungswissenschaft 1800-1914*, München 1992, S. 153.
31 Frankenberg, *Staatstechnik*, S. 89.
32 Uwe Wesel, *Geschichte des Rechts*, 3. Auflage, München 2006, S. 441.
33 Preußisches Oberverwaltungsgericht, Urteil des II. Senats v. 14.6.1882, Rep. II B.23/82.
34 Wesel, *Geschichte des Rechts*, S. 453.
35 Ebd., S. 434f.
36 Klaus Eschen, »Gerichtsverfahren – ›Ehren halber‹«, in: Margarete Fabricius-Brand et al. (Hg.), *Rechtspolitik mit »aufrechtem Gang«. Werner Holtfort zum 70. Geburtstag*, Baden-Baden 1990, S. 45-51, hier S. 46.
37 Ulrich K. Preuß, »Anwaltliches Handeln im demokratischen Rechtsstaat«, in: Fabricius-Brand et al. (Hg.), *Rechtspolitik mit »aufrechtem Gang«*, S. 17-22, hier S. 18.
38 Wesel, *Geschichte des Rechts*, S. 446.
39 Ebd., S. 447.
40 Hermann Heller, *Rechtsstaat oder Diktatur?*, Tübingen 1930.
41 Grefrath/Maier, »Demokratie als Attribut. Zur Theorie des demokratischen Rechtsstaates als Verfassungsprinzip«, S. 42.
42 Helmut Fangmann, »Die Verwandlung des Rechtsstaatsbegriffs in einen Verteidigungsbegriff«, in: Heinrich Hannover et al. (Hg.), *Staat und Recht in der Bundesrepublik*, Köln 1987, S. 193-196, hier S. 193.
43 Ebd., S. 193.

44 Knut Bergbauer/Sabine Fröhlich/Stefanie Schüler-Springorum, *Hans Litten – Anwalt gegen Hitler*, Göttingen 2022, S. 200.
45 Thilo Scholle, *Paul Levi*, Berlin 2017, S. 59.
46 Dieter Deiseroth, »War der Positivismus schuld? Anmerkungen zum Thema Juristen und NS-Regime achtzig Jahre nach dem 30. Januar 1933«, in: *Betrifft Justiz* 113 (2013), S. 5-10, hier S. 6.
47 Sarah Schulz, *Die freiheitlich demokratische Grundordnung*, Weilerswist 2019, S. 106.
48 Ebd., S. 107.
49 Herlinde Pauer-Studer, »Die Politisierung des Rechts im Nationalsozialismus«, in: Christian Schmidt/Benno Zabel (Hg.), *Politik im Rechtsstaat*, Baden-Baden 2021, S. 139-154, hier S. 144.
50 Carl Schmitt, »Was bedeutet der Streit um den ›Rechtsstaat‹?«, in: *Zeitschrift für die gesamte Staatswissenschaft* 95/2 (1935), S. 189-201.
51 Ebd., S. 190.
52 Ebd., S. 193.
53 Ebd., S. 195.
54 Ebd., S. 196.
55 Ebd.
56 Ebd., S. 197.
57 Ebd., S. 197-198.
58 Ebd., S. 199.
59 Ebd., S. 201.
60 Ebd., S. 201.
61 Günter Frankenberg, *Autoritarismus. Verfassungstheoretische Perspektiven*, Berlin 2020.
62 Franz L. Neumann, *Behemoth. Struktur und Praxis des Nationalsozialismus 1933-1944*, Neuausgabe, Hamburg 2018, S. 68-69.
63 Ebd., S. 70.
64 Grefrath/Maier, »Demokratie als Attribut. Zur Theorie des demokratischen Rechtsstaates als Verfassungsprinzip«, S. 43.
65 Deutscher Bundestag, 1. Wahlperiode, 112. Sitzung, Bonn, 18. Januar 1951, Plenarprotokoll, S. 4218; online verfügbar unter: {https://dserver.bundestag.de/btp/01/01112.pdf}.
66 Jürgen Seifert, *Kampf um Verfassungspositionen*, Köln, Frankfurt am Main 1974, S. 115.
67 Ebd., S. 116.
68 Ebd., S. 118.
69 Röhner, *Ungleichheit und Verfassung*, S. 73 ff.

70 Ebd., S. 76.
71 BVerfGE 50, 290, S. 336f.
72 Maximilian Pichl, »›Verfassungspositionen verteidigen‹: Gedanken zur Debatte um die Vergesellschaftung von Wohneigentum«, Verfassungsblog (15. April 2019), online verfügbar unter: {https://verfassungsblog.de/verfassungspositionen-verteidigen-gedanken-zur-debatte-um-die-vergesellschaftung-von-wohneigentum/}.
73 Deutscher Bundestag, 8. Wahlperiode, 83. Sitzung, 13. April 1978, Plenarprotokoll, S. 6559; online verfügbar unter: {https://dserver.bundestag.de/btp/08/08083.pdf}.
74 Deutscher Bundestag, 8. Wahlperiode, 44. Sitzung, 29. September 1977, Plenarprotokoll, S. 3370; online verfügbar unter: {https://dserver.bundestag.de/btp/08/08044.pdf}.
75 Ebd., S. 3372.
76 Ebd., S. 3373.
77 Lüderssen, »Was ist das – ein ›Rechtsstaat‹?«, S. 84.
78 Siehe am Beispiel der Asylrechtsanwaltschaft Maximilian Pichl, »Vom Paria zur anwaltlichen Gegenmacht. Eine Geschichte der deutschen Asylrechtsanwaltschaft«, in: *Kritische Justiz* 1 (2021), S. 17-30.
79 Andreas Engelmann et al. (Hg.), *Streit ums Recht. Rechtspolitische Kämpfe in 50 Jahren »Vereinigung Demokratischer Juristinnen und Juristen (VDJ)«*, Hamburg 2022.
80 Volker Eick/Jörg Arnold (Hg.), *40 Jahre RAV. Im Kampf um die freie Advokatur und um ein demokratisches Recht*, Münster 2022.
81 Wolfgang Kaleck, »Hans-Christian Ströbele. Ein Streiter für das Recht«, in: *Jacobin* (19. September 2022); online verfügbar unter: {https://jacobin.de/artikel/hans-christian-stroebele-ein-streiter-fuer-das-recht-nachruf-wolfgang-kaleck/}.
82 Werner Holtfort, »Der Anwalt als soziale Gegenmacht«, in: ders. (Hg.), *Strafverteidiger als Interessensvertreter. Berufsbild und Tätigkeitsfeld*, Neuwied/Darmstadt 1979, S. 36-47.
83 Achim Saupe, »›Innere Sicherheit‹ und ›law and order‹. Die politische Semantik von Ordnung, Sicherheit und Freiheit in der bundesdeutschen Innenpolitik«, in: Johannes Hürter (Hg.), *Terrorismusbekämpfung in Westeuropa*, Berlin/München 2015, S. 171-200.
84 Broder Carstensen, *Anglizismen-Wörterbuch*, Berlin, New York 1994, S. 811.

85 Andrea Pitzer, »The Bitter History of Law and Order in America«, in: *Longreads* (6. April 2017); online verfügbar unter: {https://longreads.com/2017/04/06/the-bitter-history-of-law-and-order-in-america/}.

86 David Garland, *Kultur der Kontrolle. Verbrechensbekämpfung und soziale Ordnung in der Gegenwart*, Frankfurt am Main, New York 2008.

87 Herbert Marcuse, »Repressive Toleranz«, in: ders., Robert Paul Wolff und Barrington Moore, *Kritik der reinen Toleranz*, Frankfurt am Main 1966, S. 91-128, hier S. 127.

88 Saupe, »›Innere Sicherheit‹ und ›law and order‹. Die politische Semantik von Ordnung, Sicherheit und Freiheit in der bundesdeutschen Innenpolitik«, S. 172.

89 Ebd., S. 177.

90 Arbeitsgemeinschaft Sozialdemokratischer Juristinnen und Juristen, »Soziale und liberale Rechtspolitik mit der SPD«, Diskussionspapier, 25. September 2020; online verfügbar unter: {https://asj.spd.de/aktuelles/aktuelles/news/soziale-und-liberale-rechtspolitik-mit-der-spd/25/09/2020/}.

91 Achim Saupe, »›Innere Sicherheit‹ und ›law and order‹. Die politische Semantik von Ordnung, Sicherheit und Freiheit in der bundesdeutschen Innenpolitik«, S. 181f., 185 und 193.

92 Deutscher Bundestag, 12. Wahlperiode, 128. Sitzung, 10. Dezember 1992, Plenarprotokoll, S. 11040; online verfügbar unter: {https://dserver.bundestag.de/btp/12/12128.pdf}.

93 Zitiert nach »Randale in Frankfurt«, in: *taz* (23. Januar 1995); online verfügbar unter: {https://taz.de/!1523776/}.

94 Gudula Geuther, »Wahlkampf mit der inneren Sicherheit«, Deutschlandfunk (11. August 2017); online verfügbar unter: {https://www.deutschlandfunk.de/terror-extremismus-gewalt-wahlkampf-mit-der-inneren-100.html}.

95 Karl-Heinz Reuband, »Law and Order als neues Thema bundesdeutscher Politik? Wie es zum Wahlerfolg der Schill Partei in Hamburg kam und welche Auswirkungen dies hat«, in: *Neue Kriminalpolitik* 1 (2002), S. 8-13, hier S. 12.

96 Hugo Müller-Vogg, »Law and Order – die Rache der Wirklichkeit an der SPD«, in: *Welt am Sonntag* (25. November 2001); online verfügbar unter: {https://www.welt.de/print-wams/article617419/Law-and-Order-die-Rache-der-Wirklichkeit-an-der-SPD.html}.

97 Diesen Satz wiederholte Schily noch einmal anlässlich der NSA-Affäre, siehe Markus Beckedahl, »Otto Schily: ›Law and Order sind sozialdemokratische Werte‹«, Netzpolitik (29. Juli 2013); online verfügbar unter: {https://netzpolitik.org/2013/otto-schily-law-and-order-sind-sozialdemokratische-werte/}.

98 Tony Blair/Gerhard Schröder, »Der Weg nach vorne für Europas Sozialdemokraten«, Juni 1999; online verfügbar unter: {https://www.glasnost.de/pol/schroederblair.html}.

99 Stuart Hall, »Popular-demokratischer oder autoritärer Populismus«, in: Kolja Möller (Hg.), *Populismus. Ein Reader*, Berlin, 2022 [1982], S. 144-166.

100 Studien zeigen, dass trotz des gemeinsamen Vokabulars die britische Labour Party deutlich mehr repressive Sicherheitsgesetze als die SPD-geführte Bundesregierung verabschiedete: Erstens war »Law and Order«-Politik in Großbritannien durch die Thatcher-Jahre bereits hegemonial geworden, und zweitens gab es innerhalb der deutschen SPD noch Flügelkämpfe über die sicherheitspolitische Ausrichtung der Partei; vergleiche Georg Wenzelburger/Helge Staff, »The ›Third Way‹ and the Politics of Law and Order: Explaining Differences in Law and Order Policies between Blair's New Labour and Schröder's SPD«, in: *European Journal of Political Research* 3 (2017), S. 553-577.

101 Udi Ofer, »How the 1994 Crime Bill Fed the Mass Incarceration Crisis«, American Civil Liberties Union, 4. Juni 2019; online verfügbar unter: {https://www.aclu.org/news/smart-justice/how-1994-crime-bill-fed-mass-incarceration-crisis}.

102 Zitiert nach Ayesha Rascoe, »How Trumps ›Law and Order‹ Message Has Shifted as He Seeks a 2nd Term«, in: National Public Radio (27. August 2020); online verfügbar unter: {https://www.npr.org/2020/08/27/905916276/how-trumps-law-and-order-message-has-shifted-as-he-seeks-a-second-term}.

103 Siehe dazu Trumps Rede im Rose Garden des Weißen Hauses vom 2. Juni 2020; für eine ausführliche Besprechung seiner Strategie vergleiche Tom McCarthy, »What's behind Trumps ›Law and Order‹ Strategy and Will it Work?«, in: *The Guardian* (1. September 2020); online verfügbar unter: {https://www.theguardian.com/us-news/2020/sep/01/trump-law-and-order-president-strategy}.

104 Lucius Teidelbaum, »Innere Sicherheit. Law&Order als Element rechtspopulistischer Politik bei der AfD«, Weiterdenken – Hein-

rich-Böll-Stiftung Sachsen, 2017, S. 4; online verfügbar unter: {https://www.weiterdenken.de/de/afd-law-and-order}.

105 Loughlin, »The Rule of Law in European Jurisprudence«.

106 Venedig-Kommission des Europarates »The Rule of Law Checklist«, 2016; online verfügbar unter: {https://www.venice.coe.int/images/SITE%20IMAGES/Publications/Rule_of_Law_Check_List.pdf}.

107 Rachel A. Cichowski, *The European Court and Civil Society*, Cambridge 2009; Rachel A. Cichowski, »Mobilisation, Litigation and Democratic Governance«, in: *Journal of Representative Democracy* 49/3 (2013), S. 321-332.

108 Philipp Ther, *Die neue Ordnung auf dem alten Kontinent. Eine Geschichte des neoliberalen Europa*, Berlin 2014.

109 Peter Häberle, »Verfassungsentwicklungen in Osteuropa – aus der Sicht der Rechtsphilosophie und der Verfassungslehre«, in: *Archiv des öffentlichen Rechts* 2 (1991), S. 169-211, hier S. 210.

110 Lisa Hahn, »Strategische Prozessführung. Ein Beitrag zur Begriffsklärung«, in: *Zeitschrift für Rechtssoziologie* 39/1 (2019), S. 5-32.

111 Wolfgang Kaleck, *Mit Recht gegen die Macht*, Berlin 2015.

112 Britta Rehder/Katharina van Elten, »Klagende Verbände. Drei Logiken kollektiven Handelns in Deutschland«, in: *Der Moderne Staat* (2020), S. 384-404.

113 Andreas Fisahn, *Repressive Toleranz und marktkonforme Demokratie*, Köln 2022.

3
Umdeutung
Wie mit dem Rechtsstaat »Law and Order« umgesetzt wird

1 Oliver Nachtwey, *Die Abstiegsgesellschaft. Über das Aufbegehren in der regressiven Moderne*, Berlin 2016.

2 Thomas Feltes/Felix Rauls, »›Clankriminalität‹ und die ›German Angst‹. Rechtspolitische und kriminologische Anmerkungen zur Beschäftigung mit sogenannter ›Clankriminalität‹«, in: *Sozial Extra* (2020), S. 372-377, hier S. 375.

3 Günter Frankenberg/Wilhelm Heitmeyer (Hg.), *Treiber des Autoritären. Pfade von Entwicklungen zu Beginn des 21. Jahrhunderts*, Frankfurt am Main 2022.

4 Das Konzept der »sicheren Herkunftsstaaten« entstammt dem deutschen Asylkompromiss der neunziger Jahre. Der Gesetzgeber kann eine Liste angeblich sicherer Herkunftsstaaten erstellen, bei denen pauschal angenommen wird, in ihnen finde keine flächendeckende politische Verfolgung statt. Auf der Liste stehen Ghana und Senegal sowie alle Westbalkanländer. Moldau und Georgien sollen folgen (Stand 2023).

5 Zitiert nach »Merkel fordert konsequentere Abschiebungen«, Deutschlandfunk (15. Oktober 2016); online verfügbar unter: {https://www.deutschlandfunk.de/deutschlandtag-der-jungen-union-merkel-fordert-100.html}.

6 Maximilian Pichl, »Rechtskämpfe gegen die Asylrechtsverschärfungen«, in: Sonja Buckel et al. (Hg.), *Kämpfe um Migrationspolitik seit 2015*, Bielefeld 2021, S. 125-156.

7 Werner Schiffauer, »Das Ortskräfte-Debakel hat im Innenministerium seinen Ursprung«, Verfassungsblog (27. August 2021); online verfügbar unter: {https://verfassungsblog.de/das-ortskraefte-debakel-hat-im-innenministerium-seinen-ursprung/}.

8 Adriana Romer, »Aufnahmebedingungen in Italien – aktuelle Entwicklungen«, in: *Asylmagazin* 6 (2021), S. 207-214.

9 »Ellwangen: Abschiebung aus der LEA mit Gewalt verhindert«, Pressemitteilung des Polizeipräsidiums Aalen vom 2. Mai 2018; online verfügbar unter: {https://www.presseportal.de/blaulicht/pm/110969/3932909}.

10 »200 Migranten verhindern Abschiebung eines Mannes«, in: *Stuttgarter Nachrichten* (2. Mai 2018); online verfügbar unter: {https://www.stuttgarter-nachrichten.de/inhalt.fluechtlings unterkunft-ellwangen-200-migranten-verhindern-abschiebung-eines-mannes.745e54e8-00b3-4795-b47b-d430a816a10c.html}.

11 Zitiert nach Steffen Lüdke, »Asylbewerber verhinderten Abschiebung, Polizei schnappt gesuchten Togolesen«, in: *Der Spiegel* (3. Mai 2018); online verfügbar unter: {https://www.spiegel.de/politik/ellwangen-asylbewerber-verhindern-abschiebung-nun-rueckt-die-polizei-erneut-an-a-00000000-0003-0001-0000-0000 02339156}.

12 Martin Kessler, »Der Rechtsstaat darf nicht kapitulieren«, in: *Rheinische Post* (3. Mai 2018); online verfügbar unter: {https://rp-online.de/politik/deutschland/verhinderte-abschiebung-in-ellwangen-der-rechtsstaat-darf-nicht-kapitulieren_aid-22348769.

13 Eberhard Wein, »Opposition nennt Tumulte ›alarmierend‹«, in:

Stuttgarter Nachrichten (2. Mai 2018); online verfügbar unter: {https://www.stuttgarter-nachrichten.de/inhalt.erstaufnahme einrichtung-ellwangen-polizei-gibt-klein-bei-150-fluechtlinge-stoppen-abschiebung.3ae91132-3bf7-41b4-a786-cee84138b033.html}.

14 Christian Jakob, »Was geschah in Ellwangen?«, in: *taz* (3. Mai 2018); online verfügbar unter: {https://taz.de/Neuer-Blick-auf-Vorfall-in-Unterkunft/!5500584/}.

15 Benno Stieber, »Urteil zu Polizeieinsatz in Ellwangen«, in: *taz* (22. Februar 2021); online verfügbar unter: {https://taz.de/Urteil-zu-Polizeieinsatz-in-Ellwangen/!5753400/}; VGH Baden-Württemberg, Urteil v. 28.3.2022 – 1 S 1265/21.

16 Zitiert nach »Baerbock verlangt schnellere Abschiebung von Straftätern«, in: *Frankfurter Allgemeine Zeitung* (19. Dezember 2018); online verfügbar unter: {https://www.faz.net/aktuell/politik/inland/gruene-baerbock-verlangt-schnellere-abschie bung-von-straftaetern-15949180.html}.

17 Christian Jakob, »Baerbock als Boris. Die Grünen und Asylpolitik«, in: *taz* (19. Dezember 2018); online verfügbar unter: {https://taz.de/Die-Gruenen-und-Asylpolitik/!5557878/?goMobile2=15 91488000000}.

18 Verwaltungsgericht Gelsenkirchen, 8 L 1315/18, Randnummer 35.

19 »Wir brauchen Politiker, die Recht und Gesetz verteidigen«, fdp.de (18. Juli 2018); online verfügbar unter: {https://www.fdp.de/wir-brauchen-politiker-die-recht-und-gesetz-verteidigen}.

20 »›Rechtsstaat ist nicht Law and Order‹. Konstantin Kuhle im Gespräch mit Helene Bubrowski und Simon Strauß«, in: faz.net (14. Oktober 2021); online verfügbar unter: {https://www.faz.net/aktuell/politik/fdp-politiker-konstantin-kuhle-ueber-terro ristische-bedrohungen-17585050.html}.

21 Matthias Lehnert, »Faktenfreie Skandalisierung. Strafverfahren um angeblichen BAMF-Skandal eingestellt«, in: Nele Austermann et al. (Hg.), *Recht gegen rechts. Report 2022*, Frankfurt am Main 2022, S. 125-130.

22 Im Antrag der FDP hieß es: »Die Missstände im BAMF können nicht unabhängig vom politischen Umfeld bewertet werden, in dem das BAMF gezwungen war zu arbeiten«; siehe »Antrag: Einsetzung eines 2. Untersuchungsausschusses zum BAMF«, 5. Juni 2018, Bundestagsdrucksache 19/2524, S. 2; online verfügbar unter: {https://dserver.bundestag.de/btd/19/025/1902524.pdf}.

23 »Streit um Abschiebung: Gerichtspräsidentin kritisiert Druck auf Justiz im Fall Sami A.«, Interview mit Ricarda Brandt, in: *Tagesspiegel* (16. August 2018); online verfügbar unter: {https://www.tagesspiegel.de/politik/gerichtsprasidentin-kritisiert-druck-auf-justiz-im-fall-sami-a-3979330.html}.

24 Zitiert nach »Stadt Cottbus befremdet mit ›Gastrecht‹-Erklärung zu Straftat«, in: *Frankfurter Allgemeine Zeitung* (2. Januar 2019); online verfügbar unter: {https://www.faz.net/aktuell/politik/inland/stadt-cottbus-sorgt-mit-erklaerung-zu-messerattacke-fuer-unmut-15969481.html}.

25 BVerfGE 35, 382.

26 Wissenschaftlicher Dienst des Bundestags, »Zur Verwirkung von Grundrechten nach Art. 18 GG«, WD 3-3000-169/19, S. 8f.; online verfügbar unter: {https://www.bundestag.de/resource/blob/658086/50c871fb51049b9edd41539 10a0c9398/WD-3-169-19-pdf-data.pdf}.

27 Gertrude Lübbe-Wolff, »Wehrhafte Demokratie. Die Instrumente des Parteiverbots und der Grundrechtsverwirkung«. Verfassungsblog (13. Oktober 2023); online verfügbar unter: {https://verfassungsblog.de/wehrhafte-demokratie/}.

28 Heribert Prantl, »AfD – Ein Fall für Artikel 18«, in: *Süddeutsche Zeitung* (2. November 2023); online verfügbar unter: {https://www.sueddeutsche.de/meinung/bjoern-hoecke-artikel-18-grundgesetz-afd-kolumne-carlo-schmid-1.6297185?reduced=true}.

29 Daniel Loick/Vanessa E. Thompson, »Rassismus und Polizeigewalt: Was tun, damit alle atmen können?«, Deutschlandfunk Kultur (7. Juni 2020); online verfügbar unter: {https://www.deutschlandfunkkultur.de/rassismus-und-polizeigewalt-was-tun-damit-alle-atmen-koennen-100.html}.

30 Chiponda Chimbelu, »George Floyds Tod erinnert an Europas Rassismus«, Deutsche Welle (2. Juni 2020); online verfügbar unter: {https://www.dw.com/de/kommentar-george-floyds-tod-erinnert-an-europas-rassismus/a-53650095}.

31 Siehe für eine Übersicht Eddie Bruce Jones, *Race in the Shadow of the Law: State Violence in Contemporary Europe*, London 2017.

32 Zitiert nach Mike Szymanski, »SPD-Chefin ohne Freund und Helfer«, in: *Süddeutsche Zeitung* (12. Juni 2020); online verfügbar unter: {https://www.sueddeutsche.de/politik/esken-spd-rassismus-polizei-1.4933432}.

33 »Beschlussempfehlung und Bericht des 2. Untersuchungsausschusses nach Artikel 44 des Grundgesetzes«, 22. August 2013, Bundestagsdrucksache 17/14600, S. 879 f.; online verfügbar unter: {https://dserver.bundestag.de/btd/17/146/1714600.pdf}.

34 Frank Capellan, »Innere Sicherheit ist ein Thema, was Menschen im Herzen berührt«, Gespräch mit Franziska Giffey, Deutschlandfunk (20. Oktober 2018); online verfügbar unter: {https://www.deutschlandfunk.de/franziska-giffey-spd-innere-sicherheit-ist-ein-thema-was-100.html}.

35 Pascal Beucker, »›Dumm‹, ›bescheuert‹ und ›perfide‹. Kölner Polizeieinsatz an Silvester«, in: *taz* (3. Januar 2017); online verfügbar unter: {https://taz.de/Koelner-Polizeieinsatz-an-Silvester/!5367453/}.

36 @GoeringEckardt am 2. Januar 2017; online verfügbar unter: {https://twitter.com/GoeringEckardt/status/815973438334574592?lang=de}.

37 Konrad Litschko, »Wir ham Polizei. Die Grünen und die Staatsgewalt«, in: *taz* (3. Juni 2016); online verfügbar unter: {https://taz.de/Die-Gruenen-und-die-Staatsgewalt/!5306801/}.

38 »›Hauptsache hart – das kann nicht sein‹«, Interview mit Irene Mihalic, in: *Der Spiegel* (24. Juni 2020); online verfügbar unter: {https://www.spiegel.de/politik/deutschland/irene-mihalic-ueber-die-polizei-und-die-gruenen-hauptsache-hart-das-kann-nicht-sein-a-1231635c-6897-4d3f-8d94-5a5986575ffc}.

39 Zitiert nach »Grüne wollen gegen Ausbreitung der Rechten in Europa kämpfen«, in: Zeit Online (9. November 2018); online verfügbar unter: {https://www.zeit.de/news/2018-11/09/gruene-wollen-gegen-ausbreitung-der-rechten-in-europa-kaempfen-181109-99-739869}.

40 Siehe mit Kritik an dieser Aussage Wolfgang Janisch, »Die Gewalt, die uns schützt«, in: *Süddeutsche Zeitung* (26. Oktober 2018); online verfügbar unter: {https://www.sueddeutsche.de/leben/essay-die-gewalt-die-uns-schuetzt-1.4182361?reduced=true}.

41 Bündnis90/Die Grünen, »Grundsatzprogrammentwurf«, 2020, S. 40; online verfügbar unter: {https://cms.gruene.de/uploads/documents/202006_B90Gruene_Grundsatzprogramm_Entwurf.pdf}.

42 Marie Bröckling, »Staatstrojaner verhindert, Grundrechte trotzdem beschnitten«, in: *Netzpolitik* (14. März 2019); online verfügbar unter: {https://netzpolitik.org/2019/brandenburger-polizei

gesetz-staatstrojaner-verhindert-grundrechte-trotzdem-be schnitten/}.

43 Kevin Hagen, »Wie viel Law and Order verträgt die Linke?«, in: *Der Spiegel* (24. Juni 2020); online verfügbar unter: {https://www.spiegel.de/politik/deutschland/diemar-bartsch-solidarisiert-sich-mit-polizisten-wie-viel-law-and-order-vertraegt-die-linke-a-23 8444fb-4f75-413e-841d-68983686a7cd}.

44 @DietmarBartsch am 21. Juni 2020; online verfügbar unter: {https://twitter.com/DietmarBartsch/status/127468110457914 5729}.

45 Daniela Hunold/Tobias Singelnstein, »Einführung«, in: dies. (Hg.), *Rassismus in der Polizei. Eine wissenschaftliche Bestandsaufnahme*, Wiesbaden 2022, S. 1-12, hier S. 2.

46 Deutscher Gewerkschaftsbund, »Hart erkämpften Beamtenstatus sichern. Interview mit dem DGB-Vorsitzenden Reiner Hoffmann«, in: *Deutsche Polizei* 8 (2020), S. 26.

47 Laila Abdul-Rahman/Hannah Espin Grau/Luise Klaus/Tobias Singelnstein, *Gewalt im Amt. Übermäßige polizeiliche Gewaltanwendung und ihre Aufarbeitung*, Frankfurt am Main 2023.

48 Manuel Bogner/Frida Thurm, »Die Polizei weiß nicht, wie viele Menschen sie tötet«, in: *Die Zeit* (20. Februar 2023); online verfügbar unter: {https://www.zeit.de/gesellschaft/2023-02/polizeigewalt-tote-einsatz-debatte}.

49 Die Daten sind online verfügbar unter: {https://polizeischuesse.ci lip.de}.

50 Daniel Loick/Vanessa Thompson, »Die Polizei erschießt Menschen, die Mehrheit schweigt«, in: *Die Zeit* (24. September 2022); online verfügbar unter: {https://www.zeit.de/gesellschaft/2022-09/polizeigewalt-diskriminierung-rassismus-sicherheitsbehoer den-kritik}.

51 @M_Ostermann am 14. August 2022; online verfügbar unter: {https://twitter.com/M_Ostermann/status/155876302576678 0928}.

52 Walter Benjamin, *Zur Kritik der Gewalt*, Frankfurt am Main 1991 [1921], S. 189.

53 Ebd., S. 189.

54 Daniel Loick, *Kritik der Souveränität*, Frankfurt am Main 2010, S. 183.

55 Maximilian Pichl, *Untersuchung im Rechtsstaat*, Weilerswist 2022.

56 Rafael Behr, *Cop Culture – Der Alltag des Gewaltmonopols*, Wiesbaden 2008.

57 Tobias Singelnstein/Benjamin Derin, *Die Polizei. Helfer, Gegner, Staatsgewalt*, Berlin 2022, S. 260f.

58 EGMR, Hentschel und Stark gegen Deutschland, 47274/15, Urteil v. 9. 11. 2017.

59 EGMR, Basu gegen Deutschland, 215/19, Urteil v. 18. 10. 2022.

60 Lukas Theune, »Basu vs. Germany: ›Who do you call when the cops come?‹. Deutschland wird wegen Racial Profiling verurteilt«, in: *Kritische Justiz* 1 (2023), S. 128-131.

61 Marco Buschmann, »›Die Silvesterkrawalle als Ausdruck von Respektlosigkeit gegenüber dem deutschen Staat und seinen Einsatzkräften.‹ Rede von Dr. Marco Buschmann, Bundesminister der Justiz, in der Aktuellen Stunde des Deutschen Bundestages am 18. Januar 2023«; online verfügbar unter: {https://www.bmj.de/SharedDocs/Reden/DE/2023/0119_Rede_Sylvesterkravalle.html?nn=110584}.

62 @kaiwegner am 4. Januar 2023; online verfügbar unter: {https://twitter.com/kaiwegner/status/1610562103789731840}.

63 Emma Philipp, »Niedersachsens CDU schnorrt bei AfD«, in: *taz* (24. August 2022); online verfügbar unter: {https://taz.de/Haesslicher-Wahlkampf/!5876932/}.

64 Jan Petter, »CDU und CSU machen den ›Rechtsstaat‹ zum Kampfbegriff für schärfere Gesetze – warum das gefährlich ist«, in: *Der Spiegel* (20. März 2019); online verfügbar unter: {https://www.spiegel.de/panorama/starkerstaat-wie-cdu-und-csu-den-rechtsstaat-fuer-law-and-order-wahlkampf-umdeuten-a-feb5d405-5bc5-436e-bf4e-15159152430b}.

65 @_FriedrichMerz am 24. Februar 2020; online verfügbar unter: {https://twitter.com/_FriedrichMerz/status/1232013711449174017}.

66 »Mehr Fortschritt wagen. Bündnis für Freiheit, Gerechtigkeit und Nachhaltigkeit«, Koalitionsvertrag zwischen SPD, FDP und Bündnis90/Die Grünen, 2021, S. 85; online verfügbar unter: {https://www.bundesregierung.de/breg-de/aktuelles/koalitionsvertrag-2021-1990800}.

67 Wissenschaftlicher Dienst des Bundestags, »Einzelfragen zum Begriff der ›Clankriminalität‹«, WD 7-3000-058/22, S. 4; online verfügbar unter: {https://www.bundestag.de/resource/blob/908518/412cc0358be577396f964ebeaecdc9f7/WD-7-058-22-pdf-data.pdf}.

68 Feltes/Rauls, »›Clankriminalität‹ und die ›German Angst‹«, S. 372.
69 Ebd., S. 375.
70 Juliane Karakayali, »Kritische Rassismusforschung: Theorien, Konzepte, zentrale Befunde«, in: Daniela Hunold/Tobias Singelnstein (Hg.), *Rassismus in der Polizei*, Wiesbaden 2022, S. 15-32, hier S. 25.
71 »FDP legt 12-Punkte-Plan im Kampf gegen Clankriminalität vor«, Portal liberal (16. März 2023); online verfügbar unter: {https://www.liberale.de/content/fdp-legt-12-punkte-plan-im-kampf-gegen-clankriminalitaet-vor}.
72 »›Das ganze Programm‹«, Interview mit Andreas Geisel, in: *Polizeispiegel* 53 (Dezember 2019), S. 32; online verfügbar unter: {https://www.dpolg.de/fileadmin/user_upload/www_dpolg_de/pdf/polizeispiegel/Polizeispiegel_12_2019.pdf}.
73 »GdP-Sprecher zu Clan-Kriminalität in Berlin: ›Der Rechtsstaat war zu nachlässig‹«, Interview mit Benjamin Jendro, in: *Tagesspiegel* (12. September 2018); online verfügbar unter: {https://www.tagesspiegel.de/berlin/der-rechtsstaat-war-zu-nachlassig-5813938.html}.
74 Streife Redaktion, »›Der Rechtsstaat lässt sich nicht auf der Nase herumtanzen‹«, Interview mit Thomas Jungbluth, in: *Die Streife*; online verfügbar unter: {https://polizei.nrw/artikel/der-rechtsstaat-laesst-sich-nicht-auf-der-nase-herumtanzen}.
75 Deutscher Bundestag, 19. Wahlperiode, 125. Sitzung, 8. November 2019, Plenarprotokoll, S. 15668; online verfügbar unter: {https://www.bundestag.de/dokumente/protokolle/amtlicheprotokolle/ap19125-667914}.
76 Ebd., S. 15672.
77 Ebd., S. 15668.
78 Ricarda Breyton, »Endlich greift der Rechtsstaat durch«, in: *Die Welt* (8. November 2019); online verfügbar unter: {https://www.welt.de/debatte/kommentare/article203246280/Clanchef-Miri-Endlich-greift-der-Rechtsstaat-durch.html}.
79 Rainer Brandes, »Fall Miri: ›Der Rechtsstaat hat funktioniert‹«, Deutschlandfunk (8. November 2019); online verfügbar unter: {https://www.deutschlandfunk.de/fall-miri-der-rechtsstaat-funktioniert-100.html}.
80 Mohamed Amjahid, »Gewerberecht als Türöffner«, in: *taz* (20. November 2022); online verfügbar unter: {https://taz.de/Bekaempfung-von-Clan-Kriminalitaet/!5895850/}.

81 Thomas Feltes/Felix Rauls, »Clankriminalität. Aktuelle rechtspolitische, kriminologische und rechtliche Probleme«, in: *Neue Kriminalpolitik* 1 (2021), S. 96-110.

82 Ahmed Abed, »Das Konzept ›Clankriminalität‹. Institutioneller Rassismus, Razzien in Shisha-Bars und der Anschlag von Hanau«, in: Benjamin Derin et al. (Hg.), *Grundrechtereport 2021*, Frankfurt am Main 2022, S. 101-108.

83 Doris Liebscher, »Clans statt Rassen – Modernisierungen des Rassismus als Herausforderungen für das Recht«, in: *Kritische Justiz* 4 (2020), S. 529-544, hier S. 540.

84 Toralf Nöding, »Der Kampf gegen die ›Clankriminalität‹ aus Sicht eines Strafverteidigers. Verrät der Rechtsstaat seine Prinzipien?«, in: *Kritische Justiz* 2 (2021), S. 232-246.

85 Deutsches Institut für Menschenrechte, *Nach den Morden in Hanau: Menschenrechtliche Verpflichtungen zum Schutz vor und zur effektiven Strafverfolgung von rassistischer und rechtsextremer Gewalt umsetzen*, Berlin, 2020, S. 7; Juliane Karakayali, »Rassismus und rechtsextremer Terrorismus. Kontinuitäten und Veränderungen im gesellschaftlichen Umgang mit Rassismus im Kontext von rechtsextremistischem Terrorismus«, NSU Watch Info (10. November 2021); online verfügbar unter: {https://www.nsu-watch.info/2021/11/rassismus-und-rechtsextremer-terrorismus-kontinuitaeten-und-veraenderungen-im-gesellschaftlichen-umgang-mit-rassismus-im-kontext-von-rechtsextremistischem-terrorismus/}.

86 Tom Jennissen/Louisa Zech, »Mythos ›Clankriminalität‹: Die Ethnisierung von Kriminalität«, in: *CILIP/Bürgerrechte & Polizei* 129 (2022); online verfügbar unter: {https://www.cilip.de/2022/08/12/mythos-clankriminalitaet-die-ethnisierung-von-kriminalitaet/#more-20219}.

87 Maximilian Steinbeis, »Das Abgebildete«, in: Verfassungsblog (10. März 2023); online verfügbar unter: {https://verfassungsblog.de/das_abgebildete/}.

88 BVerfG, Beschluss des Ersten Senats vom 24. März 2021 – 1 BvR 2656/18 –, Rn. 1-270.

89 Roda Verheyen, *Wir alle haben ein Recht auf Zukunft*, München 2023, S. 17ff.

90 Daniel Mullis, »Ungehorsamer Klimaprotest: Proteste werden intensiver – eine Radikalisierung in die Gewalt ist nicht in Sicht«, Blog des Leibniz-Instituts für Friedens- und Konfliktforschung

(20. Februar 2023); online verfügbar unter: {https://blog.prif.org/2023/02/20/ungehorsamer-klimaprotest-proteste-werden-intensiver-eine-radikalisierung-in-die-gewalt-ist-nicht-in-sicht/}.

91 Samira Akbarian, »Ziviler Ungehorsam als Verfassungsinterpretation«, Tübingen, 2023.

92 Jürgen Habermas, »Ziviler Ungehorsam – Testfall für den demokratischen Rechtsstaat. Wider den autoritären Legalismus in der Bundesrepublik«, in: Andreas Braune (Hg.), *Ziviler Ungehorsam. Texte von Thoreau bis Occupy*, Stuttgart 2017 [1983], S. 209-228.

93 Robin Celikates, »Protest in der Klimakrise: Die Legitimität zivilen Ungehorsams«, in: *Blätter für deutsche und internationale Politik* 2 (2023), S. 99-106, hier S. 103.

94 Erhard Denninger, »Demonstrationsfreiheit und Polizeigewalt«, in: ders./Klaus Lüderssen, *Polizei und Strafprozeß im demokratischen Rechtsstaat*, Frankfurt am Main 1978, hier S. 134.

95 »Antrag der Fraktion der CDU/CSU. Straßenblockierer und Museumsrandalierer härter bestrafen – Menschen und Kulturgüter vor radikalem Protest schützen«, 8. November 2022, Bundestagsdrucksache 20/4310; online verfügbar unter: {https://dserver.bundestag.de/btd/20/043/2004310.pdf}.

96 @RonjaKemmer (4. November 2022); online verfügbar unter: {https://twitter.com/RonjaKemmer/status/1588600382397505536}.

97 @christophploss (13. November 2022); online verfügbar unter: {https://twitter.com/christophploss/status/1591809983146250240?lang=de}.

98 @andreasscheuer (25. November 2022); online verfügbar unter: {https://twitter.com/andreasscheuer/status/1596037092383289345?lang=de}.

99 *Frankfurter Allgemeine Zeitung* (23. Dezember 2022).

100 @_FriedrichMerz (13. Dezember 2022); online verfügbar unter: {https://twitter.com/_FriedrichMerz/status/1602672548621307907}.

101 @Wissing (8. Dezember 2022); online verfügbar unter: {https://twitter.com/Wissing/status/1600823968105000960}.

102 Siehe dazu die Debattenbeiträge in: Maxim Bönnemann (Hg.): *Haften und Kleben. Ziviler Ungehorsam in der Klimakrise*, Verfassungsbooks, Berlin 2023, hier ab S. 109ff.

103 @_FriedrichMerz (10. Januar 2023); online verfügbar unter:

{https://twitter.com/_FriedrichMerz/status/1612938082759708672}.

104 Damit sind die größten Öl-, Gas- und Kohlekonzerne gemeint, die am stärksten zum Ausstoß von CO_2 beigetragen haben.

105 »›Frau Neubauer weiß nicht, wie ein Rechtsstaat funktioniert‹«, Interview mit Herbert Reul, in: *Cicero* (21. Januar 2023); online verfügbar unter: {https://www.cicero.de/lutzerath-reul-polizei-berlin-klimaproteste-cdu-grune}.

106 Wolfgang Janisch, »Die Gewalt, die uns schützt«, in: *Süddeutsche Zeitung* (27. Oktober 2018), S. 49.

4
Usurpation
Wie der Rechtsstaat gekapert wird

1 Rudolf Kleinschmidt, »Die Rechte und das Recht«, in: Stephan Braun/Alexander Geisler/Martin Gerster (Hg.), *Strategien der extremen Rechten. Hintergründe – Analysen – Antworten*, Wiesbaden 2009, S. 358-377, hier S. 377.

2 Ebd., S. 359-368.

3 Lucius Teidelbaum, »Die Anwält*innen«, in: *Der rechte Rand* 199 (2022), S. 18f.

4 Theodor W. Adorno, *Aspekte des neuen Rechtsradikalismus. Ein Vortrag*, Berlin 2019, S. 22f.

5 Ebd., S. 23.

6 John E. Finn, *Fracturing the Founding: How the Alt-Right Corrupts the Constitution*, Lanham 2019, S. 13.

7 Matthias Quent, *Rassismus, Radikalisierung, Rechtsextremismus*, Weinheim/Basel 2016, S. 102.

8 Doris Liebscher, *Rasse im Recht – Recht gegen Rassismus*, Berlin 2021, S. 203.

9 Sonja Buckel, »Zwischen Schutz und Maskerade – Kritik(en) des Rechts«, in: Alex Demirovic (Hg.), *Kritik und Materialität*, Münster 2008, S. 110-131, hier S. 123.

10 Pierre Bourdieu, »Die Kraft des Rechts. Elemente einer Soziologie des juridischen Feldes«, in: Andrea Kretschmann (Hg.), *Das Rechtsdenken Pierre Bourdieus*, Weilerswist 2019, S. 35-75, hier S. 38.

11 Sarah Katharina Stein, »Dobbs kills Roe. Das Recht auf Abtreibung in den USA«, Verfassungsblog (27. Juni 2022); online verfügbar unter: {https://verfassungsblog.de/dobbs-kills-roe/}.
12 Buckel, »Zwischen Schutz und Maskerade – Kritik(en) des Rechts«, S. 123.
13 Matthias Kolb, »Amerikas Juristen – Helden der Anti-Trump-Bewegung«, in: *Süddeutsche Zeitung* (6. Februar 2017).
14 Natascha Strobl, *Radikalisierter Konservatismus. Eine Analyse*, Berlin 2021, S. 96.
15 Wolfgang Janisch, »Im Namen der Regierung«, in: *Süddeutsche Zeitung* (27. März 2023); online verfügbar unter: {https://www.sueddeutsche.de/politik/rechtsstaat-justiz-verfassungsgericht-gewaltenteilung-druck-1.5775824}.
16 Günter Frankenberg, *Autoritarismus. Verfassungstheoretische Perspektiven*, Berlin 2020, S. 136.
17 Ebd., S. 134ff.
18 Sonja Buckel, »Die Bürde der subjektiven Rechte – Eine Auseinandersetzung mit der Rechtsphilosophie Christoph Menkes«, in: *Kritische Justiz* 4 (2017), S. 461-474, hier S. 468.
19 Alain de Benoist, *Kulturrevolution von rechts. Gramsci und die Nouvelle Droite*, Dresden 2017, S. 29.
20 Samuel Salzborn, *Angriff der Antidemokraten. Die völkische Rebellion der Neuen Rechten*, Weinheim 2017, S. 38.
21 Peter C. Caldwell, »Conservative Critiques of the Rechtsstaat«, in: Jens Meierheinrich/Martin Loughlin (Hg.): *The Cambridge Companion to the Rule of Law*, Cambridge 2021, S. 278-294, hier S. 281.
22 Karlheinz Weißmann/Erik Lehnert (Hg.), *Staatspolitisches Handbuch*, Bd. 1: *Leitbegriffe*, 2. Auflage, Schnellroda 2018, S. 7.
23 Ebd., S. 9.
24 Ebd., S. 9.
25 Ebd., S. 113.
26 Ebd., S. 114.
27 Dimitrios Kisoudis, »Rechtsstaat, Sozialstaat und Ordnungsstaat«, in: *Sezession* 98 (2020), S. 22-26, hier S. 22.
28 Ebd., S. 25.
29 Ebd.
30 Ebd.
31 Ebd.
32 Götz Kubitschek, »Pegida-Rede vom 5. X. 2015«; online verfüg-

bar unter: {https://sezession.de/wp-content/uploads/2015/10/pegida510.pdf}.

33 Thor von Waldstein, »Zum politischen Widerstandsrecht der Deutschen«, in: *Sezession* (2015); online verfügbar unter: {https://www.sezession.de/wp-content/uploads/2015/10/widerstandsrecht-waldstein1.pdf}.

34 Vera Lengsfeld, »Meinungsfreiheit in ›Merkel-Deutschland‹?«, in: *Faktum* 1 (2020), S. 30-35, hier S. 31.

35 Jonas Fedders, »Kulturrevolution von rechts. Die Diskursstrategien der Neuen Rechten«, in: Eva Berendsen/Katharina Rhein/Tom David Uhlig (Hg.), *Extrem unbrauchbar. Über Gleichsetzungen von links und rechts*, Berlin 2019, S. 213-225, hier S. 222.

36 Götz Kubitschek, *Provokation*, Schnellroda 2007, S. 23ff.

37 Strobl, *Radikalisierter Konservativismus*, S. 27.

38 Martin Sellner, *Identitär! Geschichte eines Aufbruchs*, Schnellroda 2017, S. 131.

39 Ebd., S. 131.

40 Thor von Waldstein, *Metapolitik. Theorie – Lage – Aktion*, Schnellroda 2019, S. 25.

41 Sellner, *Identitär!*, S. 201.

42 Ebd., S. 134.

43 Ebd., S. 199.

44 Ebd., S. 134.

45 Roland Woldag, »Deutschland: Vom Rechtsstaat zur Kanzlerinnendiktatur«, in: *Sezession* (2016); online verfügbar unter: {https://sezession.de/52919/deutschland-vom-rechtsstaat-zur-kanzlerinnendiktatur}.

46 Nicolaus Fest, »Ermächtigung ohne Gesetz«, in: *Junge Freiheit* (24. Januar 2016).

47 Woldag, »Deutschland: Vom Rechtsstaat zur Kanzlerinnendiktatur«.

48 Sellner, *Identitär!*, S. 200.

49 Thor von Waldstein, *»Wir Deutsche sind das Volk.« Zum politischen Widerstandsrecht der Deutschen nach Art. 20 IV Grundgesetz in der »Flüchtlingskrise«*, Schnellroda 2016.

50 Interview mit Georg Restle, in: Radio Dreyeckland, »Historisches Tagessinfo. Tagesinfo von Freitag, 09.03.1990«; online verfügbar unter: {https://rdl.de/beitrag/tagesinfo-vom-9-m-rz-1990}.

51 Dietrich Murswiek, »Nationalstaatlichkeit, Staatsvolk und Ein-

wanderung«, in: Otto Depenheuer/Christoph Grabenwarter (Hg.), *Der Staat in der Flüchtlingskrise. Zwischen gutem Willen und geltendem Recht*, Paderborn 2017, S. 125-141, hier S. 135.

52 Kai Biermann/Astrid Geisler, »Der Ratgeber der AfD«, ZEIT Online (22. November 2018); online verfügbar unter: {https://www.zeit.de/politik/deutschland/2018-11/afd-gutachten-dietrich-murswiek-parteispenden}.

53 *Cicero* (23. Februar 2016).

54 Dietrich Murswiek, »Staatsvolk, Demokratie und Einwanderung im Nationalstaat des Grundgesetzes«, in: Susanne Baer et al. (Hg.), *Jahrbuch des öffentlichen Rechts* 66 (2018), S. 385-429, hier S. 427.

55 Ingeborg Maus, *Zur Aufklärung der Demokratietheorie. Rechts- und demokratietheoretische Überlegungen im Anschluß an Kant*, Frankfurt am Main, 1994, S. 205.

56 Andreas Fischer-Lescano, »Rechte und Rechtswissenschaft«, Verfassungsblog (29. September 2019); online verfügbar unter: {https://verfassungsblog.de/rechte-und-rechtswissenschaft/}.

57 Maximilian Steinbeis, »Wie sturmfest ist das Grundgesetz? Zur Gefahr der rechtspopulistischen Aushebelung der Verfassung«, in: Nele Austermann et al. (Hg.), *Recht gegen rechts. Report 2020*, Frankfurt am Main 2020, S. 47-54.

58 Jan Rathje, »Eine neue rechtsterroristische Bedrohung? Souveränismus von ›Reichsbürgern‹ und anderen in Deutschland«, in: *Wissen schafft Demokratie* 6 (2019), S. 158-167.

59 Thomas Greven, »Der Staat als Feind: Reichsbürger und Sovereign Citizens«, in: *Blätter für deutsche und internationale Politik* 2 (2023), S. 119-127, hier S. 121.

60 Klaus Naumann, »Brandmauern und Brückendiskurse. Rechtsextremismus in der Bundeswehr«, in: *Politikum* 4 (2021), S. 24-29, hier S. 28.

61 Werner Schulz, »Die Einheit hätte eine neue deutsche Verfassung gebraucht«, in: *Die Welt* (11. September 2019); online verfügbar unter: {Die Deutsche Einheit hätte eine neue Verfassung gebraucht -- WELT}.

62 Martin Sellner, »Reichsbürger und ›Verfassungswende‹«, in: *Sezession* (17. Dezember 2022); online verfügbar unter: {https://sezession.de/66914/reichsbuerger-und-verfassungswende}.

63 Marcus Bensmann et al., »Geheimplan gegen Deutschland«, Correctiv (10. Januar 2024); online verfügbar unter: {https://correctiv.

org/aktuelles/neue-rechte/2024/01/10/geheimplan-remigration-vertreibung-afd-rechtsextreme-november-treffen}.

64 Jörg Meuthen/Alexander Gauland, »Die AfD als Rechtsstaatspartei bedarf keiner Belehrungen«, afd.de (11. September 2018); online verfügbar unter: {https://www.afd.de/meuthen-gauland-die-afd-als-rechtsstaatspartei-bedarf-keiner-belehrungen/}.

65 Gottfried Curio, *Vom Rechtsstaat zum Gesinnungsstaat*, Youtube (17. August 2019); online verfügbar unter: {https://www.youtube.com/watch?time_continue=1&v=LpD82R6Q420&embeds_euri=https%3A%2F%2Fjuergenfritz.com%2F&feature=emb_logo}.

66 Maximilian Pichl/Eric von Dömming, »Autoritäre Inszenierung und Umdeutung – Die Rechtspolitik der ›Alternative für Deutschland‹«, in: *Kritische Justiz* 3 (2020), S. 299-310.

67 Alternative für Deutschland, *Programm für Deutschland. Das Grundsatzprogramm der Alternative für Deutschland*, 2016, S. 6; online verfügbar unter: {https://www.afd.de/wp-content/uploads/2023/05/Programm_AfD_Online_.pdf}.

68 Wilhelm Heitmeyer, *Autoritäre Versuchungen. Signaturen der Bedrohung I*, Berlin 2018, S. 234ff.; Wilhelm Heitmeyer/Manuela Freiheit/Peter Sitzer, *Rechte Bedrohungsallianzen. Signaturen der Bedrohung II*, Berlin 2020, S. 104ff.

69 Alternative für Deutschland, *Programm für Deutschland*, S. 10.

70 Christine Nordmann, »Der späte Rauswurf des AfD-Richters Jens Maier«, in: Nele Austermann et al. (Hg.), *Recht gegen rechts. Report 2023*, Frankfurt am Main 2023, S. 33-40.

71 Maximilian Pichl, *Untersuchung im Rechtsstaat. Eine deskriptiv-kritische Beobachtung der parlamentarischen Untersuchungsausschüsse zur NSU-Mordserie*, Weilerswist 2022, S. 302ff.

72 Carolin Amlinger/Oliver Nachtwey, »Libertär und autoritär. Wie das Ich auf Kosten der Gemeinschaft regiert«, in: *Blätter für deutsche und internationale Politik* 2 (2023), S. 107-117, hier S. 112.

73 Ulf Buermeyer, »(Versammlungs-)Freiheit im Corona-Stresstest. Zur Sorge um den Bestand des liberalen Rechtsstaats besteht kein Anlass«, in: Heike Kleffner/Matthias Meisner (Hg.), *Fehlender Mindestabstand*, Freiburg 2021, S. 320-325, hier S. 321.

74 Marie Diekmann/Lea Welsch, »Die neuen Rechten und der Streit um Meinungsfreiheit«, in: *Kritische Justiz* 3 (2020), S. 286-298, hier S. 293f.

75 Deutscher Bundestag, 19. Wahlperiode, 101. Sitzung, 16. Mai 2019,

Plenarprotokoll, S. 12147; online verfügbar unter: {https://www.bundestag.de/dokumente/protokolle/amtlicheprotokolle/ap19101-643566}.

76 Hendrik Cremer, *Nicht auf dem Boden des Grundgesetzes. Deutsches Institut für Menschenrechte, Analyse*, Berlin 2021; ders., *Staatliche Gelder für rassistische und rechtsextreme Bildungsarbeit. Deutsches Institut für Menschenrechte, Analyse*, Berlin 2022.

77 Deutscher Bundestag, 19. Wahlperiode, 101. Sitzung, 16. Mai 2019, Plenarprotokoll, S. 12147; online verfügbar unter: {https://www.bundestag.de/dokumente/protokolle/amtlicheprotokolle/ap19101-643566}.

78 Zitiert nach Katja Thorwarth, »AfD-Chefin Weidel will ›lockerer‹ mit Homophobie umgehen«, in: *Frankfurter Rundschau* (8. August 2022); online verfügbar unter {https://www.fr.de/politik/sommerinterview-zdf-alice-weidel-homophobie-lockerer-umgehen-91712469.html}.

79 Pichl/von Dömming, »Autoritäre Inszenierung und Umdeutung – Die Rechtspolitik der ›Alternative für Deutschland‹«.

80 Sebastian Hennig/Björn Höcke, *Nie zweimal in denselben Fluss*, Lüdinghausen und Berlin 2018, S. 203.

81 Tore Vetter, »Unheimlich unpolitisch. Warum die derzeitige Ausbildung furchtbare Jurist*innen fördert«, in: Nele Austermann et al. (Hg.), *Recht gegen rechts. Report 2020*, Frankfurt am Main 2020, S. 63-70.

82 Dana Schmalz, »›Migration tötet‹. NPD-Narrative in einem Urteil des Verwaltungsgerichts Gießen«, in: Nele Austermann et al. (Hg.), *Recht gegen rechts. Report 2020*, Frankfurt am Main 2020, S. 149-155.

83 BVerfG v. 1.7.2021 – 2 BvR 890/20.

84 Matthias Fahrner, »Rechte Richter*innen und verbale Ausfälle. Die Grenzen der Unabhängigkeit am Beispiel des Amtsgerichts Zittau«, in: Nele Austermann et al. (Hg.), *Recht gegen rechts. Report 2022*, Frankfurt am Main 2022, S. 145-150.

85 Joachim Wagner, *Rechte Richter. AfD-Richter, -Staatsanwälte und -Schöffen: Eine Gefahr für den Rechtsstaat?*, Berlin 2021.

86 Siehe die *Recht gegen rechts*-Reports aus den Jahren 2020, 2022, 2023 und 2024. Der Autor ist Mitherausgeber des Reports.

87 Mike Mincsek, »Bewirb dich jetzt für das Schöffenamt«, 18. Januar 2023; online verfügbar unter: {https://mikemoncsek.de/bewirb-dich-jetzt-fuer-das-schoeffenamt/}.

88 »Richter-Verband warnt: Rechte Gruppen mobilisieren für Schöffenwahl«, in: *Tagesspiegel* (13. März 2023); online verfügbar unter: {https://www.tagesspiegel.de/politik/richter-verband-warnt-rechte-gruppen-mobilisieren-fur-schoffenwahl-9494267.html}.

89 Susanne Müller, »Schöff*innen von rechts außen? Die Abwehr verfassungsfeindlicher ehrenamtlicher Richterinnen und Richter«, in: Nele Austermann et al. (Hg.), *Recht gegen rechts. Report 2023*, Frankfurt am Main 2023, S. 89-96, hier S. 92.

90 Paul Middelhoff/Markus Sehl, »Die Rechtshaber«, in: *Die Zeit* (9. Juni 2020).

91 Thor von Waldstein, »›Die Würde des Deutschen ist antastbar‹ – 10 Thesen zum Grundgesetz«, in: *Sezession* (1. Dezember 2021); online verfügbar unter: {https://sezession.de/66627/die-wuerde-des-deutschen-ist-antastbar-10-thesen-zum-grund gesetz}.

92 BVerfG, Beschluss des Zweiten Senats v. 11. 12. 2018 – 2 BvE 1/18.

93 Verfassungsgericht des Landes Brandenburg, Urteil v. 23. 10. 2020, VfgBbg 9/19, VfgBbg 55/19; Verfassungsgerichtshof Thüringen, Urteil v. 15. 7. 2020, 2/20.

94 Cara Röhner, »Gerechte Staatlichkeit. Zur politischen Gleichheit von Frauen in der Demokratie und dem Bedarf eines Paritätsgesetzes«, in: *Zeitschrift des Deutschen Juristinnenbundes* 3 (2019), S. 125-128.

95 VGH Hessen, Urteil v. 11. 7. 2017 – 8 B 1144/17; BVerfG, Urteil des Zweiten Senats v. 27. 2. 2018 – 2 BvE 1/16; BVerfG, Urteil des Zweiten Senats v. 9. 6. 2020 – 2 BvE 1/19; BVerfG, Urteil des Zweiten Senats v. 15. 6. 2022 – 2 BvE 4/20.

96 Markus Sehl/Claudia Kornmeier, »Strategische Klagen von rechts. Seehofer verliert gegen die AfD in Karlsruhe«, in: Nele Austermann et al. (Hg.), *Recht gegen rechts. Report 2022*, Frankfurt am Main 2022, S. 93-99, hier S. 94.

97 Zur Kritik des Urteils siehe Matthias Hong, »Das Merkel-Urteil des Bundesverfassungsgerichts. Eine verpasste Chance, den Willen zur Verfassung zu stärken«, in: Austermann et al. (Hg.), *Recht*, S. 127-133; Mehrdad Payandeh, »Maßstabssetzung durch Subsumtion. Das Urteil des Bundesverfassungsgerichts zu den Äußerungsbefugnissen der Bundeskanzlerin«, Verfassungsblog (17. Juni 2022); online verfügbar unter: {https://verfassungsblog.de/masstabssetzung-durch-subsumtion/}.

98 Stephan Detjen/Maximilian Steinbeis, *Die Zauberlehrlinge. Der Streit um die Flüchtlingspolitik und der Mythos vom Rechtsbruch*, Stuttgart 2019.

99 Otto Depenheuer/Christoph Grabenwarter, »Vorwort«, in: dies. (Hg.), *Der Staat in der Flüchtlingskrise*, S. 7-8, hier S. 7.

100 Ulrich Vosgerau, »Herrschaft des Unrechts«, in: *Cicero* (19. November 2015), S. 92-98.

101 Martin Steinhagen, *Rechter Terror. Der Mord an Walter Lübcke und die Strategie der Gewalt*, Hamburg 2021, S. 213.

102 »›Es geht häufig um gefühltes Recht‹«, Interview mit Andreas Voßkuhle, in: *Süddeutsche Zeitung* (25. Juli 2018).

103 Artikel 17 der Dublin-III-Verordnung; der deutsche Text der Verordnung ist online verfügbar unter: {https://eur-lex.europa.eu/legal-content/DE/TXT/?uri=CELEX:32013R0604}.

104 EuGH, Urteil vom 27. Juli 2017, C-646/16 Jafari gegen Österreich und c-490/16 A.S. gegen Slowenien.

105 Detjen/Steinbeis, *Die Zauberlehrlinge*, S. 206.

106 »Ein neuer Aufbruch für Europa. Eine neue Dynamik für Deutschland. Ein neuer Zusammenhalt für unser Land. Koalitionsvertrag zwischen CDU, CSU und SPD. 19. Legislaturperiode«, 12. März 2018, S. 103; online verfügbar unter: {https://archiv.cdu.de/system/tdf/media/dokumente/koalitionsvertrag_2018.pdf?file=1&type=field_collection_item&id=15997}.

107 Zitiert nach »›Eine Situation wie im Sommer 2015 darf sich nicht wiederholen‹«, in: *Der Spiegel* (6. Dezember 2016); online verfügbar unter: {https://www.spiegel.de/politik/deutschland/angela-merkel-bei-cdu-parteitag-fluechtlingskrise-darf-sich-nicht-wiederholen-a-1124599.html}.

108 Anuscheh Farahat/Nora Markard, »Recht an der Grenze: Flüchtlingssteuerung und Schutzkooperation in Europa«, in: *Juristenzeitung* 22 (2017), S. 1088-1097.

109 Trotzdem war die Flüchtlingsbewegung nicht die Ursache für die Ausbreitung des autoritären Nationalradikalismus der AfD, weil die extrem rechten Einstellungspotenziale schon lange vorher vorhanden waren, vergleiche Heitmeyer, *Autoritäre Versuchungen*, S. 344ff.

110 Der Begriff stammt aus der Neuen Rechten und subsumiert unterschiedliche faschistische und rechtsnationale Autoren aus der Weimarer Republik unter eine gemeinsame Denkschule.

111 *Bild am Sonntag* (12. Mai 2018).

5
Umbau
Wie Europa (erfolglos) versucht, die Rechtsstaatskrise einzudämmen

1 Eine deutsche Übersetzung der Rede ist online verfügbar unter: {https://www.europa-union.de/fileadmin/files_eud/PDF-Dateien_EUD/Allg._Dokumente/Churchill_Rede_19.09.194}.
2 Sonja Buckel/Fabian Georgi/John Kannankulam/Jens Wissel, »›... wenn das Alte nicht stirbt und das Neue nicht zur Welt kommen kann‹. Kräfteverhältnisse in der europäischen Krise«, in: Forschungsgruppe »Staatsprojekt Europa« (Hg.), *Die EU in der Krise. Zwischen autoritärem Etatismus und europäischem Frühling*, Münster 2012, S. 11-48, hier S. 11.
3 Martin Sellner, »Von Ungarn lernen«, in: *Sezession* (1. Februar 2016); online verfügbar unter: {https://sezession.de/57178/von-ungarn-lernen}.
4 Pressemitteilung der AfD-Fraktion im Deutschen Bundestag vom 9. April 2018; online verfügbar unter: {https://afdbundestag.de/alice-weidel-alexander-gauland-wahlerfolg-victor-orban-bleibt-regierungschef-in-ungarn/}.
5 Alexander Dobrindt, »›Wir brauchen eine bürgerlich-konservative Wende‹«, in: *Die Welt* (4. Januar 2018); online verfügbar unter: {https://www.welt.de/debatte/kommentare/plus172133774/Warum-wir-nach-den-68ern-eine-buergerlich-konservative-Wende-brauchen.html}.
6 Dana Schmalz, »Die andere Rechtsstaatlichkeitskrise«, Verfassungsblog (28. Oktober 2021); online verfügbar unter: {https://verfassungsblog.de/die-andere-rechtsstaatlichkeitskrise/}.
7 Kim Lane Scheppele, »Autocratic Legalism«, in: *The University of Chicago Law Review* 85/2 (2018), S. 545-584
8 Ebd., S. 562.
9 Ebd., S. 567.
10 Günter Frankenberg, *Autoritarismus. Verfassungstheoretische Perspektiven*, Berlin 2020, S. 92.
11 Támas Lánczi, »Why Fidesz Lost: A Successful Government and Unsuccessful Party«, in: Peter Ucen/Jan Erik Surotchak (Hg.), *Why We Lost. Explaining the Rise and Fall of the Center-Right Parties in Central Europe, 1996-2002*, Bratislava 2005, S. 31-49, hier S. 32.
12 Moritz Elliesen, »Das Ende des Zukunftsversprechens: Strategie,

Wandel und Aufstieg von Fidesz im Kontext der postsozialistischen Transformation«, Forschungsgruppe Staatsprojekt Europa Working Papers, Nr. 2, 2019, S. 49; online verfügbar unter: {http://staatsprojekt-europa.eu/wp-content/uploads/2019/08/Elliesen-2019-SPEU_WP02.pdf}.

13 Viktor Orbán, »Rede auf der 25. Freien Sommeruniversität in Băile Tuşnad (Rumänien)«, 26. Juli 2014; online verfügbar unter: {https://pusztaranger.wordpress.com/2014/08/01/viktor-orbans-rede-auf-der-25-freien-sommeruniversitat-in-baile-tusnad-rumanien-am-26-juli-2014/}.

14 Krisztián Ungváry, »Rückkehr der Geschichte? Orbán & Horthy: ein Regimevergleich«, in: *Osteuropa* 3/5 (2018), S. 351-368, hier S. 362.

15 EuGH C-286/12.

16 Günter Frankenberg/Wilhelm Heitmeyer, »Autoritäre Entwicklungen. Bedrohungen pluralistischer Gesellschaften und moderner Demokratien in Zeiten der Krise«, in: dies. (Hg.), *Treiber des Autoritären. Pfade von Entwicklungen zu Beginn des 21. Jahrhunderts*, Frankfurt am Main 2022, S. 15-86, hier S. 59.

17 Magdalena Marsovszky, »Geschlossene Gesellschaft. Zu den ideologischen Hintergründen der völkischen Entwicklung in Ungarn«, in: dies./Andreas Koob/Holger Marcks (Hg.), *Mit Pfeil, Kreuz und Krone. Nationalismus und autoritäre Krisenbewältigung in Ungarn*, Münster 2013, S. 13-62.

18 Renáta Uitz, »Can You Tell When an Illiberal Democracy Is in the Making? An Appeal to Comparative Constitutional Scholarship from Hungary«, in: *International Journal of Constitutional Law* 13/1 (2015), S. 279-300.

19 Czeslaw Kulesza/Gavin Rae, »The Law and Justice Party and Poland's Turn to the Right«, Paper für das transform! European Network for Alternative Thinking and Political Dialogue, Brüssel 2017, S. 3; online verfügbar unter: {https://transform-network.net/wp-content/uploads/2023/05/raekulesza_paper_final_19_01_2017.pdf}.

20 Armin von Bogdandy/Luke Dimitrios Spieker, »Die schwierige Rückkehr zum Rechtsstaat«, in: *Frankfurter Allgemeine Zeitung* (16. November 2023), S. 6.

21 Ebd.

22 Marek Matraszek, »Victories, Defeats, Reconfigurations and Reinventions of the Polish Right«, in: Peter Ucen/Jan Erik Surotchak

(Hg.), *Why We Lost. Explaining the Rise and Fall of the Center-Right Parties in Central Europe, 1996-2002*, Bratislava 2005, S. 89-99.

23 Marta Bucholc, »Die Politisierung des Rechts in Polen. Über den Prozess der Entzivilisierung«, in: Christian Schmidt/Benno Zabel (Hg.), *Politik im Rechtsstaat*, Baden-Baden 2021, S. 193-216, hier S. 198.

24 József Szájer, »Rule of Law Should Apply Equally to All EU Institutions,Too!«, in: *About Hungary* (13. November 2020); online verfügbar unter: {https://abouthungary.hu/blog/rule-of-law-should-apply-equally-to-all-eu-institutions-too}.

25 Laurenz Gehrke, »Poland, Hungary to Set up Rule of Law Institute to Counter Brussels«, in: *Politico* (29. September 2020); online verfügbar unter: {https://www.politico.eu/article/poland-and-hungary-charge-brussels-with-double-standards-on-rule-of-law/}.

26 Martin Dahms, »Der beschädigte Rechtsstaat«, in: *Redaktionsnetzwerk Deutschland* (21. August 2022); online verfügbar unter: {https://www.rnd.de/politik/spanien-der-beschaedigte-rechts staat-eu-kommission-besorgt-BJSHYYER6RH7LPOZSN3 ABCCJWM.html}.

27 Nézőpont-Institut, »Jelentés a jogállamiság helyzetéről az Európai Unió intézményeiben«, 2023; online verfügbar unter: {https://nezopont.hu/wp-content/uploads/2023/02/Jelentes-a-jogalla misag-helyzeterol-az-Europai-Unio-intezmenyeiben-1.pdf}.

28 @zoltanspox am 15. Februar 2023; online verfügbar unter: {https://twitter.com/zoltanspox/status/1625775750623158273?lang=bg}.

29 Isabel Colyer, »The Polish Law and Justice Party's Strategic Approach to Its Relationship With the European Union«, in: *Undergraduate Journal of Humanistic Studies* 11 (2021), S. 1-19, hier S. 5.

30 Viktor Orbán, »Rede auf der 29. Freien Sommeruniversität in Bálványos«, Baile Tusnad, 28. Juli 2018; online verfügbar unter: {https://2015-2022.miniszterelnok.hu/viktor-orbans-rede-auf-der-29-freien-sommeruniversitat-in-balvanyos/}.

31 Viktor Orbán, »Viktor Orbáns Rede auf der 31. Freien Sommeruniversität in Bálványos«, Baile Tusnad, 23. Juli 2022; online verfügbar unter: {https://2015-2022.miniszterelnok.hu/viktor-orbans-rede-auf-der-31-freien-sommeruniversitat-in-balvanyos/}.

32 Eszter Kováts, »Die ›wahren Konservativen‹ und die kulturelle

Hegemonie«, in: Vojin Saša Vukadinović (Hg.), *Randgänge der Neuen Rechten. Philosophie, Minderheiten, Transnationalität*, Bielefeld 2021, S. 341-365, hier S. 356.

33 Ebd., S. 357f.

34 Marta Bucholc, »The Rule of Law as a Postcolonial Relic: The Narrative of the Polish Right«, in: *Zeitschrift für Rechtssoziologie* 42/1 (2022), S. 43-66.

35 Philipp Ther, *Die neue Ordnung auf dem alten Kontinent. Eine Geschichte des neoliberalen Europa*, Berlin 2014.

36 Bucholc, »Rule of Law«, S. 50.

37 Ebd., S. 60.

38 Zoltán Kovács, »Rule of Law Warriors Are not Promoting European Values, They're Pushing a Political Agenda«, in: *Euractiv* (22. Oktober 2020); online verfügbar unter: {https://www.euractiv.com/section/politics/opinion/rule-of-law-warriors-are-not-promoting-european-values-theyre-pushing-a-political-agenda/}.

39 Paul Lendvai, *Orbáns Ungarn*, Wien 2016, S. 100.

40 »Prime Minister Viktor Orbán's Statement on Hungarian Government Veto of EU's Budgetary Legislative Package«, 18. November 2020; online verfügbar unter: {https://abouthungary.hu/prime-minister/prime-minister-viktor-orbans-statement-on-hungarian-government-veto-of-eus-budgetary-legislative-package}.

41 Katarina Barley, »Demokratische Notwehr. Kann der neue Rechtsstaatsmechanismus die Grundwerte der EU effektiv schützen?«, in: Nele Austermann et al. (Hg.), *Recht gegen rechts. Report 2022*, Frankfurt am Main 2022, S. 47-53, hier S. 49.

42 Der Bericht ist online verfügbar unter: {https://commission.europa.eu/strategy-and-policy/policies/justice-and-fundamental-rights/upholding-rule-law/rule-law/rule-law-mechanism/2022-rule-law-report_de}.

43 Alexander Thiele, »Polen vor Gericht. Zur Unabhängigkeit der Justiz in Polen«, in: Nele Austermann et al. (Hg.), *Recht gegen rechts. Report 2023*, Frankfurt am Main 2023, S. 49-56, hier S. 49.

44 Viktor Orbán, »Budapester Europa-Rede – Erinnerung an Helmut Kohl«, 16. Juni 2018, S. 5-17, hier S. 13; online verfügbar unter {https://www.kas.de/documents/264621/264670/Europarede%20Viktor%20Orban.pdf/735071a3-15f6-3f44-bb36-3e5dc08b3075?version=1.0&t=1556278677905}.

45 EU-Verordnung 2020/2029; der deutsche Text ist online verfügbar unter: {https://eur-lex.europa.eu/legal-content/DE/TXT/PDF/?uri=CELEX:32020R2092&from=DE}.

46 Für eine Übersicht siehe Till Patrick Holterhus, »Die Europäische Union als Rechtsstaat«, in: *Informationen zur Politischen Bildung* 351/2 (2022), S. 54-65, hier S. 58.

47 Béla Greskovits, »Rebuilding the Hungarian Right Through Conquering Civil Society: The Civic Circles Movement«, in: *East European Politics* 36/2 (2020), S. 247-266.

48 Beáta Bakó, »National Democracy vs European Rule of Law? The Lack of Public Demand for the Rule of Law in Hungary«, re:constitution Working Paper, Forum Transregionale Studien, 12/2023, S. 10f.; online verfügbar unter: {https://www.forum-transregionale-studien.de/fileadmin/bilder/re_constitution/13-2023_WorkingPaper_Bako_final.pdf}.

49 Daniel Keil, »Europa und die (neue) Rechte. Die Mehrdimensionalität der Europa-Imagination (neu)rechter Bewegungen«, in: Friedrich Burschel (Hg.), *Autoritäre Formierung. Der Durchmarsch von rechts geht weiter*, Berlin 2019, S. 60-85, hier S. 62.

50 Ebd., S. 77.

51 Dorothee Bohle/Béla Greskovits/Marek Naczyk, »The Gramscian Politics of Europe's Rule of Law Crisis«, in: *Journal of European Public Policy* (2023), S. 1-24.

52 Ebd., S. 19.

53 Frankenberg, *Autoritarismus*, S. 93.

54 Lukas Oberndorfer, »Die Renaissance des autoritären Liberalismus? Carl Schmitt und der deutsche Neoliberalismus vor dem Hintergrund des Eintritts der ›Massen in die europäische Politik‹«, in: *PROKLA. Zeitschrift für Kritische Sozialwissenschaft* 168/3 (2012), S. 413-431, hier S. 422.

55 Johannes Gerken, *EU-Staatlichkeit zwischen Ausbau und Stagnation. Kritische Perspektiven auf die Transformationsprozesse in der Euro-Krise*, Bielefeld 2021, S. 92f.

56 Ebd., S. 100.

57 Juliet Johnson/Andrew Barnes, »Financial Nationalism and its International Enablers: The Hungarian Experience«, in: *Review of International Political Economy* 22/3 (2015), S. 535-569, hier S. 544.

58 Ebd., S. 543.

59 Moritz Elliesen/Nicholas Henkel/Sophie Kempe, »Die autoritä-

re Wende in Ungarn«, Forschungsgruppe Staatsprojekt Europa Working Papers, Nr. 1, 2018, S. 37; online verfügbar unter: {http://staatsprojekt-europa.eu/wp-content/uploads/2018/12/Elliesen_Henkel_Kempe-2018-SPEU_WP01-FIN_web.pdf}.

60 Lukas Oberndorfer, »Der neue Konstitutionalismus in der Europäischen Union und seine autoritäre Re-Konfiguration«, in: Hans-Jürgen Bieling/Martin Große Hüttmann (Hg.), *Europäische Staatlichkeit. Zwischen Krise und Integration*, Wiesbaden 2016, S. 177-200, hier S. 179.

61 Ebd., S. 188.

62 Ingeborg Maus, »Vom Rechtsstaat zum Verfassungsstaat. Zur Kritik juridischer Demokratieverhinderung«, in: *Blätter für deutsche und internationale Politik* 7 (2004), S. 835-850, hier S. 840.

63 Franziska Brachthäuser/Anton Haffner, »Gekommen, um zu bleiben: Das Krisenregime in Europa und die Rede vom Ausnahmezustand«, in: *Kritische Justiz* 1 (2017), S. 19-29, hier S. 23.

64 »›Zurück auf den Boden des Rechts‹«, Interview mit Andreas Fischer-Lescano, in: *Frankfurter Rundschau* (9. Dezember 2013); online verfügbar unter: {https://www.fr.de/wirtschaft/zurueck-boden-rechts-11300131.html}.

65 Franz Prante/Alessandro Bramucci/Achim Truger, »Austerität, das italienische Gesundheitssystem und die Corona-Krise«, *WISO-Diskurs* 3 (2021), S. 9; online verfügbar unter: {https://library.fes.de/pdf-files/wiso/17801.pdf}.

66 Ebd., S. 21.

67 Ebd.

68 Sofia Perez, »The Pandemic and the Long Shadow of Austerity in Southern Europe«, in: *Current History* 122/842 (2023), S. 95-100.

69 Lukas Oberndorfer, »Europa und Frankreich im Ausnahmezustand? Die autoritäre Durchsetzung des Wettbewerbs«, in: *PROKLA* (2016), S. 561-581, hier S. 572.

70 Eugénie Mérieau, »French Authoritarian Constitutionalism and its Legacy«, in: Helena Alviar Garcia/Günter Frankenberg (Hg.), *Authoritarian Constitutionalism*, Cheltenham 2019, S. 185-208; Rudolf Walther, »›Komplexes Denken‹ – simple Regierungstechnik. Emmanuel Macrons Bonapartismus light«, in: Martin Beck/Ingo Stützle (Hg.), *Die neuen Bonapartisten. Mit Marx den Aufstieg von Trump & Co. verstehen*, Berlin 2018, S. 113-128.

71 Tino Petzold/Maximilian Pichl, »Räume des Ausnahmerechts: Staatliche Raumproduktionen in der Krise am Beispiel der Block-

upy-Aktionstage 2012«, in: *Kriminologisches Journal* 3 (2013), S. 211-227.

72 Sonja Buckel et al. (Hg.), *Kämpfe um Migrationspolitik seit 2015*, Bielefeld 2021; Sabine Hess, »Fünf Jahre später: Europas Neues-Altes Grenzregime als Grenze der Demokratie«, in: Valeria Hänsel et al. (Hg.), *Von Moria bis Hanau – Brutalisierung und Widerstand. Grenzregime IV*, Berlin/Hamburg 2022, S. 84-103.

73 Maximilian Pichl, »Europas Werk und Deutschlands Beitrag. Wie der EU-Asylkompromiss das Recht auf Asyl aushöhlen könnte«, Verfassungsblog (15. Mai 2023).

74 Rat für Migration, »Besser keine Reform als diese: Warum die Bundesregierung die GEAS-Reform stoppen sollte«, Stellungnahme vom 7. Juni 2023, {https://rat-fuer-migration.de/2023/06/07/besser-keine-reform-als-diese-warum-die-bundesregierung-die-geas-reform-stoppen-sollte/}.

75 Ghurminder K. Bhambra, »The Current Crisis of Europe: Refugees, Colonialism, and the Limits of Cosmopolitanism«, in: *European Law Journal* 23/5 (2017), S. 395-405.

76 Dana Schmalz, »Zur Reichweite von Menschenrechtspflichten: Zugang zu Schutz an den Grenzen Europas«, in: *Newsletter Menschenrechte* 5 (2019), S. 367-376.

77 Maximilian Pichl, *Der Moria-Komplex. Verantwortungslosigkeit, Unzuständigkeit und Entrechtung fünf Jahre nach dem EU-Türkei-Abkommen und der Einführung des Hotspot-Systems*, Frankfurt am Main 2021.

78 Bernd Kasparek, *Europa als Grenze. Eine Ethnographie der Grenzschutz-Agentur Frontex*, Bielefeld 2021.

79 »Video Shows Greece Abandoning Migrants at Sea«, in: *The New York Times* (19. Mai 2023); online verfügbar unter: {https://www.nytimes.com/2023/05/19/world/europe/greece-migrants-abandoned.html}.

80 Franziska Grillmeier, *Die Insel. Ein Bericht vom Ausnahmezustand an den Rändern Europas*, München 2023.

81 EuGH, C-368/20 und C-369/20.

82 Dinah Riese, »Kritik an Grenzkontrollen«, in: *taz* (17. April 2023); online verfügbar unter: {https://taz.de/Deutsch-oesterreichische-Grenze/!5925904/}.

83 Martin Steinhagen, »›Ein paar harte Bilder aushalten‹«, in: *Frankfurter Rundschau* (1. Februar 2019); online verfügbar unter:

{https://www.fr.de/kultur/timesmager/ein-paar-harte-bilder-aushalten-11639691.html}.

84 Sebastian Hennig/Björn Höcke, *Nie zweimal in denselben Fluss*, Lüdinghausen/Berlin 2018, S. 254.

85 »›Es wird nicht ohne hässliche Bilder gehen‹«, Interview mit Sebastian Kurz, in: *Die Welt* (13. Januar 2016); online verfügbar unter: {https://www.welt.de/politik/ausland/article150933461/Es-wird-nicht-ohne-haessliche-Bilder-gehen.html}.

86 Volker M. Heins/Frank Wolff, *Hinter Mauern. Geschlossene Grenzen als Gefahr für die offene Gesellschaft*, Berlin 2023, S. 59f.

87 Ebd., S. 92.

88 Henrike Kohpeiß, *Bürgerliche Kälte. Affekt und koloniale Subjektivität*, Frankfurt am Main und New York 2023.

89 Lena Karamanidou/Bernd Kasparek, »From Exception to Extra-legal Normality: Pushbacks and Racist State Violence against People Crossing the Greek-Turkish Land Border«, in: *State Crime Journal* 11/1 (2022), S. 12-32.

90 Martin Dahms, »Homophobe Richterin«, in: *Frankfurter Rundschau* (28. Januar 2018).

91 Diether Plehwe, »Polen will reaktionäre Richter*innen für den Europäischen Gerichtshof für Menschenrechte«, in: Nele Austermann et al. (Hg.), *Recht gegen rechts. Report 2023*, Frankfurt am Main 2023, S. 81-87.

92 Ebd.

93 Hanaa Hakiki/Delphine Rodrik, »Accessing Borders, Accessing Justice. The European Court of Human Rights' Jurisprudence on Pushbacks at Land Borders«, in: *Asyl* 1 (2023), S. 3-17; Maximilian Pichl, *Rechtskämpfe. Eine Analyse der Rechtsverfahren nach dem Sommer der Migration*, Frankfurt am Main/New York 2021, S. 140ff.

6
Utopie
Der kommende Rechtsstaat?

1 Eleanor Sharpston, »Is the Rule of Law Like an Elephant? Do We Know it (and therefore Recognise a Threat to it) when We See it?«, Vortrag am Max-Planck-Institut für ausländisches und internationales Privatrecht in Hamburg, gehalten am 21. April 2022.

2 Ross Mittiga, »Political Legitimacy, Authoritarianism, and Climate Change«, in: *American Political Science Review* 3/116 (2022), S. 998-1011.

3 Jedidah Purdy, »Solidarität oder Barbarei. Auf der Suche nach einem neuen Gemeinwohl«, in: *Blätter für deutsche und internationale Politik* 11 (2020), S. 79-88, hier S. 86f.

4 Siehe hierzu mit zentralen Argumentationen: Klaus Dörre, *Die Utopie des Sozialismus. Kompass für eine Nachhaltigkeitsrevolution*, Berlin 2021; Raul Zelik, *Wir Untoten des Kapitals. Über politische Monster und einen grünen Sozialismus*, Berlin 2020.

5 An beiden Reports hat der Autor als Redaktionsmitglied beziehungsweise Herausgeber mitgewirkt.

6 Pierre Bourdieu, »Die Kraft des Rechts. Elemente einer Soziologie des juridischen Feldes«, in: Andrea Kretschmann (Hg.), *Das Rechtsdenken Pierre Bourdieus*, Weilerswist 2019, S. 35-75, hier S. 37.

7 Nicos Poulantzas, *Staatstheorie. Politischer Überbau, Ideologie, Autoritärer Etatismus*, Hamburg 2002, S. 231 f.

8 Wolfgang Abendroth, *Gesammelte Schriften*, Bd. 2: *1949-1955*, Hannover 2008, S. 310.

9 Jürgen Seifert, *Kampf um Verfassungspositionen*, Köln/Frankfurt am Main, 1974, S. 123f.

10 Ingeborg Maus, *Über Volkssouveränität. Elemente einer Demokratietheorie*, Berlin 2011.

11 Elisabeth von Thadden, »Recht darf nicht als politisches Blockademittel missbraucht werden«, Interview mit Philipp Eschenhagen, in: *Die Zeit* (4. Februar 2023); online verfügbar unter: {https://www.zeit.de/kultur/2023-02/philipp-eschenhagen-politik-demokratie-luetzerath-politische-blockade}.

12 Theodor W. Adorno, »Kritik«, in: *Die Zeit* (27. Juni 1969).

13 Jaques Derrida, *Politik der Freundschaft*, Frankfurt am Main 2009 [1994], S. 409.

14 John Philipp Thurn, »Vergesellschaftung als sozialstaatliche Entprivatisierung und als Grundrecht«, in: *Kritische Justiz* 2 (2020), S. 183-188; Cara Röhner, »Eigentum und Vergesellschaftung in der Wohnungskrise«, in: *Kritische Justiz* 1 (2020), S. 16-29.

15 Maximilian Pichl, »›Verfassungspositionen verteidigen‹: Gedanken zur Debatte um die Vergesellschaftung von Wohneigentum«, Verfassungsblog (15. April 2019); online verfügbar unter: {https://verfassungsblog.de/verfassungspositionen-verteidigen-gedan

ken-zur-debatte-um-die-vergesellschaftung-von-wohneigentum/}.

16 Carolina Alves Vestena, *Das Recht in Bewegung. Kollektive Mobilisierung des Rechts in Zeiten der Austeritätspolitik*, Weilerswist 2022.

17 Wolfgang Kaleck, *Die konkrete Utopie der Menschenrechte. Ein Blick zurück in die Zukunft*, Frankfurt am Main 2021.

18 Ebd., S. 139ff.

19 Hannah Birkenkötter, »Hat der Begriff der Rechtsstaatlichkeit ein emanzipatorisches Potenzial?«, in: *Kritische Justiz* 2 (2021), S. 172-180, hier S. 175.

20 Wolf-Dieter Narr, »Hat der Rechtsstaat immer Recht?«, in: *Sozialistische Positionen* 3 (2002); online verfügbar unter: {https://www.sopos.org/aufsaetze/3ca4dbb5d99e1/1.phtml.html}.

21 Daniel Loick/Vanessa Thompson, *Abolitionismus. Ein Reader*, Berlin 2022.

22 Quinn Slobodian, *Kapitalismus ohne Demokratie. Wie Marktradikale die Welt in Mikronationen, Privatstädte und Steueroasen zerlegen wollen*, Berlin 2023.